考古学经典丛书

中国聚落考古

史前时代的社会图景

栾丰实 著

巴蜀书社

图书在版编目（CIP）数据

中国聚落考古：史前时代的社会图景 / 栾丰实著. -- 成都：巴蜀书社，2023.7
 ISBN 978-7-5531-1820-8

Ⅰ.①中… Ⅱ.①栾… Ⅲ.①考古学—中国—文集 Ⅳ.①K870.4-53

中国版本图书馆CIP数据核字（2022）第195865号

ZHONGGUO JULUO KAOGU SHIQIAN SHIDAI DE SHEHUI TUJING
中国聚落考古：史前时代的社会图景　　　栾丰实 著

责任编辑	徐雨田
特约编辑	李　蕾
封面设计	陆红强
内文设计	四川胜翔数码印务设计有限公司
出　　版	巴蜀书社
	四川省成都市锦江区三色路238号新华之星A座36楼
	邮编：610023　总编室电话：（028）86361843
网　　址	www.bsbook.com
发　　行	巴蜀书社
	发行科电话：（028）86361852　86361847
经　　销	新华书店
印　　刷	成都东江印务有限公司
版　　次	2023年7月第1版
印　　次	2023年7月第1次印刷
开　　本	155mm×230mm
印　　张	20.25
字　　数	235千
书　　号	ISBN 978-7-5531-1820-8
定　　价	88.00元

本书若出现印装质量问题，请与工厂联系调换

考|古|学|经|典|丛|书

总　序

王仁湘

考古学集结了一批又一批老少学者，他们中的老一辈将毕生献给了这门学问，年轻一代则是孜孜不倦，贡献着自己的智慧。他们人数很少，能量却很大，常常有惊天动地的发现。

亲近这些学者时，你会深切感受到他们的满腔激情，他们是那么热爱这门科学。阅读他们的著述，感受到他们的聪明才智，是考古学家们架起了连通古今的桥梁，他们为之献出青春以致生命。这座桥，我觉得可称之为"考古长桥"。

这是一座宏伟的长桥，我们由这桥上走过，后学都非常想了解这长桥的构建过程。考古学知识体系庞大，有许多分门别类的学问，它们就像是这桥上的诸多构件，不可或缺，质量也是上乘。现在由巴蜀书社呈现出来的这一套考古学家的自选集，就是我说的"考古长桥"。考古后来人，有自己的使命，要为这桥梁更新部件，为这智慧产品更新贡献心力。这一套书，值得你收藏，值得你阅读。

本系列的各位作者，自己精选了他们凝聚心血之作，这都是"考古长桥"的部件，值得珍惜，值得宝藏。

我曾将考古学家比作现代社会派去往古的使者，考古人回归文明长河，直入到历史层面，去获取我们已然忘却的信息，穿越时空去旅行与采风，将从前的事物与消息带给现代人，也带给未来人。是考古人带我们赏鉴和感触文明长河的浪花，让我们的心灵与过去和未来世界相通。

近年来突然间觉得冷门的考古学正在变作显学，在阅读那些普及著作的同时，我们还要了解原著，了解学者们从事科研的心路历程，了解这长桥的建造过程。尤其是正在或者即将入行的考古人，收藏与阅读给你们带来的乐趣一定是不可估量的。

目 录

| 聚落考古 |

003　聚落考古田野实践的思考

026　关于聚落考古学研究中的共时性问题

044　海岱地区史前聚落结构的演变

062　日照地区大汶口、龙山文化聚落形态之研究

095　鲁东南沿海地区龙山文化时期的聚落结构和人口

| 文明起源 |

121　关于中国文明起源和形成研究的几个问题

135　中国古代社会的文明化进程和相关问题

155　试论仰韶时代中期的社会分层

178　史前棺椁的产生、发展和棺椁制度的形成

|区域考古|

193　试论牛河梁及周边地区的红山文化晚期社会

222　论大汶口文化的刻画图像文字

270　海岱地区史前时期稻作农业的产生、发展和扩散

289　太昊和少昊传说的考古学研究

聚落考古

中国聚落考古：史前时代的社会图景

聚落考古田野实践的思考

近些年来，随着中国考古学研究的重心由以往的文化序列和发展谱系的建构逐渐向古代社会的研究转移，学术界越来越重视聚落考古研究方法的实践。聚落考古以聚落为基本的研究单位，据其研究范围和内容，又可以依其涉及的空间范围区分为微观聚落形态研究、宏观聚落形态研究两种。前者主要是指单个聚落形态及其内部结构的研究，后者则是区域的空间聚落形态的研究。不管哪一种情况，都会涉及历时变迁问题。聚落考古是研究和认识已经消失了的古代社会的重要途径和方法。

自1995年以来，经国家文物局批准，山东大学与美国耶鲁大学、芝加哥菲尔德博物馆等单位合作，围绕着古代社会复杂化进程这一研究目标，在山东日照沿海地区进行了较长时期的区域系统调查和考古发掘工作。在中国传统田野工作的基础上，有选择地采用了一些欧美地区流行的调查和发掘方法。近几年，我们在鲁南的薛河流域、胶东半岛一些地区，也进行了类似的调查和发掘工作。关于这些野外工作的实践，经常听到同行们的各种意见，我们团队内部也存在相同和不同的认识和看法。因此，我认为有必要对聚落考古实践的经验和存在的问题进行思考并做出初步的总结，希冀为关心中国聚落考古研究发展的同行提供一些参考。

一、关于区域聚落形态研究

在区域聚落形态研究方面，最近十几年来，国内多个单位或与国外学者合作，或独自组织人力，在选定的特定区域开展了规模大小不等、时间长短不一的区域系统调查工作[①]，以求从宏观角度分析和研究聚落形态横向的空间关系及其纵向的历时演变，进而探讨特定区域古代社会组织、社会结构及其变迁过程。如山东大学和美国耶鲁大学、芝加哥菲尔德博物馆等，1995年以来在山东日照地区的合作调查；中国社会科学院考古研究所和澳大利亚拉楚布大学等，1997年以来在河南伊洛河下游地区的合作调查；中国社会科学院考古研究所、内蒙古文物考古研究所、吉林大学与美国匹兹堡大学等，1998年以来在内蒙古赤峰地区的合作调查；成都市文物考古研究院、北京大学与美国加州大学等，2005年以来在成都平原的合作调查，等等。此外，国内多家单位也在湖北、湖南、河南、山西、安徽、黑龙江等地开展了规模不等的类似工作，如中国社会科学院考古研究所在河南偃师二里头地区的调查等，均取得了引人注目的成绩。鉴于这一工作所取得的成果，国家文物局于2003年冬及时地在北京召开专门会议，由各工作单位介绍情况，并希望在全国各地予以推广和实践。

[①] 这是由英文翻译过来的一种称谓。英文为 "full-coverage archaeological survey" 或 "systematic regional archaeological survey"，直译为"全覆盖式调查"，或"区域系统调查"，也有人译为"卷地毯式调查"。从字面来看可能如此，但从十几年来的调查实践看，这种调查既做不到"全覆盖"，也不是"卷地毯"，倒是称为"拉网式调查"最为贴切。所以，我建议以后这种调查的正式中文名称可采用"区域系统调查"，而通俗的名称则以使用"拉网式调查"为好。

（一）区域系统调查方法的可行性和优势

田野考古调查是了解不同时期遗址的数量和分布，遗址的内容、性质和时代的基本方法。在教科书中，考古调查又分为普查和复查、一般调查和重点调查、围绕某种特定目标的专题调查等。其基本方法就是通过地面散布的以陶片为主的各种遗物、断面上可见到的文化堆积和各种遗迹等，来确定遗址的范围、内涵和时代。可以说所有的古遗址都是通过野外考古调查而发现的，所以，考古调查是考古学野外工作的基本方法和内容之一。20世纪80年代后期以来，随着聚落考古研究方法在考古学界得到越来越多的学者的认可，与聚落考古研究配套的区域系统调查方法也从北美引入到中国。通过若干年来的实践，尽管这种方法在中国还需要在实践中不断地完善和发展，但可以认为是一种实用价值较高、切实可行、便于操作的野外考古调查方法，并且难度不大、相对花费也不太多。到目前为止，我们还没有找到比其更好的方法。

区域系统调查和传统的调查既有相同的方面，也存在着较大差别。两者的基本内容是相同或相近的。例如：通过调查发现和记录遗址，并为后续的发掘、研究和保护工作奠定基础；均采用野外徒步踏查的基本方法；以采集地面陶片等遗物为主，并利用可供观察的文化堆积来确定遗址范围、内涵及其时代；采用文字、照相等手段进行记录；进一步了解需要进行勘探和发掘等。但两种方法的区别也是明显的。

1. 学术目的有所不同

传统的调查主要是发现和记录遗址，为保护、发掘和研究做准备，而区域系统调查的目的性较强，在调查之前就设计好了特定的学术目标。当前已经开展的工作，多数是从区域的角度研究古代社会组织和社会结构的形态及其发展进程,从个案研究的角度来探索中华文明的起源和形成。

2. 调查的范围不同

传统的调查一般没有特殊的区域限制(专题调查等除外),而区域系统调查则是围绕着特定的学术目的来选择调查区域,多为一个相对独立的地理单元,或是选择一个小流域,或者选择一个面积适中的盆地、小平原,或是围绕着一个大的中心遗址展开等。调查区域的面积通常都在一两千平方千米之内,小的只有数百平方千米。

3. 调查的方法不同

传统的调查尽管也要求走遍区域内每一块土地,但在实施过程中随意性比较强,很多只是走马观花。区域系统调查则不同,必须是按事先确定的规则走位,如所有参与调查的人要一字排开,人和人之间的间距有明确规定,实行无遗漏地拉网式调查。这样调查过的区域,绝大多数遗址是不会被漏掉的,效果与传统调查有比较大的差别。从目前开展过此类工作的若干区域看,新发现的遗址在全部遗址中的比例能占到2/3左右,有的甚至更多。所以,单是从摸清家底和进行遗产保护的角度出发,这种方法也是值得提倡和推广的。

4. 采样的方法不同

传统调查的采样多是以遗址为单位,一个遗址内部不再做更细致的划分。而区域系统调查则不然,在遗址内部进一步设定更小的采集区,这样,就可以对长期使用的遗址再按期别细分出各自不同的分布范围。不仅如此,区域系统调查的特点还在于强调系统性,即除了遗址本身的情况之外,还要注意观察遗址所处的环境、地貌、资源情况(如水源、石料、动植物等)等。

5. 记录方面的差别

传统调查的记录相对比较简单，一般多采用简单的表格和文字描述来记录，有的辅之以照片。区域系统调查的记录更细致并有明确要求，如要在现场标出遗物采集点的准确位置（或全部用GPS定位，录入电脑后输到电子地图上），填写专门设计的表格，每个遗址及发现的文化堆积情况都要拍摄其整体和局部的照片，分时间段划分和记录遗址的范围和面积等。

6. 分析和研究方面的差别

传统调查的主要目的是发现和记录遗址，为后续的保护、发掘和确定考古学文化的分布范围等提供基础资料。区域系统调查除了达到上述要求之外，着眼点主要放在调查区域的系统分析和研究上，如不同时段区域社会组织和社会结构状况、人们生存的社会与环境状况、资源利用的互动关系、不同区域之间的共性特征和个性差异以及区域的社会发展进程等。

正是因为有了以上各个环节的差别，才可以说区域系统调查是系统的，在后续研究中具有明显的优势。所以，我认为区域系统调查的方法值得更多的人在更多的地区进行实践，并在实施过程中根据中国不同区域的具体情况不断完善和发展，使之成为通过聚落考古的桥梁来研究古代社会的重要方法和技术。

（二）关于聚落遗址的几个问题

目前我们所采用的区域系统调查方法，主要来自美洲。这种方法引入中国之后，是否完全适用？中国幅员辽阔，东、西、南、北各个不同地区的历史文化传统和自然地理区域、地貌环境、气候条件的差别极为悬殊。那么，在采用区域系统调查方法进行野外作业时，是否需要进行相应的调整？这些都是需要我们在实践的基础上做出思考和回答的问题。区域系统调查是为后续考古研究奠定基础的工作，也是一种和聚落考古研究相配套的田野考古工作方法，其所获资料的真实性和可靠性是后续研究的基础和依据，所以其重要性不言而喻。我们在调查时，是以地面分布着的不同时期的陶片（也包括其他人工遗物）来确定遗址的范围、时代及其性质的。那么，遗址真实性、遗址范围和时代的确定是否准确等，就会直接影响后续研究的结论。

1. 关于遗址的真实性

陶器的出现可以说是人类技术发展史上一个重大发明。陶器作为发现和认识新石器时代以来古遗址的指示性标志是学界的共识。所以，发现遗址和初步确定遗址的延续时间，主要依靠收集散落在地表的陶片来判断。那么，地面有不同时代陶片分布的区域能不能确保都是不同时期的遗址？或者说调查发现的遗址，其真实性和可靠性有多大？这个问题对后续研究可以说是至关重要。如果一个地区实际上有100处聚落遗址，而如果通过调查记录了300处，无疑是夸大了聚落遗址的数量。如果再以这些数据来研究区域的人口状况、资源消费等问题，恐怕就会产生比较大的麻烦。

我们在田野调查时，主要是以地面有无陶片等遗物的分布（当然也会注意有没有文化层和遗迹等证据）来发现和确定遗址的。这里有一个假设的前提，就是在某一个地点的地面上发现了陶片（或其他遗物），即认为这一陶片是从相同地点的地下翻动上来的。实际上，有许多时候并非如此。比如，农民在田间管理时，时常会把田中影响耕作的石块和较大的陶片、硬化了的红烧土等拣出来，扔在路边、田头或附近的沟里。这种情况虽然移动了遗物的位置，但由于移动的距离相对有限，对于认识和辨别遗址及其范围所造成的误差不大。所以，这种情况基本上可以忽略不计。但在有些情况下，人们对遗址上的遗物会做比较远距离的搬动，这样的情况就需要慎重对待。例如，过去农村中家家户户都养猪，也有养牛和马等大牲畜的，经常需要从村外运土来铺垫圈栏，而过一段时间，又把圈栏中变成了农家肥的垫土运往自家的农田之中。如果由村外运来的土恰好是遗址中的土，就会把遗址里的文化遗物一同运来，最后又一同运到另外的农田里。这样就会造成遗址中的陶片等遗物人为地远距离移位。不仅如此，建造房屋也会出现类似的情况。过去中国农村大都是用土来做墙体，而用来做墙的土也可能取自遗址的文化层，这种情况在山东日照的两城镇就比比皆是。

我们在那里工作时发现，20世纪80年代以前建成的房屋上半部墙体和庭院的围墙绝大多数是夯土墙，墙体中各个时代的陶片随处可见，有的还有石器，大家戏称其为"文化墙"。房屋重建时拆除旧墙，墙土多半也被运到农田里，会出现前述同样的问题。由于中国古代文化发达区域历代人口十分密集，许多遗址往往被压在历史和现代的村庄之下，这种现象在人口稠密的省份和区域比较常见。这样，我们调查时所发现并记录的陶片等遗物分布地点，未必就一定是古代人们居住过的聚落遗址，有些可能是由于不同时代人为移动所形成的。

所以，如何有效地解决这一问题，是区域系统调查中不能回避的一个难题，许多人曾对此提出过质疑。要解决这一问题，最理想的办法就是对发现的所有陶片分布地点，全部采用勘探的方法加以鉴别。但实际上，由于陶片分布地点的数量巨大，每一个发现点都经过勘探来确定不太现实，甚至可以说难以做到。所以，在日照做区域系统调查的初期，我自己曾经设想，从遗址的可靠程度上考虑，可以把调查发现的有陶片分布的地点分为四个不同的类别。

第一类是在可供观察的断面上发现文化层或明确遗迹的地点，这一类没有疑问应该是古人居住和活动遗留下来的遗址。

第二类是虽然没有发现文化层或遗迹，但其周围相当范围内没有同时期的遗址存在，客观上不存在搬运形成的可能性，这样的地点可列为极有可能是古人居住或活动过的遗址一类。

第三类是附近有同时期的遗址，但没有证据证明这里的陶片等遗物是从附近其他遗址搬运来的，这是需要进一步做工作加以解决的一类。

第四类是附近有明确的同时期遗址，而且有证据证明地面上发现的陶片等遗物是由邻近遗址搬运来的，这一类可以直接排除掉，也可列入可靠性差的黑名单。第四类情况的信息可以通过调查访问当事人或了解情况人员的途径获得。

我们在两城镇遗址周围调查时，在东距两城镇遗址1千多米的大界牌村南，曾发现面积20多万平方米陶片分布区，调查时确定为大界牌遗址。后来，我们在两城镇遗址发掘时偶然获悉，两城六村（两城镇驻地共有10个行政村，六村整体位于两城镇遗址的中心部位）在大界牌村南有200多亩"飞地"，20世纪60—70年代集体耕作时，经常把包含有陶片的农家肥料运到这片土地上。经现场辨认，发现大界牌遗址的范围基本在两城六村的田界之内。如是，就可以排除由于现代人搬运的原因而虚构出来的这一"遗址"。其实这种情况在两城镇遗址南面和其他类似遗址的周围也存在。

所以，在调查位于现代村落附近的遗址时，要特别注意是否存在类似的情况。

按以上分类原则，在后面的资料处理上可以区别对待。第一类调查时就可以确定下来，第四类可以通过走访和调查予以排除（但调查的结果还是应该公布），而重点要在第三类和第二类遗址上进一步开展勘探或试掘的工作。如果时间或经费不允许，可以主要做一下第三类，把工作后的结果予以公布。

我们开展调查的初期，团队内部曾经常讨论这一问题。一种观点认为，这些散布在遗址外围的陶片，即使在其位置发现不了文化层和遗迹，也不能完全排除其价值。形成这种现象的原因，既有可能是原来这里有文化层或遗迹，发现时已经完全被破坏了；也可能是当时人的各种野外活动所遗留下来的，恰恰可通过其分布来了解古人的活动足迹。这些说法不能说没有道理，所以，应对调查的原始资料加上补充说明后予以完整公布。

总之，今后在历史上和现代人口密集区开展区域系统调查工作，以上所述是一个需要面对和解决的问题。

2. 遗址范围和面积的界定

这是接着上述内容而来的问题。第一个问题讨论的是遗址的真实性，即遗址的有还是无，而这里要讨论的是遗址的范围和大小，探讨调查所得到的遗址面积和实际的遗址面积之间的误差及其形成原因和解决办法。

首先要说明的是，这一个问题对于开展相关研究也很重要，或者说仅次于上述的第一个问题。例如，如果5万平方米的遗址，因为人为或其他原因，将其夸大成10万平方米或20万平方米，那么对于后续研究就会产生很大的不利影响，甚至得出错误的结论。实践证明这个问题确实存在，仍以日照地区调查的一些遗址为例。如调查之后分别做过勘探、发掘工作的两城镇遗址和五莲丹土遗址，两个遗址均有相当部分叠压在现代村庄之下，另外的部分则位于村庄周围。前者调查面积为265万平方米（如果加上周边几个有二次搬运形成嫌疑的遗址面积就更大），勘探后确定的遗址面积不足100万平方米；后者调查面积为164万平方米，勘探后确定的遗址面积只有约20万平方米。不仅大遗址如此，中小型遗址也存在同样问题。如日照大桃园遗址和胶南甲旺墩遗址，两个遗址均位于紧挨着村庄的村北，前者调查面积20万平方米，勘探后确定的面积只有4万多平方米；后者调查面积52.06万平方米，勘探后确定的面积约3万平方米。由此可知，在人口密集区域，遗址实际面积和调查面积之间存在着相当大的差别，这种误差往往会超过数倍之多。如果用这样的数据来研究古代社会问题，特别是人口数量和规模、资源的消费和利用等敏感问题，无疑会得出与实际情况差别较大的结论。

形成这一现象的原因与第一个问题大体相同，因为遗址邻近村庄，人们就近取用遗址里的土，用以积肥、建房、修路、筑墓、平整土地等各种活动。而这些活动都有可能把"文化层"内的陶片等遗物搬运到遗址的外围地带，这样，就会不同程度地扩大遗址实际的分布范围。那么，我们依据地表陶片等遗物计算出来的遗址面积，可能就会不同程度地超过了遗址的实际面积。当然，就像因为各种原因导致地表没有可供我们确定遗址的遗存而无法发现遗址一样，也会有因为埋藏较深（不易破坏）、远离村镇（无人破坏）等原因，造成通过考古调查所得到的遗址面积要小于实际的情况。但是在人口分布比较密集的区域，后一种情况应该大大少于前一种情况。

要解决这一问题，获得比较准确的遗址分布范围和面积，我认为方法只有一个，就是对每一个遗址都要进行实地的勘探工作，就像我们对待不同级别的遗址做四有资料一样，通过勘探确定其实际分布范围和准确面积。当然，这是一项十分费时费力的工作，不是短时间内能够完成的，要有长期工作的计划。

如果时间和财力等不允许，或者可以考虑采用抽样的方法进行校正。即在调查区域内随机抽取不同层级、不同时代、不同类型和不同地貌区的遗址进行实地勘探，然后与调查所得到的范围和面积做比较，求得两者之间的误差率，最后按误差率进行校正。误差率可以是一个，也可以按类别做出几个，分别进行校正。当然，这只是权宜之计，是一个没有办法的办法，目的是尽可能缩小调查数据的误差。

3. 聚落遗址的分期及各时期范围的确定

中国的古代遗址，其中只有一个时期遗存的现象比较少见，多数遗址经过连续或断续的长期使用，于是就会在同一个遗址上留下不同时期的堆积，有的遗址甚至从新石器时代到历史时期一直有人居住。那么，对于这样的遗址，如何分期和确定其时代，如何确定不同时期聚落遗址的范围和规模，也是一个比较重要并且需要解决的问题。

区域系统调查引入中国之前刊布的考古调查资料，一般是这样处理遗址的时代和范围的：时间上按大的时代来划分，即史前时期按考古学文化区分，历史时期则按朝代区分；至于同一遗址不同时代的范围和规模大小，多数不加任何区分，而是共用一个数据。如果一个遗址的调查面积为10万平方米，包含了五个时代，那么这五个时代都是按10万平方米来统计。这种方法得到的遗址面积多数情况下可能是不准确的。

实施区域系统调查的各个考古队，都按自己的思路在实践中设法解决这一问题，并取得一定程度的进展。日照地区的调查是分为北辛文化，大汶口文化早、中、晚期，龙山文化早、中、晚期，岳石文化，商代、西周、东周、汉代等12个时期采集数据[①]；伊洛河地区的调查是分为裴李岗文化（公元前6500—前5000年）、仰韶文化（公元前5000—前3000年）、龙山（公元前3000—前2000年）、二里头（公元前1900—前1550/1500年）、商（公元前1600—前1046年）和周（公元前1046—前221年）等6个时期收集资料[②]；赤峰地区的调查则分为兴隆洼文化（公元前6000—前5250年）、赵宝沟文化（公元前5250—前4500年）、红山文化（公元前4500—前3000年）、小河沿文化（公元前3000—前2200年）、夏家店下层文化（公元前2200—前1600年）、夏家店上层文化（公元前1000—前600年）、战国—汉时期（公元前600—公元200年）、辽代前后（公元200—1100年）等8个时期进行记录和统计[③]。

日照地区调查结果的年代划分，仅龙山文化就分为早、中、晚三期，每期约200年，相对于前后其他各时期，显得过细，相互之间不对等。以现在的眼光来看，至多分为早晚两期即可。伊洛河地区的工作，其中仰韶文化、龙山文化（包括了庙底沟二期文化和中原龙山文化）和周代，都只是作为一个大的时期来记录和分析，时间范围包含过宽，如果能够各再细分为两到三个时期可能效果更好。

[①] 中美两城地区联合考古队：《山东日照市两城地区的考古调查》，《考古》1997年第4期；方辉等：《鲁东南沿海地区聚落形态变迁与社会复杂化进程研究》，《东方考古（第4集）》，科学出版社，2008年。
[②] 陈星灿等：《中国文明腹地的社会复杂化进程——伊洛河地区的聚落形态研究》，《考古学报》2003年第2期。
[③] 赤峰中美联合考古研究项目：《内蒙古东部（赤峰）区域考古调查阶段性报告》，科学出版社，2003年。

赤峰地区的调查，红山文化是该地区古代社会发展的重要阶段，把1500年作为一个时间尺度，会失去从聚落形态变迁中观察当地古代社会复杂化发展进程的机会。

现在多数单位进行的区域系统调查工作是按大的时代来划分的。例如，一个仰韶文化延续了2000年，绝大多数的仰韶文化遗址可能只存在其中某一阶段。所以，按目前的数量统计结果，显然是夸大了一个时期共存的遗址的总数量和总面积。其他时期的遗址也存在同样的问题。况且，从历史发展的角度看，一个遗址甚至一个遗址的一种考古学文化也未必只是一个聚落，有的还可以再划分。

同一遗址不同时期的面积如何确定也是一个需要重视的问题。上面谈过，以往我们是一而概之，现在大家都在想办法对同一遗址不同时期的规模和面积加以区分。实施的方法是在遗址内部再划分出若干更小的遗物采集区，依据这种小区内采集遗物的时间差别来确定不同时期遗存的分布范围，最终可以把连续使用的遗址，按时期区分出各自的不同规模和面积。这里撇开与前述相同的因素不论，就方法本身而言，关键是如何划分采集区。目前的做法已有多种，或者是随机划分采集区，或者是按提前确定的规则划分采集区，如20米×20米、50米×50米或100米×100米不等。而这样的划分是否应该有一个大家都可以接受或约定的规则，则是需要认真讨论和研究的。目前是"八仙过海，各显其能"。这样做的结果，势必会因为各考古队调查过程中采用的采集方法和规则的不同而影响最终的整合研究。所以，按大的环境区域统一采集方法和规则是很有必要的。

二、关于单个聚落遗址的研究

单个聚落遗址的形态和内部结构的研究,在中国开展得比较早,较为典型的是20世纪50年代发掘的西安半坡仰韶文化聚落遗址,后来发掘的宝鸡北首岭、临潼姜寨、长岛北庄、敖汉兴隆洼、蒙城尉迟寺、邓州八里岗等都属于这一类。

从本义上说,聚落考古的目的是研究当时的社会关系。所谓社会关系,我理解其内容是包罗万象的,既要研究聚落所反映的社会组织和社会结构,也要研究人们在聚落内的各种活动,如经济活动、生产技术、交换贸易、日常生活、精神文化等,还要研究社会与环境的互动、人们对资源的利用等。总之,聚落考古研究的是古代社会。因为上述活动或以聚落为单位进行,或以聚落内不同层级的社会组织为单位进行,所以,我们不仅要研究聚落一级的社会组织,也要分析聚落内不同层级的社会组织形态,即所谓的聚落组成单位。在这样的认识前提下,看似杂乱无章的聚落遗存,其实都是不同时期严密的聚落组织架构内的组成部分。同时,为了获取更多研究古代社会的信息,在各个环节尽可能地采用各种新方法和新技术,不仅十分必要而且也很迫切。

正是为了实现上述研究目标,我们十几年前进行的日照两城镇遗址的合作发掘,对传统的发掘方法采取了一系列的改进措施,详细情况已有说明[1]。结合近年来的实践,检视和反思这些做法,将有利于今后的继续探索。

---

[1] 栾丰实:《中美合作两城考古及其意义》,《文史哲》2003年第2期。

（一）关于发掘面积与聚落布局研究

微观聚落形态是在聚落内部开展，而宏观聚落形态则是进行区域的研究。一般说来，宏观聚落形态研究的基础资料主要来自田野考古调查，而微观聚落形态研究则要以遗址的考古发掘为主导。

聚落布局和内部结构是微观聚落形态研究的着力点之一。过去我们曾认为，要研究一个聚落的布局、内部结构及其变迁，前提条件是要把该聚落遗址的时空关系都搞清楚。那么，要达到这样的程度，就需要对作为研究对象的聚落遗址进行大面积、全方位的系统发掘，进而弄清其空间布局和内部结构以及是否可以划分为不同的聚落。要达到这样的目标，最好就是对一个保存较好的聚落遗址进行完整的揭露，并逐层发掘到底。

就近些年的实践和要求来看，上述想法似乎只是一种理想。要完整地揭露一个普通的聚落遗址，在理论上讲是可以进行的，但在实践上则十分困难。随着发掘观念的更新、技术的进步，特别是需要收集的资料和信息成倍成数十倍的增长，极大地限制了考古发掘的速度和面积。从学科发展的角度讲，这无疑是一件大好事。但我们不得不承认，在现阶段按新观念进行的发掘，要想完整发掘一个哪怕是只有3万平方米—5万平方米的小遗址，也必须有长远的发掘计划和长期作战的思想准备。这个长期有可能是十几年甚至几十年，否则几乎是不可能的。如1999—2001年，我们连续三个季度发掘两城镇遗址，每个季度发掘2—3个月，每次发掘有10余人参与。三年下来，实际发掘到底的面积只有500多平方米，而且两城镇遗址发掘部位的文化堆积只有1米—1.2米。相对于两城镇这样面积接近100万平方米的遗址，这点发掘面积几乎可以忽略不计。

所以，要研究不同时期不同规模和等级的聚落遗址的整体布局和内部结构情况，如何进行田野操作，采用什么样的方法，是一个需要认真研究的问题。也是基于这一点，我们曾提出"聚落组成单位"的概念，以求在比较小的发掘面积的情况下，仍然可以完全依照聚落考古的思路进行田野发掘和后期的分析研究工作。

（二）地层学和操作层面的探索

1. 关于考古地层学的新认识

过去一般认为，地层学是指导田野考古发掘的方法或技术，而不同地层单位代表的时间尺度，则要靠类型学分析加以解决。现在看来，对于过去解决年代学的分期研究而言，也许是这样，但在上升到聚落形态研究层面的目前，情况则发生了质的变化。依靠类型学方法，划分到50—100年一期就已经算比较细致，要进一步提高年代的分辨率则十分困难。同时，一般的分期很难复原和再现聚落遗址的动态形成过程，而在地层学指导下的精细操作或许可以做到。

地层学认识上的一个发展是"地面"或"活动面"概念的提出并付诸实践。在以往的地层学论著中，有的学者已经注意到地面或活动面的作用[①]，但将其与聚落考古的研究目的相结合，作为田野考古操作中的一个重要支撑点而予以强调，则是最近十几年的一个发

[①] 俞伟超先生在《关于"考古地层学"问题》中数次提到地面，如"修建任何房子、窖穴或是墓葬，一定是在当时的地面上实行的，而这种地面，在发掘中是应该能够辨认出来的"。（《考古学是什么——俞伟超考古学理论文选》，中国社会科学出版社，1996年，第25页）严文明先生在《考古遗址发掘中的地层学研究》一文中，明确提到地层形成的时间和地面，如"事实上，绝大多数地层，不论它的厚薄是如何的不同，本身形成的时间并不很长，有的甚至是一下子就堆成的……一个地层基本形成之后，往往有一个较长的稳定时期……这些地面在相当长时期内都不会有多少堆积"。（《走向21世纪的考古学》，三秦出版社，1997年，第33页）

展[1]。在一个没有中断而连续使用的遗址中，形成多层依次叠压的文化层堆积，以往一般认为这些堆积层在时间上是连续的。"地面"或"活动面"的概念提出来之后，使我们有必要重新认识和评估以往的看法。从理论上说，依次叠压的文化层堆积所代表的时间多数是断续的而非连续。换言之，文化层堆积的形成通常是在较短时间内完成的（特定地段也有持续形成的情况），形成一个稳定的活动空间之后，人们依托地面进行各种活动。就像我们现在周围的情况一样，可能你在一个地方居住了很长时间，周围开展各种活动的地面并没有什么变化。所以，遗址里上下依次叠压的文化层，每一个层次本身形成的时间可能较短，而两个层次之间包含着各种遗存的空间延续的时间很长，是"活动面从时间上把文化层堆积连接成一个连续的过程"[2]。在没有对聚落进行根本性的变革或改造时，尽管在同一个地面上开展的各种活动，包括增加或减少部分建筑遗迹、局部地段的渐次垫高等而导致聚落有一些变化，但仍然应该视为同一个聚落。

把这一新的理念运用到聚落考古发掘的实践之中，就会获得许多新的信息。我们的理想是在田野发掘的操作之中，揭示出一个聚落遗址的形成、发展、变化和最后消失的动态过程。在两城镇遗址的发掘中，我们曾努力进行过这一方面的探索，特别注意以房址为主干的遗迹之间的联系，这种联系有纵横两种情况。

---

[1] 赵辉：《遗址中的"地面"及其清理》，《文物季刊》1998年第2期；赵辉：《聚落考古工作方法的尝试》，《中国考古学跨世纪的回顾与前瞻（1999年西陵国际学术研讨会文集）》，科学出版社，2000年。
[2] 栾丰实：《关于聚落考古学研究中的共时性问题》，《考古》2002年第5期，第68页。

一是在空间上的横向联系。保存较好的房址，户外均有一个大小不一的活动面，应是庭院一类遗存，这个活动面通过门道与房屋内的地面相连接。发掘中发现有的房址的室内地面和户外庭院的活动面经常用土铺垫，从而形成若干个依次叠压的活动面。通过这种铺垫的活动面可以把房内地面与庭院地面以及邻近的其他房址连接起来，它们的共时关系及其动态的变动情况就会比较清晰地展现出来。如两城镇遗址第一发掘区[①]，在生土面上发现土坯墙结构的圆形房址F39，门道向南，门外有庭院，解剖后知庭院地面有10个小层，就是说前后经过10次铺垫。当庭院铺垫到第3层的时候，在其西侧新建一座门道向东、面积略小的圆形房屋（F65），此后与F39共用一个庭院（第4～10层），形成正屋（F39）与西厢（F65）相配合的结构，最后一同废弃。这样，我们就有理由认为F39和F65共同构成一个聚落组成单位，居住其内的人当属于一个社会基层单位，从可居住人数上看，可能是一个比核心家庭略大的家庭。同时，也发现有同时建成而先后废弃的例证。

　　二是在时间上有先后承继关系。如2001年发掘的中部和西部的3座房址，原地经过数次翻建，即把旧房子毁掉后在原址重建，房子的大小、位置和建筑结构或略有变化。这种时间上的延续，或可认为是同一个社会组织（家庭）的先后传承。

　　如果能够把一个聚落遗址的完整变迁如上述那样揭示出来，从而了解和认识聚落遗址的动态变化过程，这就达到了我们追求的理想境界，其与考古发掘的客观现实之间有相当距离。首先，如前所

---

① 中美两城地区联合考古队：《山东日照市两城镇遗址1998—2001年发掘简报》，《考古》2004年第9期。

述，照目前的实际情况很难全面揭露一个遗址。其次，绝大多数遗址由于各种原因保存不好，没有范围较大的原始地面保存下来，层与层之间的面多半是被破坏的面，而非原生地面。再次，这样的目标对发掘者的学术视野和田野操作水平要求很高，不仅初学者，即使是较为熟练的技工做到也不易。所以，在提高认识的基础上，加强实践，总结出一套聚落考古的田野发掘操作方法是今后一个重要任务。

2. 发掘操作和资料处理

为了获取更多研究古代社会的资料和信息，近年来我们在田野发掘的操作设计中使用了一些新方法和新技术。如探方的设计、文化堆积中土的处理、土样的采集和检测分析、土质土色的描述方法、测年样品的选择、绘图和新测绘仪器的使用、各种堆积的编号问题、表格的设计和记录等。

有些是属于发掘操作过程中的问题，有的是记录和后续分析研究的问题，也有兼而有之者。从整体上看，考古发掘和记录的具体方法和采用的各种分析技术都属于手段的范畴，毫无疑问，手段是为研究目的服务的。所以，采用什么具体方法和技术要视发掘目的而定。

采用探方法进行发掘，并逐渐地把探方确定为5米×5米或10米×10米的规格，成为田野发掘规程中的一项具体要求。我们在两城镇遗址的发掘时，曾为采用2米×2米还是5米×5米的探方与外方学者有过激烈的讨论，最后的结果是采用了4米×4米的探方、探方之间保留0.5米隔梁的做法。经过几年的实践，从聚落考古的角度考虑，采用探方法进行发掘，固然有便于小范围操作和控制层位关系等有利因素，但也存在明显的缺点。如探方的隔梁把原本相连的遗存人为地分开，除了出现跨方的遗迹如房址或墓葬等情况，一般都是把探方的边界保持到最后。这种做法其实很不利于基于聚落考古的田野操作。特别是在新的测绘仪器如全站仪的广泛使用之后，遗迹和遗物的测绘可以在全工地统一记录坐标，探方的实际意义越来越小。所以，在现行的发掘工作中，可以像以往一样地设置探方，但应该随时把探方的隔梁去掉，以保持整个发掘区连成一片，进而可以统一地观察包括地面在内的各种遗存的空间分布关系。

对土的处理方式的变化或许最能体现近年来考古发掘在技术上的进步。以往被认为是没有什么资料价值的土，现在通过各种新技术的运用，从中可以获取许多意想不到的新信息和新资料。如孢粉分析、植硅体分析、淀粉粒分析、化学成分分析、土壤微形态分析等，特别是采用了筛土和水洗（浮选）技术之后，可以获取大量肉眼在土中难以发现的新资料，如各种炭化的植物化石、碎小的动物骨骼、剥落的小石片等。其中像加工石器遗留下来的小石片和碎石渣，据其出土位置和形态可以确定石器的具体加工地点和场合，进而为探讨石器生产方式和生产组织提供了第一手资料和证据。当然，限于人力、物力和时间，发掘中又不太可能把全部的土过筛和水洗。并且是否要把发掘的土全部过筛处理，不同地区的情况也不太一样，比如南方地区的土黏且湿度大就很难过筛，同一个遗址的土，一般的地层堆积和墓葬中的填土，是否有必要全部过筛，这些都可以讨论的。水洗也是一样，像田螺山遗址的发掘，全部堆积土均经过水洗，结果发现了大量各类生物遗存，对后续研究的意义自不待言，但也确实需要一般性发掘数倍甚至十数倍的人力物力财力。所以，特殊情况下可以采用全洗的方法，而一般的发掘是否按比例或者固定的量（比如20升）收集土样进行水洗即可，则需要经过实践之后制定出明确的标准和规范。

关于土质土色的描述，是发掘记录中的一项具体内容。以往和现在基本上是凭个人的感性认识来确定。20多年以前就有学者呼吁采用色谱来统一土色的描述，但一直未能实行。对此，我们进行过探索和试验，应该是可行的，但需要有强制性的措施跟上才能普及，一家一户自愿使用则意义不大。

1999年以来我们进行的一些发掘工作，为了与表格的记录方式相匹配，还采用了顺序号的编号方法对遗址的地层单位进行记录。具体做法是一个探方给若干号码，探方的负责人可以根据实际情况自行使用这些号码编号。一个文化层可以编一个号，也可以编若干个号，遗迹也是一样。每个编号都要有相应的表格来记录和绘图来表示。这种方法也是采自国外。实践证明，这种做法的问题一方面把考古遗存划分得过于琐碎，特别是数字编号与遗迹和文化层完全没有内在联系，很不容易记忆。越是在后期的整理中，越显示出其烦琐性。至少目前我们还不适应这种记录方法。而且，我们本身的编号系统和方法如果进一步细化，也可以达到这种数字记录方法的效果。如在一个灰坑内部，可以依次地划分若干小层来表示堆积的连续形成过程，文化层也是一样，似乎没有必要采用枯燥和难以记忆的纯数字来表示。这有点类似于早年用数字编号来进行类型学分析。

3. 考古发掘与遗产（遗址）保护的关系

随着文化遗产保护的持续升温和日益普及，切实保护考古遗址已经成为我们必须面对的一个现实问题。考古遗址的保护是针对破坏而言的，对遗址的破坏又可以分为两种情况：

第一种情况是人为破坏或自然原因导致遗址受到损坏。前者如在遗址上取土、建房、修路、开挖各种沟渠、修建水利设施等，这种破坏有的是集体行为，有的是个人行为。现在所谓的配合基本建设考古，主要是针对这一部分人为破坏因素的，进而采用法律法规程序来规范这一类行为，对策就是先发掘后建设，特别重要的就设法避开。现在的问题是群众个人的一些活动导致的破坏，尚没有好的办法解决。如群众在遗址上取土和进行各种生产活动，积少成多，时间久了也会对遗址造成比较大的损坏。就更不用说在遗址上造房子、挖沟渠、取土烧砖瓦等活动了。自然原因如洪水、地震、海侵、山体滑坡等灾害性事件，这些多数为人力所无法抗拒。

第二种情况就是考古发掘也会对遗址造成破坏，因为古遗址是不可再生的资源，挖掉一块就会少一块。对此，有学者呼吁要尽量减少主动发掘，甚至不同意发掘一些比较重要的遗址，如国家级或省级文物保护单位的遗址。如何理解考古发掘和遗址保护的关系，如何面对和处置这一问题，是需要决策层和从业者认真考虑的。我们认为，考古发掘的破坏和上述第一种行为的破坏，性质完全不同。从最简单的层次设想，如果没有考古发掘工作提供的第一手资料，我们如何评价一个遗址的价值，又怎么能够把它们区分为不同等级的保护单位呢？所以主动发掘仍然是必要的，当然可以提高门槛，要明确要求按聚落考古的方法开展发掘工作。同时，在发掘过程中如果有重要发现，要坚决地予以原地保护，不要轻易进行破坏性发掘。这样做也符合文化遗产保护的理念和要求。

综上，在古遗址的保护方面对个人等行为造成的破坏，应坚决地予以制止并防患于未然；对于具有一定规模的建设行为，要事先开展考古调查和发掘工作，就像目前所做的一样；对自然因素造成的破坏，要尽力使之降低到最低水平；而对于考古研究所需要的主动发掘工作，则应提出明确要求，履行严格的申报和批准制度，提高考古从业者的保护意识，把文化遗产保护的理念贯彻到考古发掘工作之中。

（原载《考古学研究（九）——庆祝严文明先生八十寿辰论文集》下册，文物出版社，2012年）

关于聚落考古学研究中的共时性问题

就利用考古学资料来研究古代社会和社会关系而言，聚落考古提供了一条其他方法所不能比拟的了解和走入古代社会的途径。所以，张忠培说："在不同类别的考古学研究中，聚落考古规模最大，能提供数量较多、质量更高的信息，从而能拓宽研究者的视野，提高研究人员的洞察力和能增进学者的以物论史、透物见人的能力。因此，聚落考古在考古学研究中处于较高的层次或层面。"[1]

聚落考古研究所涉及的内容很多。如果要得到系统的资料和理想的结果，这一研究工作应该从筹划田野工作时开始，或者说根据一些切实可行的构想来组织包括各种调查和发掘在内的田野考古工作。而在资料的收集和整合方面，最重要并且难度最大的是以下两个问题，即聚落内部考古遗存的共时性和不同聚落在时间上的共时性的确定。下面来讨论这两个问题。

---

[1] 张忠培：《聚落考古初论》，《中原文物》1999年第1期，第31页。

一、聚落内各类遗存共时性的确定

聚落内部结构的研究是聚落形态研究的基本内容，又是空间聚落形态和历时聚落形态研究的基础。因此，对单个聚落进行深入的个案研究的重要性是不言而喻的。

要了解一个聚落的内部结构和平面布局，关键是确定一系列相应遗存的共时性问题。因为我们知道，只有同时存在的东西它们相互间才会发生直接的关系，而它们很可能就反映了性质不同的社会关系。确定考古遗存的共时性，这是一个说起来容易做起来难的事情。我们认为，确定考古遗存的共时性，需要考虑以下三个问题。

第一，采用什么方法来确定一组遗存或整个聚落遗址所有遗存的共时性，即把具有共时性的遗存在局部或整体上集合起来。

就目前学科的发展水平，解决遗存的共时性仍需要采用地层学和类型学两种传统的方法。诚然，自然科学技术在考古学上运用的深度和广度以前所未有的速度在发展着，并越来越为人们所乐于接受，其中的测年技术更是如此。但是，如果要利用自然科学的测年技术在一个较小的年代范围内把考古发掘获得的每一种遗存的年代都确定下来，且不说是否都能采集到合适的测试标本，测年技术本身似乎也达不到这一要求。因此，利用地层学和类型学方法来确定考古遗存的共时性，仍然是相当长时间内必须采用的有效方法，但应当结合聚落考古研究的需要，加以发展和创新。综合前人和当代的实践，有以下几种具体的操作方法可供考虑。

一是根据各种遗存的层位来确定其共存关系。在一个遗址的发掘中，我们往往把文化堆积按土质、土色等因素的差别划分为不同的层次。于是，自下而上随着层次的递变，其所代表的时间也由早及晚发生着变化。由于人们在不断地进行各种活动，多半会在两层之间出现各种人为活动的遗存（特殊情况除外，如自然堆积、瞬间堆积等），这些遗存之间如果没有打破关系（即使局部有打破关系有时也不影响其共存），我们一般就认为它们具有共存关系。这样，以具有普遍意义[①]的层面为界线，就可以把聚落遗址的各种遗存以层面为基准从平面上凸现出来。如果一个聚落遗址有三个普遍性的堆积层次，那么我们可以首先将其区分为三个共存关系单位，然后再做进一步的分析研究。其中存在一些需要澄清的问题。

其一，共存并不等于共时。这里说的共存，只是我们今天打开尘封的文化层之后，在同一个层面上发现的现象，也只是说，它们在今天所保存着的层面上具有共存关系。这些共存于某一层面上的遗存，有可能是非共时的，并且造成这种非共时的共存的原因有多种。针对这种依据层位无法解决的问题，可以用别的方法加以补救，如采用类型学的方法分析不同单位内遗物的年代关系，分析其建筑技术、结构、功能的异同，等等，以进一步确定其是否属于大体一致的时代。如泗水尹家城遗址，曾在生土面上发现了7座墓葬和8座半地穴式的房子，相互之间均无叠压和打破关系[②]，从层位关系上看它们共存于同一个面上，如果房内和墓内均没有出土遗物的话，我们仅凭层位关系就很难断定它们是共时还是非共时的。通过对这些单位内出土遗物的类型学分析后发现，其他大部分墓葬的时代早于房子。墓葬又有三个时期，最早的1座属于大汶口文化时期，而最晚的1座小墓与房子的时代相当，其他大部分时代相同，早于

---

① 有效的层次的表述不一定恰当，它是指一个聚落遗址中文化堆积普遍（而非局部）产生了变化，被一种新的堆积所取代。这样的堆积我称之为有效层次。
② 山东大学历史系考古专业教研室：《泗水尹家城》，文物出版社，1990年。

房子一个阶段。而房内出土遗物的特征和房子的形制及建筑风格均基本一致，并且都有一定数量的遗物留在房内，还有火烧迹象。据此，我们认为这8座房子至少在一定时间内具有共时关系，它们分属于南北两大组，可能是因特殊原因遭火焚毁而同时废弃。这样，我们就把尹家城最下层的这批遗迹按时间顺序分为依次的三个时间段，即大汶口晚期的1座墓葬、龙山第一期的5座墓葬和龙山第二期的8座房子及1座小墓。

其二，现在保存的层面不一定是其原貌（如果在一个层面上有许多性质不同的遗存，它可能经过人们的长期居住，这个层面的原貌就表现为人为活动面），不少情况下可能是一个被后代破坏所余的残缺面。这种层面上的遗迹，肯定遭受过不同程度的破坏，甚至有些遗迹已经荡然无存。同时，也完全可能存在上述第一种情况。在这种情况下，我们要对各种遗存的整体分布和排列方式做全面分析，如果大多数遗存尚在，还是可以作为一个聚落来分析研究的；如果多数或相当多的遗存已被破坏无存，整个聚落面目已非，则这个界面上的聚落只能作为研究的参考。

二是从寻找承载人们开展各种活动的"地面"入手，以确定各种遗存的共时性。人类的各种活动，都是依托在一个实实在在的"地面"上展开的，因此，把聚落遗址中的每一层地面及其地面所承载的人们各种活动的遗存按顺序完整揭露出来，是真实地再现聚落遗址原貌的有效方法和途径，故被称为聚落考古的一把钥匙[1]。

地面是一个包含内容广泛的概念，简单地说它是人类各种活动赖以进行的承载体，其既有自然形成的，也有人为特意加工的，

---

[1] 赵辉：《遗址中的"地面"及其清理》，《文物季刊》1998年第2期。

但其上必留有人的活动痕迹才有意义。粗略分之有居住面（如房屋）、一般活动面（如广场）、工作面（如加工、制作的遗迹）、路面、农田的耕作面……以上列举的若干面当中，就对我们揭示聚落布局和判断考古遗存共时性的作用而言，最重要的当属路面。供人居住的房屋与另外的房屋、水源地、各种公共活动场所、作坊、农田、墓地等，都必须通过道路来加以连通，所以道路是联结人们各种活动场所的纽带。一个保存好的聚落遗址，通过路面就可以大体确定各种遗存的共时性。另外，道路的表层经过人们长期践踏，一般比较坚硬并呈薄层状，在发掘中也相对易于辨认。

其次就是活动面。活动面的外延较宽泛，凡是有人活动过的地面都可以称为活动面。其实在考古学中，较有意义且易于揭露的是人们频繁活动场所的活动面。如作坊范围内的地面、收打加工粮食的场所、基层的家庭或家族范围的居住区等。通过活动面的连接，可分析出有意义的人类行为。聚落组成单位就特别适合采用活动面的分析方法作业。

地面概念的引入，对传统的地层学内容带来一些冲击。地面既是一个客观实在，又是一个在许多时候无从捕捉的东西，其中的许多问题刚刚提出，需要深入讨论和不断地实践、总结，如地面与地层的关系，地面与层面的关系，地面的年代如何断定，地面的含义及解释，地面的发掘清理如何进行，怎么建立一套科学的记录标准等。这里特别重要也是难度最大的就是如何发掘清理地面。

三是在层位的基础上，主要通过各个单位出土遗物的类型学分析，确定它们的年代关系。在实际操作中，通常是先通过出土遗物的类型学分析，确定各地层单位的相对年代关系，进而把它们划分成不同的期、段，按期、段的时间跨度来整合各种遗存。这种方法在以往的研究中运用较多，比较适合于墓地的分析。一个墓地内部的层位关系，可能主要表现为一部分墓葬之间的打破关系，和在某一层面上展开的共存关系，而我们一般无法依据这种层位关系将其按不同的时间段划分开来。因此，要解决其共时性的问题，目前切实可行的方法就是在层位关系的基础上，通过类型学分析的方法来实现。众所周知的大汶口墓地，无论是发掘报告划分的早、中、晚三期[①]，还是以后的研究者划分出更多的期段[②]，都是在层位关系的基础上主要依靠类型学方法分析得出的。当然，如果是埋葬规律性较强的墓地，也可参照墓葬的排列次序等因素。

采用类型学分析方法确定考古遗存的共时性存在很大的局限性。首先，没有遗物或出土遗物不具有分期意义的地层单位，除去个别可以靠特殊的层位关系加以确定外，一般无法在年代上与其他单位连接。这种情形不仅表现在墓葬当中，在居址中也比比皆是。如在发掘中我们经常发现没有出土物的遗迹，特别是那些仅存基槽、柱洞等基础部分的房屋，其年代关系就成为困扰我们的一个问题。其次，即使有一定数量遗物的地层单位，确定其共时性时可能存在一定的随意性。不同类别不同形态的出土遗物本身的时间敏感性在程度上有相当差别，这是客观存在的，而研究者的学识、熟练程度也因人而异，会存在一些差别，这又是主观的。两种情况合并，就会出现一定的随意性。当然，随意性这个词汇不一定恰当，但这种现象是客观存在的。微小的差异一般是不会影响研究结论

[①] 山东省文物管理处、济南市博物馆：《大汶口——新石器时代墓葬发掘报告》，文物出版社，1974年。
[②] 对大汶口墓地做分期研究的文章很多，如山东省博物馆：《谈谈大汶口文化》，《文物》1978年第4期。

的，因为时间段的划分本身有伸缩性，如果超过一定限度，其后果就不言而喻。

第二，在考古实践中如何结合各种活动的地面来实施发掘工作。

既然人们已经认识到地面特别是道路和各种活动面是人类活动的依托，那么如何将其贯彻到考古发掘的实践之中，就成为一个重要的课题。

十几年以前，在国家文物局考古领队培训班兖州西吴寺的发掘工地上，俞伟超就曾有过采用大面积分层同时向下发掘，进而把每一时期的层面揭示出来的设想。后来，他又在全国考古工作汇报会上强调过这一点，并在垣曲古城遗址的发掘中采用先开贯通遗址的十字形长探沟的方法，以探明层次，然后再逐层揭露，意在搞清布局。这种思路无疑是具有启迪性的。但在中国考古学的实践中，并未得到推广。究其原因，主、客观两个方面都有。其中主要是中国考古学研究尚未攀升到迫切要求按上述方法提供发掘资料这一高度。当然，中国的聚落遗址是发掘难度较大的软遗址，土中找土，特别是在人口密集区域，长时期的连续居住使各个时期的堆积都受到相当程度的破坏，发掘中往往很难清理出一个范围较大的活动面。这不能不说是另一个重要原因。

令人欣喜的是，近年来不少学者都注意到这一问题，并开始付诸实践。如北京大学在这一方面就做了许多工作[①]。综合目前各种意见，大家在以下三个方面具有共同认知。

一是在发掘区各个部分中实施逐层向下清理的方法，力求在进

---

① 赵辉：《聚落考古工作方法的尝试》，《中国考古学跨世纪的回顾与前瞻（1999年西陵国际学术研讨会文集）》，科学出版社，2000年。

度上保持一致。采取这种方法的目的在于，把一个具有连续堆积的遗址的不同时期的活动面及相应遗迹揭示出来，便于我们在现场分析、讨论和解决聚落布局、结构等问题。这样，就可以改变以往那种回到室内从图纸上拼接、串联各种遗迹，进而研究聚落布局和结构的作业程序，使许多疑问在现场就能够提出并得到解决。为了使一次能够观察到足够大范围的聚落结构，应提倡对遗址实施大面积或较大面积的揭露，并且不刻意追求进度，也不必一定要求每次都发掘到生土层。同时，只要能有效地把握并记录清楚层位关系，探方之间的隔梁就可以随时去掉，以便更好地观察和分析遗迹之间的关系。

大面积逐层揭露是开展聚落考古研究的理想发掘方法，但在实际作业中问题多多。这种方法对发掘工地的领队和各探方负责人有更高的要求，特别是工地领队，需要有较高的学术素养、较强的现场观察判断能力和较好的组织协调能力，还需要有大局观。此外，也需要较多的经费投入。

二是引入活动面的概念。各种活动面在一个连续堆积中存在于两层堆积之间，所以，它既不属于上层也不属于下层，是一个独立的单位。这是因为，在许多情况下，文化堆积是由于大规模活动而在较短时间内形成的，而在新的平稳活动时期，人们活动所依托的地面并没有什么明显变化，在下一次大的活动来临之前保持着相对稳定的状态。这样，在一个连续的堆积层次中，堆积本身在时间上只是一些断续的过程，而两个堆积层之间的地面所代表的时间可能是漫长的。对此，只要观察一下周围的环境就可以明白。我们居住在一个地方，很长时间地面并没有随着时间的推移而不断升高。因此，从纵向上看，是这些活动面从时间上把文化层堆积连接成一个连续的过程。从横向的空间分析，活动面是人类活动的承载体，它与某一个时间段内所有的遗迹又是共时的，所以赵辉说它是"包括了许多地层单位的单位"[①]。活动面的性质取决于人的活动的类别，如居住面、路面、窖穴地面、广场地面，等等。于是，我们在具体的发掘中就应该根据活动面上遗留下来的各种人为迹象判断其性质。

清理好活动面上的迹象是发掘的重点，也是关键所在。因为活动面是一个独立的单位，所以活动面上的遗存就是我们判断其性质的根据。如果活动面上散落有较多的小石片，这里就可能是制作石器的场所；如果在一定范围的活动面上有较多炭化农作物籽粒，这里有可能是加工粮食的场地。有些细小的东西往往凭肉眼难于发现，需要在发掘中过筛。某些特殊场所，如地面和类似上述的活动面，应将其表层土全部收集起来进行水选，相信会有意想不到的收获。

既然活动面是一个独立的单位，那么在发掘中必须给予单独的编号和记录。以往发掘中对于两个层次之间或把握不准层次的出土遗物，为了保险，一般采取归入上层的做法，这种处理方法在聚落考古中应该予以彻底摒弃。结合文化堆积的形成过程和各种遗迹的建造程序，把地层单位缩小到所能观察到的最小的构成部分，并采用顺序号的编号方法和规定相应的记录内容，这种方法在国外被称为Context方法[②]。在使用顺序号编号和记录方法时，我们的原则是，对原有的编号和记录体系并不放弃，只是做细化处理，使之

[①] 赵辉：《聚落考古工作方法的尝试》，《中国考古学跨世纪的回顾与前瞻（1999年西陵国际学术研讨会文集）》，科学出版社，2000年。
[②] 关于Context方法，参见李浪林：《系统考古单位的定义和运用》，《东南亚考古论文集》，香港大学美术博物馆，1995年；李新伟：《CONTEXT方法浅谈》，《东南文化》1999年第1期。

更加完善。如一个灰坑,根据其复杂程度,可以有一个顺序号,也可以有若干个顺序号;再如房子,房内废弃堆积有不同的顺序号,地面本身和地面所承载的堆积层也可以是不同的顺序号,其他迹象也是如此。这样,所有的遗迹和遗迹的组成部分,当然包括两层之间有意义的界面,以及重要遗物及其所在位置,都作为一个单独的单位来发掘和记录。当然,在现场就要求搞清楚顺序号所代表的遗存与编号遗迹的关系,处理好局部与整体的关系,并做出相应的记录,以免为日后的室内整理留下麻烦[①]。

由于活动面所承载的人的行为是有差别的,所以活动面又可以区分为不同的等级。那些长时期承载着人们大量活动的地面,对于了解聚落结构、复原当时人的行为和社会关系具有重要价值,这就是我们所说的重要活动面或关键地面。

三是要有完整的科学记录。记录的形式基本上还是文字、测绘和影像三种。为了与资料的计算机处理相匹配,可以在以往的基础上加以改进。如文字记录以表格的形式为主,既有利于输入计算机进行处理,又保留了原有记录方法的优点。应引进测量精度较高的全站仪进行测绘,以便准确定位;图纸记录的比例,应放弃传统的1∶50而采用1∶20的比例,使细部特征显示得更清楚;增加遗迹和地层的海拔高程和遗址等高线的测绘,以表现微地貌特征等。影像记录应普及数码相机和数码摄像机的使用,及时把相关资料输入计算机处理,保证各种影像资料的万无一失。

第三,如何划定时间段,即在一个连续使用的聚落遗址中划分出有意义的不同时期的聚落。

---

① 栾丰实:《中美合作两城考古及其意义》,《文史哲》2003年第2期。

这里讲的时间段是针对聚落形态的变化而言的。我们说，遗址和聚落的概念在含义上并不完全等同，指的是一个遗址可能是一个聚落，而更有可能代表着几个不同时期的聚落。如果一个遗址的使用期较短，它只属于一个聚落，问题就比较简单，这样的聚落遗址在发掘中也较易于操作和掌握。如果一个遗址延续的时间较长，问题就比较复杂。这里，划分聚落变迁的标准和尺度以及我们如何来掌握它是问题的关键所在。

一般说来，聚落内部的结构或聚落布局发生了重要变化，表明同一遗址上一个旧聚落的终止和一个新聚落的开始。新旧聚落的交替有以下两种基本情况。

第一种是替代关系。在一个连续使用的遗址中，当外来的不同文化的人群因不同的原因（如战争、移民等）取代了当地原有的人群，从而形成自己的新聚落；或者是新的人群在旧有的废墟上建立起新的聚落。后者因为两个时期人群所形成的聚落之间有中断现象，故最好分辨；而前者因为是不同文化的人群的聚落，相互之间的差别通常较大，也应该较好区分。如大汶口文化中晚期，来自东方海岱地区的人们占据了豫东和皖西北一带，在土著人和大汶口人堆积重叠的遗址，必然代表着在时间上有先后关系的两个聚落。在人口迁徙比较频繁的地区，这种性质的聚落遗址可能比较多见。

第二种是连续发展的文化内部发生重要变革，进而使聚落形态产生相应变化。因为社会内部总是在不断发展变化的，所以，作为社会关系物质表现形式的聚落形态也总处在变动之中，这种变化通常表现为量变的过程。如人口增多了要建造新的住宅；旧房子的翻新；有的人富裕了要造新房或扩大居住面积；战争的频繁发生需要防御设施；执掌权力的人不仅要住大的房子，死后还要建造较大的墓葬，等等。这些变化有的是一般变化，有的则属于重要变化。当然，变化也有层次和等级的不同，这要看我们的研究目的。所以，我们主张探讨聚落形态的变化要从微观入手，从不同层级的变化中寻找其发展变化的轨迹，然后结合人的行为方式和过程总结其阶段性变化的特点和规律。要区分聚落遗址在发展过程中产生的重要变化，应对产生重要变化的原因加以考虑。分析起来，其原因不外是以下几种：社会结构产生变化；经济类型产生变化；朝代或文化更替；其他因素。

一个遗址是否由一个聚落转变为另一个聚落，需要从总体上观察和分析。如果一个遗址最初只是一个普通的聚落，后来在聚落周围挖掘出壕沟，最后又修筑了围墙，这样就为我们提供了易于把握的尺度。如聚落内部也产生了相应的变化，那么，这一聚落遗址就可以区分为连续发展的三个聚落。同样，如果一个聚落最初基本上都是半地穴式建筑，后来多数变成了地面式或台基式建筑，就要考虑其是否区分为两个聚落。举一个现代的例子，最近几年我们在山东省日照地区进行区域系统调查，徒步进出300多个村庄，发现这里每个村庄的房屋都整齐划一，街道纵横通达，宽窄有序。询问后发现，这种现象是最近20年来才形成的。而在这之前，虽然多数村庄的房屋有一定布局，但在整体上排列得不甚整齐。如果我们在一个地点发掘出这样两个层面，显然应该将其区分为两个聚落。究其原因，既有改革开放后人们逐渐富裕而有钱修新房子的因素，也有地方政府以行政权力来推行统一规划的影响。

每一期聚落的时间跨度有的可能较长，有的可能较短，不能一概而论，要根据具体情况具体分析。我们在实际操作中，既不能把一个考古学文化甚至几个考古学文化所经历的时期，归结为一个聚落，也不能只要有些变化就视为一个新的聚落。

二、不同聚落的共时性的确定

普查出某一区域内的所有聚落遗址，并确定这些位于不同地点的聚落遗址在年代上的共时和非共时关系，是进行区域聚落考古研究的基础和前提。在一个特定区域之内，同时存在的聚落遗址的数量和内涵对于古代社会各个方面（如人口数量、对资源的利用、社会关系、贸易关系、结合方式）的研究具有极为重要的作用和意义。例如，在一个区域内发现100处良渚文化遗址，如果这100处遗址都是贯穿良渚文化的始终；或者其中50处有早期遗存，70处有晚期遗存；或者其中50处有早期遗存，70处有中期遗存，而40处有晚期遗存，相信我们得出的结论是大不一样的。

如果说同一聚落遗址内部的各类遗存可以依据共同的活动地面来进行连接，主要运用地层学方法来确定它们相互之间的共时或非共时关系，那么，在空间上不相连接的聚落遗址的共时性的确定，就需要采用与前者不同的方法。初步考虑应从以下几个方面入手：

第一，对特定区域的考古学文化谱系和编年要有精确研究。聚落形态研究是考古学研究发展到一定阶段的产物。要确定分布在不同地点的古代聚落遗址的共时性问题，首先要求对所研究区域内的考古学文化谱系和编年有精确的研究和把握。

自20世纪70—80年代苏秉琦提出"区系类型"学说以来，全国各地以建立考古学文化发展谱系和年代序列为主要目标的考古发掘和研究工作，由被动转向主动，在一个不太长的时期内取得了显著成效。时至今日，可以说在黄河、长江两大流域及邻近地区，如黄河中游为主的中原地区、黄淮下游的海岱地区、长江中游的江汉地区、长江下游和钱塘江流域的太湖地区、华北北部和东北南部的燕辽地区等，基本上建立起了各自的新石器时代至历史时期古代文化的发展谱系和年代序列。在这些区域，不仅考古学文化前后基本衔接，谱系关系比较清楚，而且年代学研究也深入踏实，大体可以排出以百年为基数（时代越早，单位基数年代相对越大一些）的年代序列。这些已有的研究成果，为我们进行聚落考古研究奠定了坚实的基础。

如果我们把眼光放到每一个文化区内进一步审视就会发现，各区域内部考古发现本身的地域间的不平衡性十分突出。以年代关系最为清楚的海岱地区为例。大汶口文化和龙山文化是这一地区发现较早、遗址数量最多、年代关系最为清楚的具有传承关系的两支考古学文化，大汶口文化前后延续了一千五六百年，可分为十余个时间段，龙山文化延续了约六百年，可分为近十个时间段。但如果做横向观察，就会发现多数地区都存在相当大的缺环，不能在每一个地方类型内都做到从年代上把文化的发展脉络清楚地揭示出来。正因为如此，我们在进行小区域聚落考古研究时，就会感觉到本区域已有的考古学文化编年不能满足研究工作的需要。

基于上述，在研究和确定某一区域内聚落遗址的共时性问题时，首先要理出适用于该区考古文化的详细编年。诚然，如果局限到一个很小的区域内来进行编年研究，难免会遇到资料不足的问题。因此，在通常情况下可以与周围邻近地区结合起来进行综合分析研究，并且尽可能在相互比较中搞清楚区域内特征性的东西。这一工作做好了，就为进一步确定区域内聚落遗址的共时性奠定了基础。

第二，对研究所涉及的各个遗址的年代和范围要有基本的把握。区域内文化的发展脉络和编年清楚了，接下来的作业应该是对每一处遗址做具体分析。对每一处遗址的基本要求，首先是搞清楚两个问题，即遗址所经历的文化及具体时代和每一个时期遗址的范围及面积，实际上要满足这两个基本要求并非易事。

要把握每一处遗址的具体年代和延续时间，就要求对遗址有详细的了解，这自然需要足够的赖以确定年代的相关材料。一般说来，一个区域涉及的遗址的数量较多，可能多数只是做过地面调查，而只有小部分进行过发掘或勘探。要满足了解遗址的全貌和全部堆积的时代的要求，最好是进行科学发掘工作。如果选到一个堆积丰富的地点进行试掘，可以比较好地达到了解遗址堆积时代的目的，而要准确地把握每一时期遗址的分布范围和面积，则不是一两处小试掘所能解决的。至于只经过调查而未做发掘的遗址就更成问题了。当然，从理论上说可以在每一处遗址都进行相当面积的发掘，以达到对所有遗址都有充分的了解，而这在实际上几乎是不可能做到的。因此，在目前情况下，一般只能是采用细致调查、选点试掘和重点发掘的方法。

细致调查是对一定的区域进行详细的踏查，当然最好是开展区域系统调查。具体到每一个遗址，就是要尽可能多地在遗址的不同位置采集各种标本，同时在相当大比例（最好是1∶10000或者更大比例）的地图上用编号的方式准确标记采集标本的发现位置，并和所采集标本的编号相吻合，以便在进行调查资料的分析研究时，帮助确定遗址的时代及延续时间和各个时期遗址的分布范围及面积。这里有一个假设的前提，即在地面某点采集的标本系从该地点或其周围地下翻动上来的，这个假设显然不是无懈可击的，其中肯定存在误差。但是我们认为在只进行调查不做勘探和发掘的情况下，这可能是最接近实际的方法，能做到这一步实属不易。

在调查的基础上，可以随机或有针对性地选择几处遗址进行勘探和试掘。这项工作是以了解遗址的基本情况为目的，勘探的探孔不必过密，5米~10米为宜，发掘面积也不必过大，100平方米左右即可。因为是了解面上的情况，所以可以把发掘点定在不同的位置，既可按常规的探方法，也可开设探沟进行发掘，一切可以灵活掌握，不必拘泥于形式，但发掘工作和各种记录必须严格、规范。通过几处遗址的勘探和发掘，既可以取得这些遗址的准确资料，也可以对调查结论做进一步的核实。如把根据调查所确认的年代区间和面积范围与勘探发掘后得出的结论相比较，计算出误差率，以做到心中有数，必要时，可以进行适当的校正。

重点发掘是指对区域内的关键性遗址进行面积较大的发掘。所谓关键遗址一般是指面积较大的中心遗址或城址，有时也可以选择那些具有特殊功能（政治功能如宗教建筑，经济功能如工场、作坊等）的遗址，作为了解中心遗址功能、性质及与其他遗址关系的工作之一。这种发掘旨在通过解剖了解聚落遗址的内部结构和布局、聚落的分期、聚落的演变和聚落的功能等一系列重要问题。

第三，横向比较以确定不同聚落的共时性。经过上述两项工作之后，我们就可以通过横向比较的方法来研究确定聚落之间的共时性。共时聚落的确定还有一个在时间长度上如何掌握，或可称为划分尺度的问题。一般说来，这个尺度可以受几种因素的制约：一是资料的丰富程度，采集遗物多而典型自然可以分得细一些，如果遗物较少要细分就会很困难；二是对分期和年代把握的准确程度，确定遗址的详细年代是一项很严肃的科学工作，不能似是而非，要求我们对研究对象有深入的研究并有较强的识别陶片时代的能力,这一点前面已经论述过;三是基于研究目的的不同而有不同的要求。

研究一些对时间变化比较敏感的课题和内容,如研究人口数量的变化,时间尺度可能就要短一些,以求从文化的发展过程中总结出人口数量变化趋势。以海岱龙山文化为例,其延续时间是600年左右,假如只划分一个时间段,那么我们统计到的龙山文化人口数量就只有一个,给人一个龙山文化的人口数量没有变化、自始至终都是一个常数的假象,实际上是把本不共时的聚落遗址人为地归并到了同一时期,因而会得出夸大人口数量的结论。如果划分为几个时间段,我们就可以从中发现龙山文化人口数量增加和减少的变化趋势,从而会更贴近于实际,进而增加许多有价值的信息。如我们在日照市两城地区的区域调查中,就是按照大汶口文化晚期,龙山文化早期、中期、晚期,岳石文化,商代晚期,西周,东周,西汉和东汉等10个时期来划分的。

研究一些对时间变化不那么敏感的课题和内容,如社会结构和社会组织、经济形态的变化等,尺度可以相对宽一些。同时,不同历史时期的时间尺度也不相同,就一般情况而言,时代越早,社会发展相对比较缓慢,时间尺度在掌握上可能较宽,而随着社会发展速度的加快,时间尺度就应逐渐变小。

基于上述,区域间聚落的共时性在时间尺度上可以分成不同的层级。如果考古学文化的分期和年代研究能够达到相当高的精度(如以百年为分期单位),我们就可以对每一个聚落遗址的所历年代做出较为准确的判断,进而在横向比较的基础上确定不同层级共时聚落的数量和分布。仍以海岱龙山文化为例,如果采用从早至晚划分为六期的方案,每期延续时间在100年左右。以此为准将要分析的聚落遗址逐一确定期别、年代及每期的范围和面积,然后再根据研究目的的需要来逐层逐级确定共时聚落的数量和分布。如果以百年左右为级差,就需要按六个时间段(一至六期)来分析聚落的数量和分布;如果以二百年左右为级差,就变成了三个时间段(早、中、晚三期);以此类推,自然也可以按早晚两个时间段,或将其视为一个大的时间段。这样,在特定区域内聚落遗址的数量和分布就会有所不同。将上述内容绘于地形图上,就可以把不同层级时间段的聚落遗址的分布及相互位置关系一目了然地表现出来。接下来的工作就是分析和研究区域间聚落形态所反映的古代社会组织结构和各种需要解决的问题。

(原载《考古》2002年第5期)

海岱地区史前聚落结构的演变

以黄河和淮河下游为主的海岱地区，是中国新石器文化的重要分布地区之一。根据目前的发现和研究，最早的新石器遗存发现于泰沂山中段的沂源县扁扁洞遗址，测定年代在距今11000—9600年之间①。其后，则依次为后李文化（距今8500—7000年前后）、北辛文化（距今7000—6100年）、大汶口文化（距今6100—4600年）和龙山文化（距今4600—4000年），龙山文化之后就进入了青铜时代的岳石文化和商代②。

近年来，随着聚落考古工作的开展，特别是考古调查工作的进展与重点城址的发掘和研究，我们对海岱地区史前时期聚落形态变迁的认识逐渐清晰起来。以下就海岱地区史前聚落形态演变的阶段性和大汶口晚期、龙山文化时期的聚落结构进行简略分析。

---

① 孙波、崔圣宽：《试论山东地区新石器时代早期遗存》，《中原文物》2008年第3期，第23~28页。
② 栾丰实：《海岱地区考古研究》，山东大学出版社，1997年。

一、海岱地区史前时期聚落形态演变的阶段性

综观海岱地区新石器时代聚落形态的演变，大体上经历了三个发展阶段，在第一、二个阶段之间存在着一个较长的缓慢过渡时期。

第一阶段为北辛文化早期、后李文化及其以前阶段，绝对年代为距今6600年以前。这一阶段发现的遗址数量不多，空间分布相对比较稀疏。而且遗址之间和遗址内部的分化均不明显，属于比较典型的平等社会阶段。

如后李文化遗址数量最多的长白山北、西两侧地区，目前已经发现孙家、小荆山、绿竹园、摩天岭、西河等5处遗址，这些遗址之间的距离较远，最近的也超过5千米。从现有资料分析，这些遗址之间似乎不存在统属关系。

经发掘的西河和小荆山遗址，发现了比较丰富的房址和墓葬。西河遗址的房址数量较多，均为半地穴式，房址有大有小，但房屋结构和房内遗留的物品则没有差别[1]。小荆山的房址情况与西河相似。而小荆山遗址发现的20余座墓葬，为整齐的三排，方向一致，墓室大小相近，均没有葬具，除了极个别的小件简单装饰，没有别的随葬品，甚至像后来极为普通的随葬陶器和石器都完全没有。所以，可以认为这一时期的社会结构属于一种低水平的平等社会关系[2]。

在聚落内部的结构方面，后李文化时期开始出现环壕聚落。如小荆山遗址就是目前海岱地区发现的最早的环壕聚落。小荆山环

---

[1] 山东省文物考古研究所：《山东章丘市西河新石器时代遗址1997年的发掘》，《考古》2000年第10期。
[2] 济南市文化局文物处、章丘市博物馆：《山东章丘小荆山遗址第一发掘》，《东方考古（第1集）》，科学出版社，2004年，第405~448页。

壕平面呈圆角等腰三角形（图一），北段长280米、东南段长430米、西段长420米，周长约1130米，环壕内东西约300米、南北约400米，总面积约12万平方米。环壕的宽度不一，最窄的部位只有4

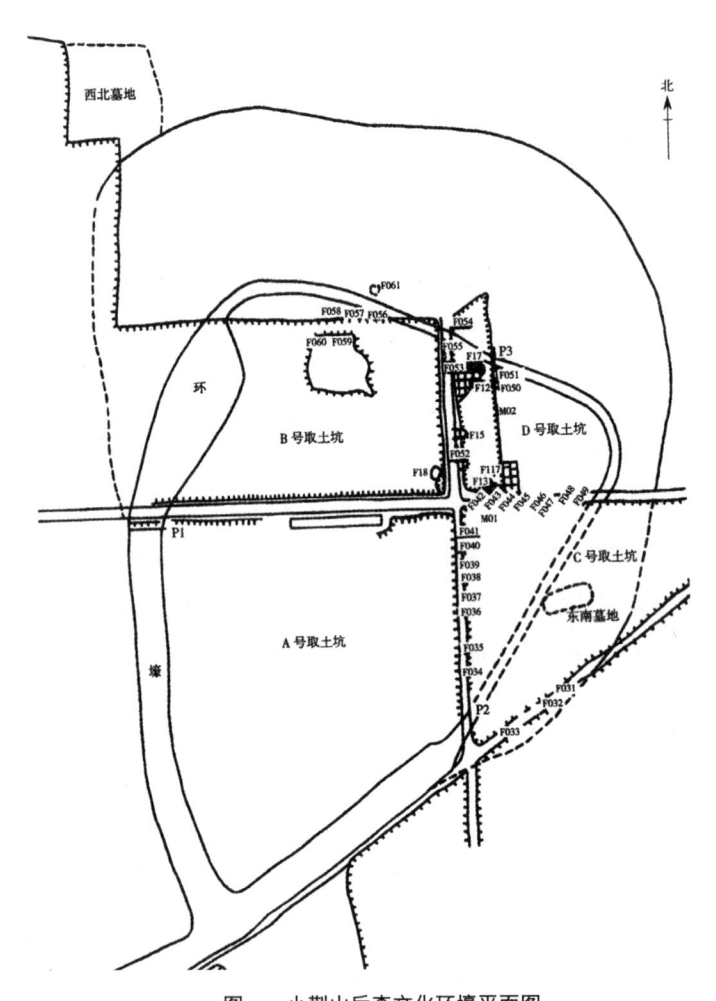

图一　小荆山后李文化环壕平面图
（据《山东章丘市小荆山后李文化环壕聚落勘探报告》，2003，图二）

米~6米、最宽处则有19米~40米，深度在2.3米~6米之间[①]。环壕之内是密集的房址，而墓地则主要规划在环壕之外，目前在东南和西北地区各发现一个墓地。

如果联系到同时期中原地区的裴李岗文化、北方的兴隆洼文化、南方的彭头山文化以及年代略晚的仰韶文化等，都发现了大小不一的环壕聚落，后李文化中出现环壕聚落也在情理之中。所以，我们可以认为这一阶段是环壕聚落的产生时期，而由聚落空间分布相对分散的特点看，当时聚落之间的关系尚未发展到分层的统属关系阶段。

第一阶段之后的北辛文化中晚期和大汶口文化早期偏早时期是一个过渡阶段，绝对年代大约在距今6600—5800年之间。海岱地区的聚落数量缓慢增加，随着生产力水平的提高、社会生产的发展和财富的积累，分化开始出现，但发展十分缓慢。这一时期的社会结构也开始由平等社会向分层社会发展过渡。

以上变化，从目前的资料看始于北辛文化中晚期，主要表现在聚落的空间分布密度有所加大、聚落内部开始出现了初步分化的迹象等。如属于北辛文化晚期的江苏灌云大伊山墓地，在发现的62座北辛文化墓葬中，墓群、墓组和单个墓葬之间似乎已经出现轻微的分化，但从整体上看并不明显[②]（表一）。

[①] 山东省文物考古研究所：《山东章丘市小荆山后李文化环壕聚落勘探报告》，《华夏考古》2003年第3期，第6~11页。
[②] 连云港市博物馆：《江苏灌云大伊山新石器时代遗址第一次发掘报告》，《东南文化》1988年第2期；南京博物院、连云港市博物馆、灌云县博物馆：《江苏灌云大伊山遗址1986年的发掘》，《文物》1991年第7期。

表一　大伊山墓地分群分组墓葬随葬品统计表

| A群（平均2.4件） |||||| B群（平均1.5件） ||||||
| 甲组 ||| 乙组 ||| 甲组 ||| 乙组 |||
件数	墓数	平均	件数	墓数	平均	件数	墓数	平均	件数	墓数	平均
18	17	1.1	62	17	3.6	36	20	1.8	2	6	0.3

说明：大伊山墓地第二次发掘的24座墓葬中，有15座为受到不同程度破坏的残墓，其中，10座已空无一物，A群甲组中有8座为残墓，B群乙组的6座墓葬均为残墓。所以，以上比例未必能完全反映当时的实际情况。

北辛文化虽然目前尚未发现明确的环壕聚落，但也有线索可寻。如经过发掘的汶上东贾柏遗址，在居住区的南侧发现了一条东西向北辛文化时期的壕沟遗迹，已清理部分长25米、沟口宽3米，两壁斜直，深1.3米~1.5米[①]。由此看来，东贾柏遗址很有可能是一处北辛文化中晚期的环壕聚落。

大汶口文化早期阶段在各个方面都直接承接北辛文化而又有所发展。如兖州王因、邳州刘林、泰安大汶口、邹城野店等遗址的大汶口文化早期遗存，虽然聚落内部的分化程度较之此前的北辛文化有所扩大，但仍然不很显著。所以，可以认为这一较长时间是海岱地区史前文化社会内部发展的量变积累阶段。

第二阶段为大汶口文化早期偏晚至中期阶段，绝对年代约在距

---

① 胡秉华：《汶上县东贾柏北辛文化遗址》，《中国考古学年鉴·1991》，文物出版社，1992年。

今5800—5000年之间。这一阶段的聚落形态特点十分明显，主要表现在聚落遗址的数量显著增多，聚落之间和内部的等级分化日益明显，至少已经出现了中心聚落和一般聚落两个等级的差别。

大汶口文化早期多数遗址的分化并不显著，继续处于由平等社会向分层社会发展的过渡时期。但也有个别遗址的情况不同。如泰安大汶口遗址，在其早期偏晚阶段就出现了明显的分化，既有墓室面积较大、随葬品数量较多、质量优良，甚至使用了木质葬具的较大墓葬，如大汶口M2005，也有墓室狭小而贫穷的墓葬[①]。所以，类似于大汶口这样的遗址已经成为一定范围聚落群的中心。到大汶口文化中期，大汶口遗址早期的这种情况逐渐成为较为普遍的现象。如果说早期阶段聚落之间的分化还是个别现象，那么到了中期，聚落分化为不同层级的结构这一现象逐渐成为一种潮流。如泰安大汶口、邹城野店、邳州大墩子、新沂花厅、章丘焦家等，无论是遗址的面积，还是遗址内部富裕和分化程度，均明显高于周围的中小聚落，成为当地聚落群名副其实的中心。所以，以大汶口遗址为代表的新现象，是社会内部产生质变的证据。此后，这一历史发展趋势就不可阻挡地在海岱地区蔓延开来。

所以，我们认为至迟到大汶口文化早期阶段的后期，聚落分化速度加快，开始出现大小或上下两个层级的聚落结构。而到中期阶段，在早期大汶口遗址所见到的现象，在不同区域的许多遗址清楚地显现出来，并且有所发展。上下两级结构的聚落形态成为一种普遍现象，有的地区还出现了大中小或上中下三级金字塔状结构的聚

[①] 山东省文物考古研究所：《大汶口续集——大汶口遗址第二、三次发掘报告》，科学出版社，1997年。

落形态。

第三阶段是大汶口文化晚期和龙山文化时期，绝对年代在距今5000—4000年之间。这一时期的聚落形态在前期的基础上，又产生了一个根本性的变化，即城址的出现。城址的出现，标志着聚落结构的层次增多，中心聚落的地位和作用得到强化，其统辖和管理的功能日益凸现，由此表明社会的复杂化程度进一步加深。从目前的资料看，大汶口文化晚期是城址出现的阶段，大、中、小（或上、中、下）三级金字塔状的聚落结构开始增多。到龙山文化时期，三级的聚落结构成为一种常态，而局部地区很可能已经形成四级结构的聚落形态。

以上，我们大体勾勒了海岱地区史前时期聚落形态变迁的趋势和阶段性，从中也可以粗略地了解该地区由平等社会逐渐向分层社会发展演变的过程。上述发展过程既有量变的积累，也有质变的飞跃。从国家的起源和形成这一角度分析，大汶口文化早期后段和大汶口文化中晚期之交可能是两个重要的发展关节点。大汶口文化早期后段是社会分层的重要启动时期，而大汶口文化晚期和龙山文化时期则进入了城市化的初期，说得明确一点可以认为已经产生了早期国家。

二、大汶口晚期至龙山文化时期的聚落结构

这一时期的聚落形态至少呈现出明显的三级结构，并各有自己独特的表现形式。最高一级出现城和壕相结合的防御设施，一般称为城址；中间一级则很可能具有围壕环绕，可称为环壕聚落；最下

层一级为普通聚落。

（一）城址

海岱地区是最早发现史前城址的区域之一。这一地区发现的城址可以追溯到20世纪30年代城子崖遗址第一轮发掘时。20世纪90年代以来，随着城子崖遗址的重新发掘和丁公龙山文化城址的发现，我们对龙山时代城址的认识发生了一个飞跃，即断定城址在龙山时代已经普遍出现，成为那个时代的重要特征和文化内涵的基本构成。已经发现的龙山时代城址面积多数相对较大，是其所在的聚落群中最大的遗址。城址的位置也比较适中，多在资源比较丰富、交通相对方便和地形地貌有利的战略位置。其中一些做过考古发掘的城址，在墓葬等方面呈现出较为明显的等级差别，并且形成了早期的礼制。

截至目前，海岱地区陆续发现了一批大汶口、龙山文化城址，其中可以确认的有：山东的城子崖、丁公、桐林、景阳冈、丹土、两城镇，江苏的藤花落和安徽的垓下等8座，其中丹土和垓下两座城址的时代可以早到大汶口文化晚期。此外，还有一批同时期城址尽管有过报道，但因为存在这样或那样的问题，需要进一步开展工作来加以研究确认[①]。

从总体归纳，海岱地区大汶口、龙山文化城址有以下特点：

1. 城址的分布有一定规律，遗址面积较大，位置适中，城址立地的交通和环境条件较为优越。如泰沂山北侧的城子崖、丁公、桐

[①] 栾丰实：《关于海岱地区史前城址的几个问题》，《东方考古（第3集）》，科学出版社，2006年，第67、78页。

林等几处龙山城址，均处在海拔20米～50米高度，并且分布在自古以来的东西交通干线上。

2. 城址的形状多数较为规整，以方形为主，少数为长方形，个别因所处地形的原因而略有变化。这与绝大多数为圆形或椭圆形的环壕聚落明显不同。

3. 城墙多数为内外两圈，如丁公、桐林、藤花落，有的为三圈，如丹土、两城镇。一圈的目前只有城子崖、景阳冈和垓下3座。城子崖城址内部基本没有开展工作，所以其内部极有可能存在小一点的早期城墙。景阳冈城址的年代相对较晚，使用时间也短一些，但也不排除城内的大型台基是一个小一点的城址的可能。垓下城址刚刚发现，目前只是在外围做工作，其内部是否存在更小一点的城圈还不得而知，需要今后加以注意。这些城址内外圈的关系应为依次而建，即内圈较早，外圈略晚。

城墙的宽度多数在10米～15米之间，内外侧均呈坡状，一般说来，内侧较缓，外侧较为陡直。由于城墙在使用过程中多数是不断地向外扩建，所以内侧也在向外移动，因而会出现扩建之前的城墙内侧一带成为新的各种活动场所而打破城墙的情形。城墙均为平地起建，迄今为止还没有发现构筑城墙之前先挖基槽的现象。城墙的构筑方法以分层堆筑为主，局部（如城门位置）则采用了版筑技术。

城墙之外均有宽窄不一的壕沟，宽度多在20米～50米之间。城墙与壕沟之间多数没有间隔，由于使用期间对城墙不断地进行修葺，多数是向外侧加宽和加高，而壕沟也不断地清淤，城墙与壕沟往往会出现交错叠压的复杂关系。

4. 城址的年代多数比较明确，目前已经确认的城址，除了丹土内圈和垓下为大汶口文化晚期之外，其余均为龙山文化时期修筑，个别城址可能沿用到了岳石文化时期。

大汶口晚期和龙山文化时期的城址可以丹土和藤花落为例。

1. 丹土城址

位于鲁东南沿海的五莲县丹土村，城址有内、中、外三圈，代表了三个不同的时期（图二）。内圈为大汶口文化晚期后段，城内面积9.5万平方米；中圈为龙山文化早期，城内面积11万平方米；最大的外圈为龙山文化中期，城内面积18万平方米。中圈和内圈城墙的形状和走向甚为一致，只是在大部分地段中圈城墙直接叠压在内圈城墙之外的壕沟上。外圈的变化主要表现在南侧城墙大幅度外移，从而使城址的形状发生了较大改变，其他三侧则与中圈保持着相同的形状，只是略微向外移动，即外圈城墙叠压在中圈城墙之外的壕沟上。从几次发掘的情况看，三圈城墙的建造是"由里及外，由小到大，由早及晚逐渐扩建的"，是典型的城墙和壕沟相结合的环壕城址[1]。丹土城址经过多次调查、勘探和三次具有一定规模的发掘，出土了一大批各个时期的文化遗存和遗物。其中既有聚落房址等居住遗迹，也有不少墓葬，出土的玉质礼器不仅数量多，器形复杂，而且体量巨大，制作工艺高超，为海岱地区史前文化所仅见。这些资料为我们认识丹土城址的性质奠定了良好的基础。

2. 藤花落城址

位于江苏东北部连云港市开发区中云乡南北云台山之间。1996年以来，南京博物院对该遗址进行了多次发掘，共发现内外两圈龙山文化城址。藤花落龙山文化城址亦是由城墙和城外的壕沟组成的

---

[1] 山东省文物考古研究所：《五莲丹土发现大汶口文化城址》，《中国文物报》2001年1月17日第1版。

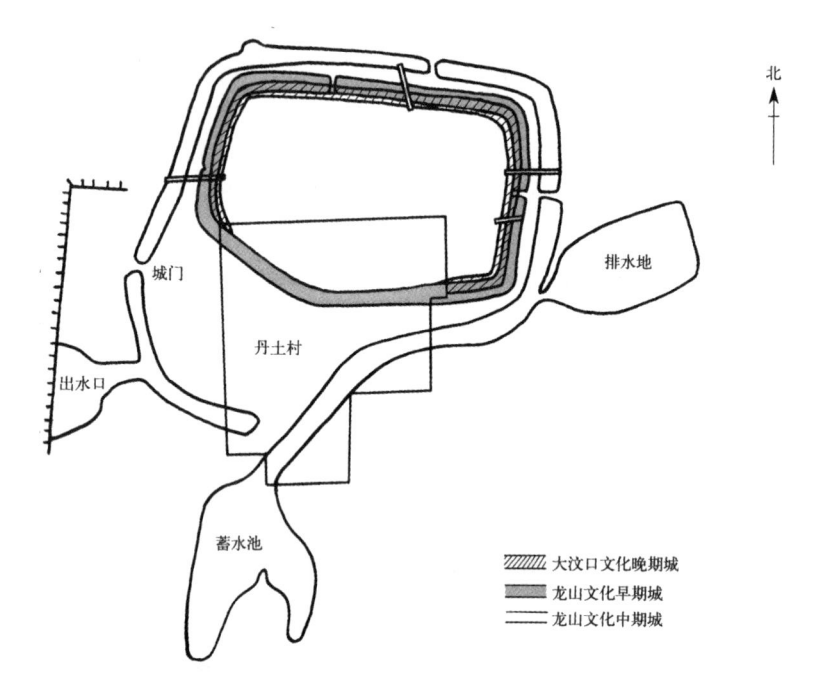

图二　丹土大汶口、龙山文化城址平面图
（据《五莲丹土发现大汶口文化城址》，2001，插图）

环壕城址，城址分为内、外两圈（图三）。内圈较小，平面为圆角方形，面积约4万平方米。外圈较大，平面为长方形，面积约14万平方米[1]。藤花落遗址的龙山文化遗存延续时间比较长，大约从龙山文化早期偏晚阶段开始，一直延续到龙山文化晚期，并且还发现了比较丰富的岳石文化遗存。从文化遗存的丰富程度来看，龙山文化早中期较为繁荣，晚期遗迹和遗物都较少。所以，发掘者认为藤花落的龙山城址始于龙山文化早期偏晚，到龙山文化中期后段即已

---

[1] 林留根等：《江苏连云港藤花落遗址》，《2000中国重要考古发现》，文物出版社，2001年，第1~7页。

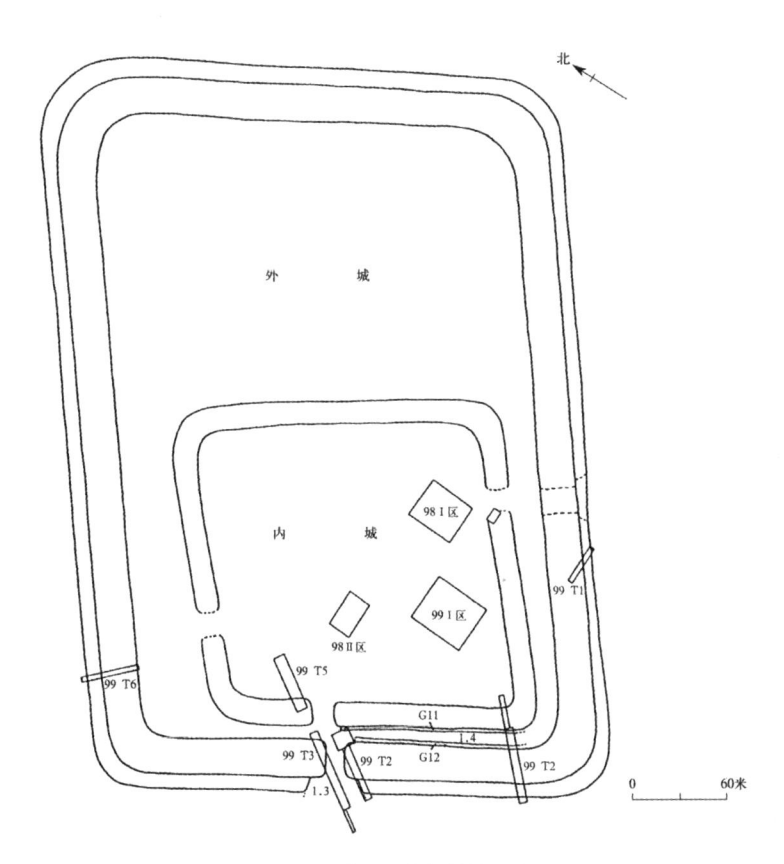

图三 藤花落龙山文化城址平面图
（据《2000中国重要考古发现》，2001，第2页插图）

废弃。如前所述，我们认为藤花落内外两圈龙山城址存在着时代差别，内圈小城址的时代较早，外圈大城址的时代较晚，两者应是前后相继的关系。

（二）环壕聚落

所谓环壕聚落，是指在遗址的周边有人工挖成的壕沟，这些壕沟将聚落的全部或主要部分封闭起来，形成一种保护的功能。环壕聚落在中国出现的很早，中原的裴李岗文化、北方的兴隆洼文化、南方的彭头山文化和东方的后李文化都有发现。以往我们一般认为环壕聚落和城是社会发展的两个不同阶段，现在看来，它们除了有前后关系之外，还有共时并存的关系。近几年来，在海岱地区发现大汶口晚期和龙山文化时期城址的同时，又陆续在一些中、小型大汶口晚期和龙山文化遗址发现有环壕，这是近年来海岱地区史前考古的重要收获之一。

截至目前已经发现环壕聚落多处，如：安徽蒙城尉迟寺，山东桓台后埠和李寨、平度逄家庄、黄岛南营、胶南河头、招远老店等。这些环壕聚落面积大小不一，大者接近10万平方米，小者不足5万平方米，整体上明显小于同时期的城址，在聚落遗址的规模上均属于中型聚落。

1. 尉迟寺环壕聚落

遗址位于皖北的蒙城县毕集村东，属淮河支流北淝河流域。环壕平面呈南北较长的椭圆形（图四），壕沟以内的遗址面积2万多平方米。1989年以来，中国社会科学院考古研究所安徽队经过多次发掘，揭露面积达1万平方米[1]。环壕内发现了排列整齐的排房建筑遗迹，也有数量可观的墓葬。综合分析壕沟内的出土遗物和环壕之内的文化遗存，发掘者认为尉迟寺环壕聚落的时代为大汶口文化晚期阶段。从环壕聚落的面积和房址的排列、大小，房内遗物的数量、质量等方面分析，尉迟寺环壕聚落只能是三级聚落结构的中间一

---

[1] 中国社会科学院考古研究所：《蒙城尉迟寺——皖北新石器时代聚落遗存的发掘与研究》，科学出版社，2001年，第5、13～17页；中国社会科学院考古研究所、安徽省蒙城县文化局：《蒙城尉迟寺（第二部）》，科学出版社，2007年。

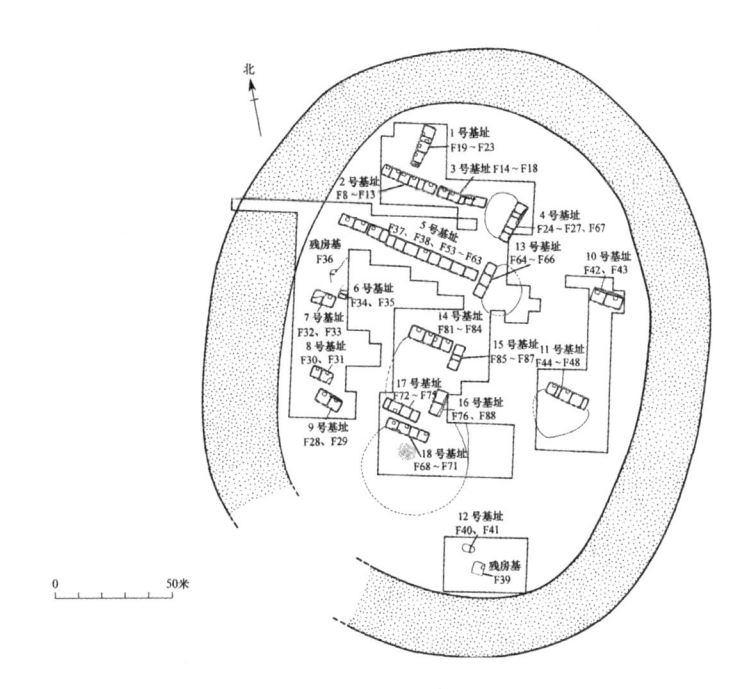

图四　蒙城尉迟寺大汶口文化环壕聚落平面图
(据《蒙城尉迟寺（第二部）》，2007，图二)

级[①]。最近安徽省文物考古研究所在尉迟寺之东的固镇县垓下，发现了大汶口文化晚期城址[②]，进一步证实了我们这一观点。

2. 李寨环壕聚落

遗址坐落在桓台县田庄镇李寨村西南海拔14.8米的土岗之上。1996年以来，山东省文物考古研究所、淄博市文物局和桓台县博物馆多次对该遗址进行抢救性发掘，并对环壕进行了解剖和勘探。环

---

① 栾丰实：《史前聚落考古的新成果——读〈蒙城尉迟寺——皖北新石器时代聚落遗存的发掘与研究〉》，《考古》2004年第7期，第93页。
② 《垓下首次发现新石器时代城址》，《安徽日报》2007年8月20日。

壕平面近似圆形（图五），东西长260米、南北宽240米，周长约800米，壕内面积5万余平方米。经过解剖的南侧壕沟宽11.5米、深约3米。壕沟的断面呈锅底状，外壁较陡，内壁略缓。壕沟的时代约为龙山文化早中期。环壕内发现有龙山文化时期的红烧土分布区、房屋、灰坑、水井、陶窑及墓葬等遗迹[①]。

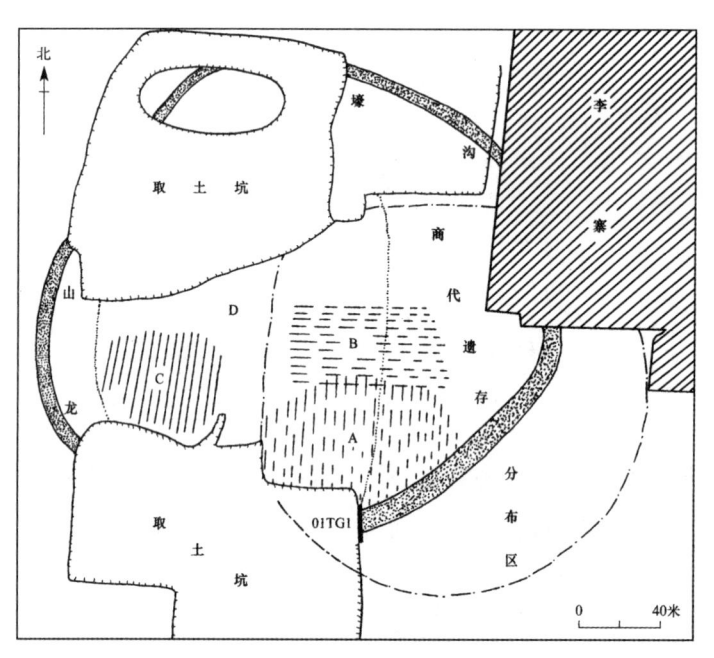

图五　李寨龙山文化环壕聚落平面图
（据《桓台西南部龙山、晚商时期的聚落》，2006，图一三）

---

① 燕生东等：《桓台西南部龙山、晚商时期的聚落》，《东方考古（第2集）》，科学出版社，2006年，第184~186页。

3. 后埠环壕聚落

遗址位于鲁北中部的桓台县后埠村，环壕平面呈椭圆形（图六），东西长450米、南北宽260米，壕内面积近10万平方米[①]。从解剖的探沟来看，壕沟宽在7米~8米、深近2米~3.3米，沟的内外壁均较为陡峭，沟内堆积以废弃的垃圾为主，底部有淤土（图七）。从沟内出土遗物分析，壕沟属于龙山文化中晚期。遗址内发现有龙山文化时期的房子、窖穴和墓葬等遗迹。

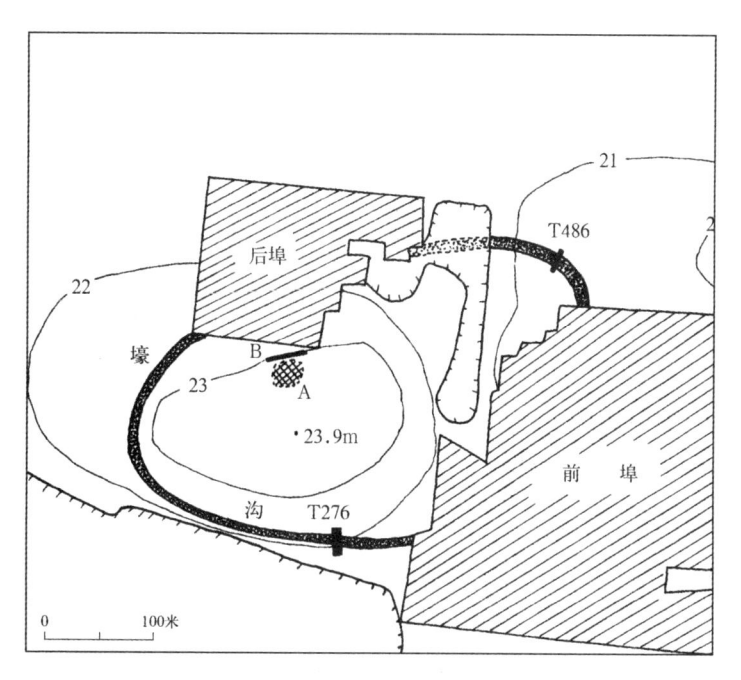

图六　后埠龙山文化环壕聚落平面图
（据《桓台西南部龙山、晚商时期的聚落》，2006，图九）

---

① 燕生东等：《桓台西南部龙山、晚商时期的聚落》，《东方考古（第2集）》，科学出版社，2006年，第183、184页。

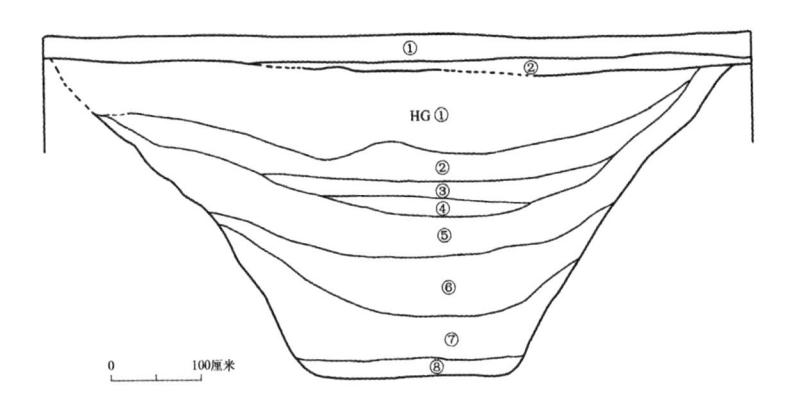

图七　后埠龙山文化环壕剖面图
①表土　②黄色粉砂土　HG：①深灰褐色黏土　②灰褐色黏土　③浅灰褐色黏土　④深灰褐色黏土　⑤黄褐色粉砂土　⑥浅黄褐色黏土　⑦灰褐色黏土　⑧浅灰色淤土
（据《桓台西南部龙山、晚商时期的聚落》，2006，图一二）

4. 逄家庄环壕聚落

遗址坐落在平度市逄家庄村东的缓丘上，西距胶莱河6千米。2002年，为了配合潍莱高速公路建设对该遗址进行了抢救性发掘，发现龙山文化的房基、窖穴、墓葬和环壕遗迹。环壕位于遗址中、南部的缓坡上，仅存东、西、北三面，从保存范围看，平面近似圆角长方形，东西约110米～140米、南北残长160米；沟宽12米～14米、深2米左右。沟的断面呈倒梯形，外坡较缓，内坡较陡，底部遗有较纯的浅黄褐色淤土。从沟内出土遗物分析，逄家庄环壕的时代约为龙山文化早中期[1]。

---

[1] 高明奎、曹元启、于克志：《平度市逄家庄龙山文化和汉代遗址》，《中国考古学年鉴·2003》，文物出版社，2004年，第203、204页。

(三) 普通聚落

所谓普通聚落，是指没有城墙和环壕的聚落。这一类聚落的数量最多，面积一般都在5万平方米以下，有的甚至只有数千平方米，聚落内的人口数量也比较少。在大汶口晚期至龙山文化时期，此类聚落处于金字塔状聚落结构的底部，是当时社会的基础。

上述分析表明，龙山文化时期的聚落结构，至少存在着城址、环壕聚落和普通聚落这样三个具有明显差别又相互联系的层级。大型或较大型的中心聚落多修筑有城墙，城墙周围还环绕着壕沟；中型聚落则主要表现为环壕聚落（不排除有的可能有城防设施存在），防御等级和聚落规模均介于中间的位置；大量的小型遗址则为不设防的普通聚落。

大汶口晚期、龙山文化时期逐渐形成的这种日趋稳定的"城址、环壕聚落、普通聚落"三级聚落形态，和后来中国古代文献里记载的"都、邑、聚"三级聚落结构有着惊人的相似之处。符合这种结构的聚落群，又能发现像大汶口墓地、陵阳河墓地、尹家城墓地、西朱封墓地这样社会分化显著的具体例证，则可以认为它们已经进入了早期国家阶段，即所谓古国或邦国时期。到这一阶段的后期即龙山文化阶段开始出现超大型城址，如两城镇，面积近百万平方米，该地区可能已经产生出四级结构的聚落形态，即在最上层的"城址"之中，由原来的一层演变为两层，出现特大城址和一般城址的区别，表现为聚落群的规模进一步扩大，这很有可能是通过战争兼并或者其他方式开始形成最早的古国联合体，即所谓方国。

（2009年为参加日本金泽大学的学术会议而撰写，后刊于《东方考古（第13集）》，科学出版社，2016年）

日照地区大汶口、龙山文化聚落形态之研究

　　日照位于山东省的东南部，北邻青岛、潍坊两市，西、南两侧与临沂市相接，东南一隅与江苏省赣榆县相连，东为茫茫黄海。该市下辖东港区（原日照县）和莒县、五莲两县，考虑古代文化分布的相似程度和自然地理的特点，此区还包括胶南市南部、诸城市南部及紧邻莒县的沂水县、沂南县和莒南县一小部分，总面积6000余平方千米。所以，本文所说的日照地区实际上又略超出了现日照市的行政区划。

　　这一地区东北—西南分布着泰沂山的支脉——五莲山，地貌类型以丘陵为主。沭河自北而南纵贯西部，东部则有数条源自五莲山的短促河流由西北向东南直接注入黄海，其中以北部的潮白河、吉利河和中南部的傅疃河流域面积稍大，这些河流的下游沿海地区都有范围不大的冲积海积平原。北部河流的流向相背，经潍坊地区而注入渤海。就以河流为主干的自然地理形势而论，这一地区可以划分为三个部分。莒县的大部和东港、五莲、沂南、沂水的近莒边缘地带，此区为沭河水系，属于淮河流域，为和后面的古文化区相对应，可称为"陵阳河区"；东港区大部、五莲东南部和胶南的西南部为沿海地区，北部和南部又有所差别，北部以潮白河、吉利河流域为主，包括胶南的西南部和诸城东南隅，可称为"丹土区"，

南部以傅疃河流域为主，包括东港南部至鲁苏交界地区的绣针河流域，可称为"尧王城区"；五莲中、北部和莒县东北隅则在泰沂分水岭之北，属渤海水系的潍河流域，向北包括诸城的南部，可暂称为"前寨区"。就地理地貌言之，以上三个部分之间，东、西联系更为密切一些。

以下我们重点讨论这一地区的大汶口、龙山文化。

一、考古工作的回顾

这一地区的考古工作始于20世纪30年代。六十余年来，在海岱地区乃至全国有较大影响的工作主要有四次。

1936年，中央研究院历史语言研究所考古组的梁思永、刘燿、祁延霈等对两城镇遗址进行了较大面积的发掘，发现了包括50多座龙山文化墓葬和丰富而精美的陶器、玉器在内的龙山文化遗存[1]。后来关于龙山文化甚至中国新石器文化的许多新认识，如仰韶、龙山文化的东西二元对立，龙山文化的区域划分，龙山文化是循着自东向西的方向发展等观点，都与这一遗址的收获有直接关系。中华人民共和国成立后的20世纪50年代，山东省文物管理处和山东大学围绕着两城镇遗址开展了一系列的考古调查工作，除了对两城镇遗址有了进一步的了解并有重要发现之外，还发现了丹土、尧王城等一

---

[1] 尹达：《中国新石器时代》，生活·读书·新知三联书店，1955年；南京博物院：《日照两城镇陶器》，文物出版社，1985年。

批重要的同时期遗址①。

1975年，山东省博物馆和山东大学考古专业等单位对东海峪遗址的发掘，不但再次发现大汶口文化和龙山文化的地层叠压关系，而且从器物形态的演变关系上找到了两者之间具有一脉相承的关系的证据，从而解决了龙山文化的来源问题②。

1979年，山东省博物馆发掘了陵阳河和大朱家村等遗址，发现了一批重要的大汶口文化墓葬，尤为引人注目的是，第一次找到了有具体出土层位和单位的陶器刻画图像文字③，从而使大汶口文化的研究愈加丰富多彩。此外，1978年发掘的尧王城遗址，除发掘出与东海峪遗址相同的台基式房屋外，还在山东地区首次发现龙山文化的土坯墙房屋。这些工作推进了海岱地区史前文化研究的深入④。

1995年，基于采用聚落考古的方法切入中国古代文明起源的研究，山东大学和美国耶鲁大学等组成联合考古队，选择两城镇遗址及其周围地区进行实践。四年来，联合考古队投入较大的人力、物力调查了潮白河流域300余平方千米的范围，并开始对两城镇遗址进

---

① 山东省文物管理处：《日照县两城镇等七个遗址初步勘查》，《文物参考资料》1955年第12期；山东省文物管理处：《山东日照两城镇遗址勘察纪要》，《考古》1960年第9期；刘敦愿：《日照两城镇龙山文化遗址调查》，《考古学报》1958年第1期；刘敦愿：《山东五莲、即墨县两处龙山文化遗址的调查》，《考古通讯》1958年第4期。
② 山东省博物馆等：《一九七五年东海峪遗址的发掘》，《考古》1976年第6期。
③ 山东省考古所、山东省博物馆、莒县文管所：《山东莒县陵阳河大汶口文化墓葬发掘简报》，《史前研究》1987年第3期。
④ 临沂地区文物管理委员会等：《日照尧王城龙山文化遗址试掘简报》，《史前研究》1985年第4期。

行考古发掘，取得令人鼓舞的阶段性成果[①]。

此外，自20世纪60年代以来，市县文物部门还多次对本地区进行了文物普查工作，发现和记录了大量各个时期的遗址。以上从点的发掘到面的普查工作，为我们进一步分析和研究日照地区史前社会奠定了坚实的基础。

上述考古调查、发掘工作的成果，初步建立了日照地区新石器时代至汉代这一漫长时期古代文化的发展脉络，其中最为丰富并对探讨中国文明起源具有重要意义的是大汶口文化晚期和龙山文化两个时期。

二、大汶口文化晚期的聚落形态

日照地区的大汶口文化遗址，明确属于早期阶段的只有后果庄一处，属于中期的遗址也不多，晚期阶段则不然，数量显著增多，达到50余处。

大汶口文化晚期阶段遗址的分布极不平衡，陵阳河区遗址十分密集，数量甚多。前寨区较少，但时代大体与陵阳河区相当。东部沿海两区大汶口文化遗址甚少，呈散点状分布，并且年代明显较晚，约略相当于陵阳河区的晚期。因此，这里着重分析陵阳河区大汶口文化的聚落形态。

[①] 中美两城地区联合考古队：《山东日照市两城地区的考古调查》，《考古》1997年第4期；Anne P.Underhill et al., "Systematic, Regional Survey in SE Shandong Province, China", *Journal of Field Archaeology*, Vol. 25, No. 4, Winter 1998.

（一）陵阳河区

沭河上游的陵阳河区，四面有低山丘陵环绕，形成一个河谷盆地的地貌，面积在2000平方千米左右。陵阳河遗址大约在莒县盆地的中心位置。历年考古调查成果显示，仅在莒县范围内就发现大汶

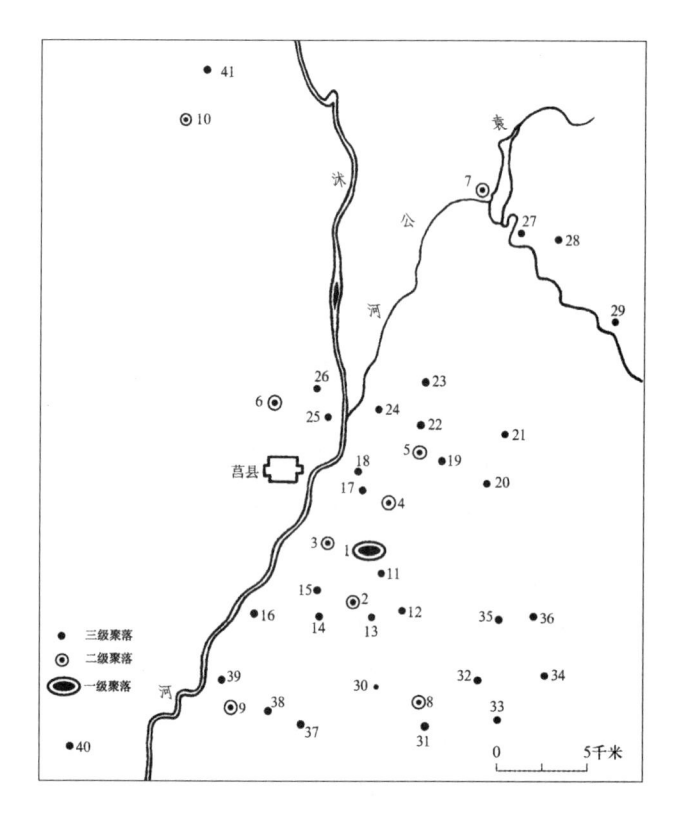

图一　陵阳河区大汶口晚期聚落遗址分布示意图

1.陵阳河 2.张家葛湖 3.杭头 4.略庄 5.大朱家村 6.八里庄 7.仕阳 8.前牛店 9.古迹崖 10.后果庄 11.西山河 12.王标大前 13.项家官庄 14.北台子 15.孙家葛湖 16.前夏庄 17.张家围子 18.大宋家村 19.小朱村 20.周家庄 21.徐家村 22.东沟头 23.前集 24.李家城子 25.魏家村 26.沈家村 27.桑庄 28.三角山 29.寨村 30.春报沟 31.陡崖 32.小窑 33.孙由 34.河峪 35.南楼 36.西涝坡 37.杨家崮西 38.公家庄 39.前李官庄 40.刘家苗蒋 41.官家林

口文化晚期遗址42处[①]（图一中标出了41处，另一处在图范围外的东莞乡）。综合考虑遗址的面积范围、所处位置、已发现的遗迹和采集的遗物等因素，可以将这42处遗址划分为三个层次或等级（图一）。

1. 第一级

1处，即陵阳河遗址。遗址西距沭河约5千米，地势平坦而开阔，向东不远即进入丘陵地区。陵阳河遗址的范围东西约500米、南北约300米，面积约15万平方米[②]。因为陵阳河遗址没有进行过系统的钻探，也没有对居住区进行发掘，所以我们对陵阳河遗址的了解是很不全面的。此外，在以陵阳河遗址为中心的半径5千米的范围内，就有大汶口文化遗址11处，如果将半径扩大到10千米，遗址的数量就增加到25处。这显然是一个以陵阳河遗址为中心的遗址群。对陵阳河遗址的了解主要是通过部分墓葬的发掘而获得的。发掘的墓地位于遗址的东、北部边缘，主要部分处于现今陵阳河河道之内。已发掘的45座墓葬均属大汶口文化晚期阶段，在空间分布上可以划分为四组。

第一组位于遗址北部，在陵阳河河道偏南的河滩之内。此组共有25座墓葬，排列比较整齐，可以分为九排，每排最多4座，最少1座，一般为两三座。从年代上看，中部以西的墓葬较早，中部以东的墓葬较晚，除了个别墓葬微有打破关系外，多数间隔距离较为适

[①] 这里采用了莒县博物馆的调查资料，详见苏兆庆等：《莒县文物志》，齐鲁书社，1993年，第39~62页。关于莒县大汶口、龙山文化的调查资料，未加注明的均采自本书。

[②] 关于陵阳河遗址的面积有多种说法。《山东莒县陵阳河大汶口文化墓葬发掘简报》说2万平方米，《莒县文物志》说15万平方米，而莒县博物馆的苏兆庆先生1997年曾告诉我30万平方米，而刘云涛、刘云秋在《浅论沭河流域的新石器时代文化》一文中说50万平方米（《先秦史研究动态》1998年第1期）。由于笔者未对遗址面积做实地勘察，这里暂取15万平方米的说法。

中。陵阳河遗址已发现的长度在3米以上的19座大、中型墓葬均属于此组。第二组亦在河滩，东南距第一组50余米，共10座。第三组位于遗址的东北部，西北距第一组60余米，共6座。第四组分布于遗址的东部偏南，西北距第一组150余米，共3座。第二、三、四组均为小型墓葬。此外1座单独分布。陵阳河的大汶口文化墓葬属家族墓地性质，从墓葬规模、葬具、猪下颌骨的有无和多少以及随葬品数量、质量等方面分析，这一时期的社会成员占有财富的急剧分化，不仅表现在家族与家族之间，而且也出现在家族之内。

陵阳河遗址周围（大约半径5千米范围）还分布着11处同时期的大汶口文化遗址。其中北侧的略庄、西侧的杭头和西南方向的张家葛湖3处遗址，面积在6万平方米～9万平方米，它们的规格和等级应在陵阳河之下，而又高于其他小聚落。因为这些遗址距离陵阳河遗址甚近，应是在陵阳河的直接控制之下。

2. 第二级

6处，这些遗址分布于陵阳河遗址的周围，距离在30千米之内，面积在6万平方米～10万平方米。同时，这些遗址的周围还有多少不一的面积更小的遗址，形成多个小的遗址群。因此，我把这一类遗址称为第二级的小中心，即小区的中心。这6处遗址分别是：

大朱家村遗址　位于陵阳河遗址东北约6千米处，周围分布着面积在5万平方米以下的遗址6处，分别是小朱村、周家庄、东沟头、李家城子、前集和徐家村。大朱家村遗址的面积约为6万平方米，是这一小区中规模最大的遗址。两次发掘的35座大汶口文化墓葬[1]，至

---

[1] 山东省文物考古研究所等：《莒县大朱家村大汶口文化墓葬》，《考古学报》1991年第2期；苏兆庆等：《山东莒县大朱村大汶口文化墓地复查清理简报》，《史前研究》（辑刊），1989年。

少分布在五个墓区。发掘报告的第二、三组和位于现代墓区西侧的M05三区，已发现者均为小型墓葬。而发掘报告的第一组和M02、M04两区，则有一定数量的大、中型墓。就墓葬的年代、数量和排列规律而言，大朱家村的大汶口文化墓葬应为家族墓地。墓葬较多的第一墓区（即第一组）共有24座，墓向均为东南方向，排列比较整齐，共有7排，每排各有一座规模较大的墓，出土图像文字的M26和M17，分列于中部的第三排和第四排正中。墓葬相互之间的贫富分化十分明显，至少可以分为大、中、小三个类型，代表了当时身份和地位有显著差别的不同阶层的人们。同时，大朱家村遗址发现了5件刻画图像文字标本，其数量仅次于陵阳河遗址。此外，1985年还在该遗址采集到一件长18.6厘米、宽16.6厘米的大型浅绿色石钺，石钺的刃部为三个连弧形，极具特色。这些发现表明大朱家村遗址的规格相对较高，与小区中心的地位也是相称的。

该小区的李家城子遗址，位于大朱家村西北近4千米处，1982年群众取土至距地表1.5米深时，曾发现12件青绿色穿孔石钺叠置在一起，为进一步了解该遗址的功能提供了线索。

八里庄遗址　位于陵阳河遗址西北约10千米处，在县城西北。这一小区因处在县城之下及其周围，遗址发现不多，目前共有3处（还有魏家村和沈家村遗址）。八里庄遗址面积约6万平方米，可能是这一小区的中心。

仕阳遗址　位于陵阳河遗址东北约21千米处。这一小区共发现4处遗址，其余3处分别是桑庄遗址、三角山遗址和寨村遗址。遗址的特点是沿沭河支流——袁公河沿岸分布。从发现的遗址数量和分布情况看，这一小区的大汶口文化遗址当不止此数，如果进行仔细的调查，在仕阳遗址的东北和西南会有新的发现。仕阳遗址坐落在袁公河和另一条支流的交汇处，面积6万多平方米。1959年修水库时曾发现大量遗物，其中最重要的是一件有刻画图像文字的大口尊和若干件玉石钺。一件玉钺为青玉质，长26.6厘米、宽9.4厘米，是大型玉钺精品。1988年在该遗址采集的一件石钺用白色变质灰岩制成，长28.8厘米、顶宽15.4厘米、刃宽16.6厘米，堪称钺中之王。虽然仕阳遗址未经发掘，但凭以上遗物，我们足可以认定居住在这一聚落的大汶口文化上层人物绝非等闲之辈。

前牛店遗址　　位于陵阳河遗址东南约9千米处。这一小区共有8处同时期的遗址，除前牛店之外，其余7处遗址都在5万平方米以下，分别是小窑、孙由、春报沟、陡崖、河峪、南楼和西涝坡。前牛店遗址面积9万多平方米，应是这一小区的中心。

古迹崖遗址　　位于陵阳河西南约12千米处。这一小区位居沭河之东，目前只发现4处遗址，除古迹崖外，其余3处分别是前李官庄、公家庄和杨家崮西。4处遗址之间相距较近，东西依次沿沭河的支流——小店河分布，并且面积都不大，保存较好的古迹崖遗址调查面积也只有4万多平方米。从遗址的分布和地貌特征分析，这一带应是一个小区，中心遗址暂定古迹崖。

后果庄遗址　　位于陵阳河西北约25千米处。后果庄一带地处沂沭河之间，这里仅发现2处大汶口文化遗址（另一处为官家林遗址）。后果庄遗址面积不大，只有3万多平方米，但延续时间甚长，据考古研究所高广仁等先生考察，认为有北辛、大汶口、龙山文化和商周时期的遗存，这在整个临沂和日照地区尚属罕见。在后果庄遗址的北侧有东周时期（现在地面以上尚保存着城墙等遗迹）的茶城古城。这一带的大汶口文化遗址发现较少，或许与工作开展得不充分有关。可暂定为一小区。

以上述6个遗址为中心，其周围分布着或多或少的同时期大汶口文化遗址，我们将其划为6个小区。这6个小区都围绕着陵阳河遗址，即使中心遗址的规模和等级也都明显低于陵阳河遗址。因此，我认为陵阳河遗址与这6个小区之间存在着主从关系，这种关系具有统治与被统治的性质。除以上6个小区之外，推测在陵阳河的东西两侧还应有数个这种性质的小区，这需要通过今后有针对性的考古调查工作来加以证实。

（二）前寨区

前寨区地处潍河上游，以丘陵地貌为主，面积在1000平方千米以上。此区发现的大汶口文化遗址不多，目前所知属于大汶口文化中期的仅诸城呈子1处，晚期阶段则有5处，其实际数量当不止此数，其中以前寨遗址的等级较高。

前寨遗址　位于诸城西南隅，坐落在潍河故道之北的台地上。遗址面积为6.5万平方米，1973年调查时曾发现刻有图像文字的陶尊残片[1]。1980、1981年，北京大学考古实习队对其进行了较大规模的发掘，清理了一批大汶口文化墓葬[2]。从调查和发掘的情况看，前寨遗址的时代属于大汶口文化晚期阶段，其延续时间与陵阳河、大朱家村等基本相同。就规模和等级而言，前寨则与大朱家村遗址相仿。如发现有图像文字，墓葬间的贫富分化较为严重，采集到精致而没有使用痕迹的石钺等。因此，可以认为前寨遗址的等级低于陵阳河而与大朱家村等相当，属第二级聚落的层次。

---

[1] 任日新：《山东诸城县前寨遗址调查》，《文物》1974年第1期。
[2] 诸城县博物馆：《山东诸城史前文化遗址调查》，《海岱考古（第一辑）》，山东大学出版社，1989年。

前寨周围的4处大汶口文化遗址分别是诸城的阎家同、玄武庵和五莲的程戈庄、留村。如果考虑前寨大汶口遗存的特征与陵阳河区的同期遗存极为相似的实际情况,并且前寨区的大汶口遗址数量较少,则可以进一步认为前寨区大汶口遗存可能是从属于陵阳河区的一个部分,或就是从陵阳河区派生出来的。

(三)东部沿海两区

日照沿海地区(包括诸城东南隅和胶南的西南部),在南北近100千米的范围内发现大汶口文化遗址12处,其中尧王城区8处,丹土区4处。这些遗址均散布于沿海及其邻近地区,相互之间的距离在8千米~16千米,构不成群体。并且,这一地区大汶口文化遗址的时代偏晚,均属于大汶口文化晚期阶段的偏晚时期。在经过我们详细调查的丹土区300多平方千米的范围内,只发现2处大汶口文化遗址,与龙山文化时期遗址的数量完全不成比例[①]。基于此,我倾向于认为东部沿海地区的大汶口人是从邻近地区迁徙过来的,而这个邻近地区应是陵阳河区。

三、龙山文化时期的聚落形态

时间进入龙山文化时期后,这一地区的遗址迅速增多,据现有

[①] 其中的五莲丹土遗址,是在经过发掘之后才知道有大汶口文化末期遗存的。当然,因为绝大多数遗址并未进行过发掘,所以不排除一部分龙山文化遗址的下层会有大汶口文化遗存的存在。

资料统计，龙山文化遗址至少已经达到234处①（图二），较之大汶口文化晚期阶段成倍增加。以下分四个小区予以考察。

（一）陵阳河区

此区龙山文化遗址63处（未包括沂水、沂南邻莒边缘属陵阳河区的六个乡镇的龙山文化遗址）。就县博物馆调查的遗址面积而言，10万平方米左右的有6处，分别是薄板台、任家口、李家城子、东穆家庄、马家店和曹河；6万平方米～7万平方米的11处；5万平方米以下的46处。仅从遗址的面积和数量看，似乎也有三个等级，并且面积越小的遗址数量越多，略呈金字塔形结构。但如果与大汶口文化时期的陵阳河区及其他地区的龙山文化相比，则这里显然缺少大型聚落遗址。出现这种情况有两种可能：一是工作开展得还不细致，本区的大型聚落中心尚未辨认出来；二是进入龙山文化时期后，政治、经济、文化中心外移。陵阳河区的63处龙山文化遗址可以划分为七个小遗址群，即为七个小区。

1.第一小区

主要包括店子和城阳两个乡镇，东西横跨沭河两岸。共有遗址14处，其中位于中部的东穆家庄和李家城子两遗址相距不远，面积均为9万平方米，其中应有一处为中心聚落。两遗址东距两城镇约60千米。

---

① 这一数据由以下部分组成：莒县67处，东港区33处（原日照博物馆调查资料），莒南东北部4处，五莲县20处，诸城南部15处，胶南西南部7处，中美联合考古队前三次调查新发现88处（调查面积约100平方千米）。

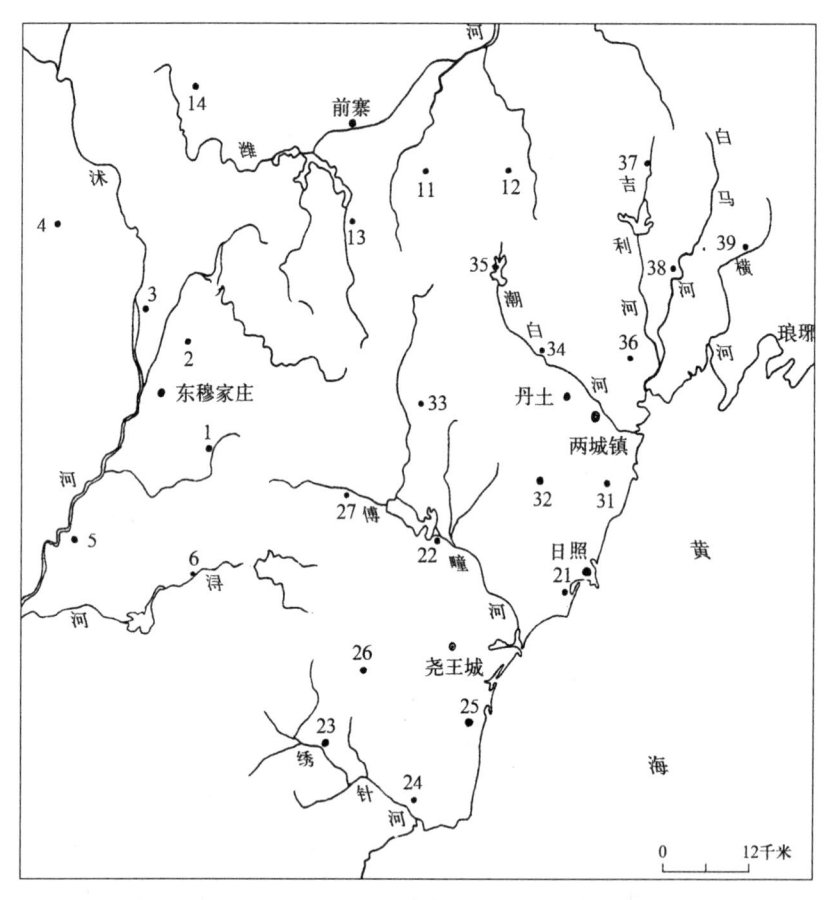

图二 日照地区龙山文化特大型和第一、二级聚落分布示意图

1.薄板台 2.后店 3.马家店 4.曹河 5.西心河 6.马家西楼 11.李家庄 12.呈子 13.西郭村 14.孟家洼 21.东海峪 22.小代疃 23.西辛兴 24.竹园 25.西村子头 26.大土山 27.邱前 31.苏家村 32.大桃园 33.东城仙 34.刘官庄 35.窑沟 36.甲旺墩 37.石河头 38.西寺 39.河头

2. 第二小区

主要在今之龙山镇界内。共有遗址10处，其中的薄板台遗址面积为12万平方米，是目前所知莒县境内最大的龙山文化遗址。但有意思的是，薄板台遗址并不在这一小区的中心，而是位于西北部，

靠近第一小区。

3.第三小区

主要在今之峤山镇界内。共有遗址6处,其中没有10万平方米左右的遗址,较大的后店和梁家崖头均为6万平方米。此区6处遗址分布密集而紧凑,应是一个小遗址群,从位置上看,以后店遗址为中心的可能性较大。

4.第四小区

主要包括招贤和洛河两个乡镇,东西横跨沭河。共有遗址6处,其中马家店遗址面积为9万平方米,应是这一小区的中心。我们注意到,马家店遗址也并不在此区的中部,而是在其南部。

5.第五小区

主要包括果庄和安庄两乡。共有遗址4处,其中曹河遗址面积为9万平方米,应是这一小区的中心。

6.第六小区

主要包括小店和夏庄两个乡镇。共有遗址11处,其中以西心河遗址的面积最大,为7万平方米,应为本小区的中心。与前几个小区相同,西心河遗址也不在本小区的中部,而是位于北部。

7.第七小区

主要包括中楼镇和东港区黄墩镇,地处浔河上游地区。目前共发现遗址4处,此区中心暂拟为马家西楼遗址。

除了以上七个小区之外,在中部的陵阳乡、北部的棋山乡各有3处遗址,袁公河上游有2处遗址,从其分布相对集中看,可能各是一个小遗址群,代表着三个小区。

以上各个小区,以第一小区的遗址最多,分布也最密集,所处的位置恰好在莒县盆地的中心部位。同时,我们还注意到,第二、第四、第五、第六、第七小区的拟定中心遗址均位居指向第一小区的一侧。这些现象或许告诉我们，第一小区是龙山时期陵阳河区的中心所在，而目前付之阙如的陵阳河区第一级中心聚落，应在这一范围内去寻找。

（二）前寨区

此区龙山文化遗址较之大汶口文化明显增多，已发现22处。此区龙山文化遗址的调查资料多未经系统整理，缺乏详细的介绍。因此，这里只是根据遗址分布方面的集合及自然地理特征做一初步梳理和划分。已知的22处遗址可以划分为五个小遗址群体，即为五个小区。

1.第一小区

主要在诸城枳沟镇界内。共有遗址4处，即前寨、凤凰岭、薛家庄和阎家同，其中以前寨遗址的面积略大，为6.5万平方米。前寨遗址东南距两城镇31千米。

2.第二小区

主要包括五莲县北部的院西、许孟等乡镇。共发现龙山文化遗址3处，即九楼崖、李家庄和属于诸城市的王家戈庄，调查面积均较小。暂以李家庄为此区中心。

3.第三小区

主要包括诸城郝戈庄和皇华两镇。目前发现遗址5处，即呈子、尚庄、桥上、朱泮和马家崖头。暂拟呈子为此区中心。

4.第四小区

主要包括五莲县西北部的高泽、中至等乡镇。共发现龙山文化遗址4处，即西郭村、程戈庄、留村和丁家庄，其中西郭庄遗址的面积最大，约8万平方米，应为这一小区的中心。

5.第五小区

主要包括潍河上游的莒县东莞和库山两个乡镇。共有遗址6处，面积普遍较小，其中以位居中部的孟家洼遗址面积最大，为6万平方米，应为此小区的中心。

前寨区目前尚未发现龙山文化时期的大型聚落中心遗址。这种情况的产生或是因为工作没有做到，拟或是此区本来就没有在政治、经济和文化上形成一个统一体，至少目前还不宜做最后的判断。不过，考虑前寨区特殊的地理环境，即地处潍河上游，地貌特点为山区多而平地较少，不同的河流山谷之间交通不便，因而影响了凝聚力，有可能在较大的范围内还处于分散状态。

（三）尧王城区

此区目前发现龙山文化遗址27处，显然偏少，其间当有相当数量的遗址尚未发现。这27处遗址绝大多数没有系统地发表资料，据已公布的资料及我们对部分遗址的调查，如果按遗址面积作为分析的主要依据，大体上可以划分为三个等级。第一级只有1处，即尧王城遗址，面积达50多万平方米。其次，面积在10万平方米左右的遗址至少有3处，即东海峪、小代疃和西辛兴。第三级是众多面积在五六万平方米以下的遗址。

1. 第一级

1处，即尧王城遗址。遗址坐落在傅疃河下游之南，西有低山丘陵，东为沿海平原，距黄海约7千米，东北距两城镇38千米。遗址南北长800余米、东西宽约630米，面积超过50万平方米。1954年山东省文物管理处调查发现，1978—1993年，先后进行过4次发掘。在遗址的不同部位发现有台基式房屋、土坯墙房屋和小型墓葬等，出土了大量文化遗物。尤为重要的是笔者1995年12月对尧王城遗址进行调查时，在遗址西北角的一条深沟内，从西、北两壁的剖面上发现有夯土堆积，据其范围、宽度、走向和夯土的结构，判定其为城墙的西北部。1998年冬经山东省文物考古研究所和日照市博物馆的钻探，证实了这一看法。尧王城遗址还存在大汶口文化晚期偏晚时期的遗存，1993年的发掘，曾在大口尊的残片上发现刻画有被释为"皇"字的羽冠类图像文字。这一发现不仅表明这一遗址在大汶口文化末期就非同寻常，而且暗示了其与陵阳河区大汶口文化的内在联系。

2. 第二级

比较明确的有3处，即东海峪、小代疃和西辛兴。此外，还有四个值得注意的小区域。

东海峪遗址　位于傅疃河下游的黄海之滨，西南距尧王城遗址17千米。遗址东距黄海约1千米，坐落在一较矮的台地之上，海拔高度不足4米，东西、南北均300余米，面积近10万平方米。该遗址的文化堆积在2米以上，时代为大汶口文化晚期之末到龙山文化时期，与尧王城遗址大体相当。在20世纪70年代的发掘中，首次发掘出龙山文化的台基式房屋建筑，并发现使用精美的蛋壳陶高柄杯随葬的墓葬。在东海峪所在的傅疃河下游地区，还发现有3处龙山文化遗址（其中1处有大汶口文化末期遗存）。东海峪遗址应是这一小区的中心。

小代疃遗址　位于傅疃河中游，东南距尧王城遗址约15千米。遗址坐落在傅疃河南岸，东西长约400米、南北宽约300米，面积约

12万平方米①。该遗址的文化堆积较为丰富，厚度在1米~2米之间，从采集的大量陶片分析，其时代与尧王城龙山文化遗存相当。在小代疃遗址周围8千米的范围之内还分布着3处龙山文化遗址，从遗址规模和所处位置等方面看，小代疃遗址是傅疃河中游这一小区的中心。

西辛兴遗址　位于东港区的西南角，东北距尧王城遗址22千米。遗址坐落在绣针河的北岸，面积近20万平方米。在属于绣针河上游的东港区碑廓镇和莒南县朱芦、坪上、团林三个乡镇，除西辛兴外还发现龙山文化遗址4处，即中峪子、潘家沙沟、崔家沙沟和址坊。西辛兴应是这一小区的中心。

除了上述3处遗址的内涵和外围区域均较清楚外，在尧王城区内还有四个小区需予以注意。

绣针河下游地区　绣针河下游是鲁苏两省的界河，目前在山东一侧发现龙山文化3处，即竹园、卫东庄和前车水沟。暂拟竹园为中心，北距尧王城约21千米。

涛雒镇和虎山乡一带　此区东为黄海。已发现的西村子头龙山文化遗址，调查面积达20余万平方米，遗址西北距尧王城约10千米。尽管目前这里只发现一处龙山文化遗址，但应是一个值得注意的小区。

大坡和巨峰两个乡镇一带　东距尧王城遗址10余千米。发现3处龙山文化遗址，即大土山、辛留和孟家官庄，其中大土山遗址的面积近10万平方米，可能是这一小区的中心。

---

① 小代疃等东港区有关遗址的资料除了前引文献之外还见于：日照市图书馆等：《山东日照龙山文化遗址调查》，《考古》1986年第8期；山东省地方史志编纂委员会：《山东省志·文物志》，山东人民出版社，1996年；日照市博物馆调查资料。

傅疃河上游的三庄镇和竖旗山乡一带　东南距尧王城遗址20余千米。目前只发现2处龙山文化遗址，即邱前和板石。

尧王城区尽管目前发现的龙山文化遗址不是很多，但已有的近30处遗址，从面积和发现的遗迹、遗物及数量关系等方面分析，明显呈现出一种金字塔形结构。尧王城遗址范围之大，在海岱地区1000多处龙山文化遗址中仅次于两城镇而居于第二位。在面积不大的发掘中已发现台基式和土坯垒墙的房屋、铜器残片、精美的蛋壳陶器以及水稻作物等，特别是大型城墙设施的出现，使一个具有都城性质的大型聚落中心实实在在地展现在我们面前。当然，此区还缺乏有明确目的并以聚落形态研究方法为指导的田野考古工作，但以目前所知并与相邻地区做简单比较后就可发现，这是一个有着极为广阔的研究前景的区域。

（四）丹土区

此区主要包括潮白河和吉利河流域，南北约40千米，东西约30千米，面积1000多平方千米，各县市调查发现龙山文化遗址31处。1995至1998年，中美联合考古队采用了系统的区域调查方法对两城镇周围地区进行了四次调查，野外实际工作时间94天，折合人步行调查路程累计1万多千米，调查面积为308平方千米，新发现新石器时代至汉代遗址（其中包括一些只发现古代遗物的文物分布点，下同）400余处，其中龙山文化遗址130余处。如按此数合计，则丹土区的龙山文化遗址总数已达到160余处。

丹土区内众多的龙山文化遗址，就面积大小和发现的遗迹、遗物分析，应该存在着四个等级的聚落，即特大型和第一、二、三级聚落。特大型聚落只有两城镇1处，第一级聚落也只有五莲丹土1

处，第二级聚落则至少有9处，第三级聚落的数量更多，它们分别和某一个第二级聚落有着密切的联系。此外，在联合调查中还发现了数量甚多的龙山遗物分布点，在这些地点中，只发现少量龙山文化遗物，而没有找到确凿的文化堆积。联合考古队的成员们对这一类"遗址"的性质及形成原因有着不同的看法和解释。我个人认为，这一类"遗址"的性质有四种可能：一，遗址的文化层没有暴露，故未发现；二，原本是龙山文化遗址，后来由于各种原因使遗址遭受毁灭性破坏，文化堆积已完全或基本不存；三，不是居住的聚落遗址，而是龙山时期人们的生产活动所遗留；四，是古代人（指龙山时代之后）或现代人将龙山文化遗址上的陶片"搬运"到了现地点。如果是前两种情况之一，这类地点毫无疑问是遗址。如果是第三种情况，那么它至少告诉了我们龙山时期人们的活动范围，我们甚至可以进而推断是什么生产活动，这无疑是很有意义的。如果是第四种情况就比较糟糕，它对于我们研究龙山文化没有什么价值，因此应该予以排除。

这个问题在调查中一直困扰着我们，因为它将给调查资料的分析造成不确定的因素。但它又激起我们的思考，因为这个问题在中国（主要是历史上和现代人口密集的区域，如黄河流域和长江流域等）相当一部分地区具有代表性。经过几次调查工作，我们对遗址的认识也不断深化。调查中，除了采集文物并将发现文物的范围在地图上准确地标记下来，对区域地貌做详细观察并做各种记录之外，还综合各方面情况将遗址分为四个等级：A. 发现有文化层的遗址；B. 虽然没有发现文化层，但从各方面分析应该是遗址；C. 亦未见文化层，但从发现遗物的数量、特点及遗址的位置关系等方面分析，可能是遗址；D. 不是遗址。这样，我们就能够在调查资料的分析研究中分等级区别对待，使之比较符合客观实际，并为将来第二步工作打下基础。

以下我们来分析丹土区各等级的聚落及其空间分布规律。

1. 特大型聚落

1处，即两城镇遗址。

遗址位于潮白河下游的支流——两城河南侧，东距黄海6千米。遗址坐落在丘陵的边缘，东西约1050米、南北约1000米，面积约100万平方米，东北角被两城河冲去一部分。1936年春，中央研究院历史语言研究所考古组在遗址的中部和西北部等三个地点进行了较大面积的发掘，发现龙山文化墓葬50余座，出土了包括玉器和精美蛋壳陶器在内的大量遗物标本[1]。据尹达介绍，其中"有一座墓葬的随葬品特别丰富，就中有玉质的带孔扁平式斧，它略似殷代的圭……这一墓葬中还有绿松石凑成的东西，大约是头部的一种装饰品。据说就在这遗址的附近还有不少用玉器殉葬的墓葬，当地的工友曾经替我指明那些墓葬的出土地点"[2]，20世纪50—80年代，省地县文物部门和山东大学多次调查该遗址，获得了玉器坑等重要遗迹和以刻有神徽图像的玉圭为代表的一大批珍贵玉器及包括兽面纹陶片在内的大量精美陶器的资料[3]，为认识两城镇遗址的等级和地位提供了证据。1995—1998年，中美联合考古队多次调查并试掘了该遗址，在遗址内发现成片的夯土堆积，更为重要的是，在遗址东南部和遗址南部偏西处两个地点发现龙山时期的夯土堆积，有可能是城墙遗

---

[1] 南京博物院：《日照两城镇陶器》，文物出版社，1985年。
[2] 尹达：《新石器时代》，生活·读书·新知三联书店，1979年，第60页。
[3] 刘敦愿：《记两城镇遗址发现的两件石器》，《考古》1972年第4期；刘敦愿：《有关日照两城镇玉坑玉器的资料》，《考古》1988年第2期。

迹。关于两城镇遗址文化内涵和城墙的全面揭示和认识，还有待于今后大量的脚踏实地的工作。不过，从以上发现所透露出的信息告诉我们，像两城镇遗址这样的规模、等级和重要程度，在海岱地区乃至全国同时期遗址中都是较为罕见的。所以，我认为两城镇遗址不仅仅是丹土区的中心，还应是更大范围的中心。

2. 第一级

1处，即丹土遗址。

遗址坐落在一个略为隆起的平坦台地上，西、南两侧紧邻两城河，东北距两城镇遗址直线距离4千米。遗址东西超过500米、南北400余米，面积近30万平方米。该遗址1936年发现，20世纪50年代以后经多次调查，以村后有大片红烧土和出土大量精美玉器而广为人知。在我们的调查中，曾采集到数量较多的石器，其中相当多的是半成品。1995—1996年，山东省文物考古研究所对该遗址进行了钻探和发掘，发现了面积达25万平方米、平面形状近长方形的龙山文化城墙、壕沟[①]，并发掘出一批地面式房屋和墓葬等。这些发现表明，丹土遗址已具备了同时期古国都城的规模。同时，在丹土遗址还新发现了大汶口文化末期的遗存。

3. 第二级

离两城镇和丹土遗址稍远且周围有一定数量的第三级遗址环绕的有9处。这些遗址的面积不尽一致，大的有10余万平方米，小的在6万平方米左右，文化堆积都比较丰富。

苏家村遗址　位于丝山东侧，东距黄海约3千米，西北距两城

---

① 王学良：《五莲县史前考古获重大发现》，《日照日报》1995年7月8日第1版。

镇10千米，距丹土14千米。遗址南北各有一条小河自西向东流过，面积10余万平方米。据调查资料，该遗址的文化内涵以龙山文化为主，亦发现少量大汶口文化遗物。苏家村周围已发现4处龙山文化遗址，如凤凰城、冯家沟等，面积一般在5万平方米以下。这一带西有南北向的丝山，东为黄海，南北有通往两城和日照的道路，是一个相对较为封闭的小区，苏家村显然是这一小区的中心聚落。

大桃园遗址　位于河山东南，坐落在大桃园村后一片平坦的台地上，东西两侧分别有小河自北向南流过，属傅疃河支流的上游，东北距两城镇12千米，北距丹土13千米，南距尧王城26千米。从大桃园到两城、丹土一带交通便利，距离较近，故将其归入丹土区。遗址由市博物馆调查发现，面积10余万平方米。文化内涵以龙山文化为主，文化堆积的厚度在2米以上，包含遗物极为丰富。大桃园周围已发现龙山文化遗址11处，如辛家庄、前山前、上李家庄、北大村、林家村、城壕村、韩家村等，面积都在5万平方米以下。这一带东西两侧分别有较高的丝山、河山阻隔，南北地势则较为平坦，交通便利，大桃园遗址面积明显大于其他遗址，且位置居中部略偏北，是这一小区的中心应无问题。

东城仙遗址　位于五莲县南部的傅疃河上游，东距丹土约22千米，东南距尧王城约31千米，因距离丹土遗址较近，故归入此区。遗址东西约250米、南北约200米，面积约5万平方米。东城仙周围发现龙山文化遗址4处，分别是王世疃、席家庄、牌孤城和中西峪，面积均在3万平方米以下。暂以东城仙为此区中心。

刘官庄遗址　位于五莲县东南部的潮白河、叩官两镇之间，坐落在潮白河与北侧一支流相交汇的地段，东南距两城镇12千米，距丹土5千米。刘官庄遗址破坏较甚，据五莲县文管所20世纪70年代调查，面积近10万平方米。刘官庄周围已发现龙山文化遗址多处，其中比较明确的有潮白河东南、潮白河西北、夏家庄、王石头、崖头等，遗址面积均在5万平方米以下。这些遗址均位于五莲山东侧的潮白河中游地区，其中刘官庄遗址位于交通最便利的潮白河近旁，位置适中，遗址面积较大，暂将其作为这一小区的中心。

窑沟遗址　位于潮白河上游地区，现大部分已没于户部岭水库淹没区之中，东南距两城镇24千米，距丹土20千米。窑沟遗址由县文管所调查发现，面积约6万平方米。就露于水面以上部分看，文化内涵以龙山文化为主，堆积较为丰富，除陶器外，在该遗址曾采集到数量较多的半成品石器和石料。窑沟遗址位于五莲山东北，向北不远就是渤海、黄海水系的分水岭。由于这一区域尚未开展系统调查，目前所知还只有窑沟1处，相信随着今后工作的开展，这一小区的遗址会有所增加。

甲旺墩遗址　位于胶南市海青镇东南的甲旺墩村后，东南距吉利河入海口仅4千米，西南距两城镇约10千米，距丹土约10千米。遗址面积近10万平方米，文化内涵以龙山文化和周汉代遗存为主，龙山文化堆积和遗物甚为丰富。甲旺墩村东南至东北数里范围之内，分布着8个高大的封土堆，应为8个较大的汉墓，其中以村后遗址上的一个最大。甲旺墩周围的海青、大场两镇区域内，已发现龙山文化遗址十余处，面积多在五六万平方米以下。这一小区地处潮白河和吉利河下游之间，龙山文化遗址数量较多，甲旺墩遗址应是此小区的中心所在。

石河头遗址　位于诸城市东南部的石河头乡，地处吉利河上游地区，西南距两城镇34千米，距丹土32千米。据诸城市博物馆的调查，该遗址东西250米、南北200米，面积约5万平方米。这一地区没有进行详细的调查，发现的龙山文化遗址不多，诸城境内还有东升、杨家庄子等。从地理位置和地貌形势分析，这一带应是一个小区，并且与丹土区的关系较其他地区密切，故暂定为石河头小区。

西寺遗址　位于胶南市西南部的塔山镇，西南距两城镇和丹土均约20千米。遗址东西300米、南北200米，面积约6万平方米，文化堆积较厚，出土遗物丰富，发现遗存以龙山文化为主，也有少量大汶口文化晚期和岳石文化遗物。在白马河中上游地区还发现驼沟、张家大庄、王家屯、井戈庄和茶沟等5处龙山文化遗址。从遗址文化内涵和所处位置分析，西寺应是这一小区的中心。

河头遗址　位于胶南市西南部的张家楼镇，西南距两城镇约35千米，距丹土约36千米。遗址南北300余米、东西约300米，面积6万余平方米。在横河流域及东部邻近张家楼、藏南和寨里三个乡镇交界地区，还发现高戈庄、崖上、纪家店子、东碾头、上疃和逢家台后等6处龙山文化遗址。河头应是这一小区的中心。

此外，还有一些面积较大、距离两城镇较近的遗址，如大界牌、项家沟等，其性质应是两城镇直接控制的二级聚落遗址。

四、分析和讨论

以上分区分析了沭河上游及其以东的日照沿海地区大汶口、龙山文化时期的聚落形态，讨论中在着重分析聚落的空间分布关系的同时，也根据目前所掌握的资料尽可能地分析了一些重点遗址的具体情况，并就其社会内部的形态结构进行了探讨。以下分别就几个重要方面再做综合分析。

（一）聚落分布特点

日照地区大汶口、龙山文化时期聚落遗址的分布，以河流中下游两侧的平坦地带最为密集，而河流的上游地区较为稀疏，山岭上只发现一些文物分布点。大、中型遗址多靠近沿海地区，地势最低的遗址海拔高度只有2米，而两城镇遗址最低的位置也只有4米左右。遗址多成群分布，形成大大小小的聚落群。从小区域的聚落空间存在形态进行总结，可以划分为三种类型。

1.集中群落式

这种类型多处在地势开阔的平原地区，遗址数量相对较多，分布也比较密集，区域范围大体呈圆形或近似圆形。如大汶口时期陵阳河区的大朱家村小区等。由于日照地区的地貌以丘陵为主，较大的平原极少，故这一类型不多。

2.散点式

这种类型的特点是聚落的数量较少，相互之间的距离略远，群体性不强。如大汶口时期前寨区和东部沿海区的聚落遗址、龙山时期深山区的聚落遗址，都属于这种类型。当然，这一类型的聚落有的可能与工作开展得不充分有关。

3.长条形或枝杈式

这种类型分布于较小的河流沿岸，遗址数量多少不一，有的多达十余处，有的则只有四五处，区域范围的形状不甚规则。如大汶口时期陵阳河区的仕阳小区、古迹崖小区等，龙山时期各区的大部分小区。由于总体地貌的原因，这种类型的聚落群在日照地区占据绝大多数。

由以上聚落群的分类可以看出，聚落的分布和自然地理环境有着密切的联系。从整体上看，日照地区的地貌特点是以低山丘陵为主而兼有面积大小不一的河谷平原。这一地区的大汶口、龙山文化遗址基本上都分布在河谷地带，因此，河谷间平地的大小和形状与本区聚落分布特点有着直接的关联。换言之，自然地理地貌在一定程度上决定了聚落的空间分布特点。本文将日照地区划分为四个区域，就是综合了遗址的分布规律和自然地理地貌特点两方面的因素。

（二）聚落形态的演变

日照地区新石器时代的聚落遗址，目前所知最早为北辛文化和大汶口文化早期，但数量极少，尚未形成聚落群。大汶口文化中期遗址的数量开始增多，到大汶口文化晚期阶段，沭河上游的莒县盆地遗址已达到40余处，分布较为密集，成为一个规模不小的聚落群。在这一聚落群中，陵阳河遗址面积较大，规格和等级最高，是名副其实的中心聚落。而北侧毗邻的前寨区，同时期的遗址仅发现3处，且等级最高的前寨遗址也只是与陵阳河区第二级聚落相当。从文化内涵上分析，前寨区的大汶口文化与陵阳河区基本一致，并且还发现与陵阳河区相同的陶器刻画图像文字，因此，前寨区的大汶口文化应从属于陵阳河区。再看东部沿海地区，只是在大汶口文化晚期之末才出现与陵阳河等遗址相同的遗存，并且遗址数量很少，分布上呈散点式，尚未形成一个独立的区域。所以，此区的大汶口文化很可能是随着陵阳河区人口的增多而从莒县盆地迁徙出来的人们所创造的。如果以上分析不误的话，可以说大汶口文化晚期阶段日照地区的中心在沭河上游，即以陵阳河为中心的莒县盆地及其周围地区（陵阳河区）。其他地区，东部沿海此前尚少有人居住，北侧的潍河上游则处在南北两个类型的邻界区域，属于大汶口文化中期阶段的诸城呈子第一期，则可以在潍、淅河流域找到相同的遗存。

进入龙山文化时期后，日照地区的聚落遗址成倍增加，聚落之间的关系也由大汶口时期以陵阳河区为主的一大群发展为分处各地的四大群，即陵阳河区、尧王城区、丹土区和前寨区。聚落遗址分布的格局，陵阳河区没有大的变化，仍以莒县盆地为主，其中心聚落尚未确定，但不出莒县盆地中部地区。前寨区亦未发现大型的中心聚落遗址。而尧王城和丹土区则不仅发现了大型中心聚落遗址，还发现了与其相称的城墙、贵重的礼器等。与陵阳河区不同，尧王城区和丹土区的中心聚落并不位于各自区域的中心部位，而都偏居于靠近沿海的一侧，这应与经济上对海洋资源的利用及海上交通相关。丹土区更有新的问题需要加以讨论。

丹土区与其他各区最大的不同是，在极近的距离内发现了两处重要的大型聚落遗址，即两城镇和丹土。这两处遗址都发现有城墙，为龙山时期的城址；两者位居同一条小河流——两城河的南岸，遗址边缘相距仅4千米；都发现重要的夯土堆积和具有礼器性质的玉器、蛋壳陶器等。丹土城址面积约为25万平方米，如果将其放在海岱地区已发现的龙山城址中比较，属于中型较大者或大型较小者的位次，即大于城子崖龙山城址（20万平方米）而小于景阳冈龙山城址（35万平方米）。两城镇遗址的面积更大，约100万平方米。关于两城镇和丹土的关系，我们曾做过多种假设。其中一种解释为丹土的城址时代较早，两城作为中心遗址的时代较晚，即丹土区的中心最初在丹土，后来由于种种原因而迁到了靠海边更近的两城镇。不过，根据我们对两城镇遗址的调查，在遗址不同位置都曾采集到龙山文化早期的陶片，去年冬天进行的试掘又发现了属于龙山文化早期的成片夯土，也清理了一座出土蛋壳陶高柄杯的龙山文化早期墓葬。基于此，两城镇和丹土很有可能是同时并存的。如果如此，则两城镇应是统辖区域更大的中心聚落。即丹土遗址是丹土区的中心聚落，而两城镇遗址则是整个日照地区（甚至再大一些的区域）的中心聚落，相当于大汶口文化晚期的陵阳河聚落的地位，不过是随着社会的发展和人口的增多及统辖区域的扩大，规模得到进一步扩展，性质也有所变化。

日照地区大汶口、龙山文化时期聚落形态的演变，可以明确地区分为两个阶段。大汶口晚期只有一个主要的区域，中心在莒县盆地的陵阳河遗址，至晚期有向东方发展的趋向。至龙山文化时期发展为三个或四个区域，每个区域都有（或应有）自己的中心。而各个区域之间则存在着密切的内在联系（同由陵阳河区大汶口文化发展而来，相互间应为亲族关系），在此基础上就产生了规格更高、规模更大的中心聚落，即地处沿海的两城镇遗址。与常规的认识不同，无论是小区域中心还是地区中心，其所处位置似乎都不必拘泥于地理和距离上的中心位置，而具体的立地则主要是由经济、交通等因素决定的。从东部几个大小中心都偏居于沿海地区看，人们对海洋的开发利用似乎有了相当充分的认识。

（三）社会结构问题

下面首先来分析大汶口文化晚期阶段陵阳河区的社会结构和社会形态问题。

以莒县盆地为主的陵阳河区，总面积在2000平方千米左右。大汶口文化晚期阶段的陵阳河区存在着三个等级的聚落。属于第一级的聚落仅有陵阳河一处，其面积在15万平方米左右。遗址的墓地从各个方面显示了贫富分化的加剧和等级差别的扩大，特别是发现了相当于"皇""王"一级的墓葬，并且创造和使用了反映不同身份、地位及包含不同内容的图像文字。我们有理由认为陵阳河遗址是一个地区性的中心聚落，如果说得更直接一点的话，那它就是最初的古国之"都"。第二级聚落有9个甚至更多，分属两种情况，邻近陵阳河遗址的3个，可能与陵阳河是一个群体，合成一个大的聚落群；而分布于外围的6个（或许可能再加上几个），各为一个小区的中心，其性质约略相当于后来的"邑"。这种小区的范围相差不会太大，一般统辖有5至10个小聚落，其面积可能与现在的大乡镇相当或略大。第三级聚落的数量较多，现在已经调查到的遗址，陵阳河地区共有30余个，实际上要超过此数。按中美联合考古队在日照地区的调查经验，估计陵阳河地区第三级聚落的数量当在60处以上，甚至更多。

陵阳河区的晚期大汶口文化，以家族为核心，以家庭、家族和宗族为社会基层组织的基本结构的新型社会形态已经逐渐走向成熟。而不同的宗族又结合成大小不一的宗族联盟网络体系，陵阳河聚落就是居于网络顶端的权力中心。表现在聚落空间分布形态方面的特点，就是不同级别聚落的数量结构呈金字塔状排列，大、小中心聚落似乎都占据着交通便利、地势相对开阔、资源较为丰富的有利位置。这样一种社会结构的地区，较之以往的平等社会发生了质的变化。我认为它已经建立了早期国家并进入了文明时代。有鉴于此，我们可以将这一地区的晚期大汶口文化称之为"陵阳河古国"。

社会发展到龙山文化时期后，聚落遗址的数量迅速增加，特别是东方沿海地区，龙山文化遗址更是成倍增长。区域中心从大汶口文化晚期阶段的陵阳河区一个，增加到龙山文化时期的三个或四个。这些区域中心在性质上和陵阳河区是相同的，各代表着一个小的古国，而它们又聚合成一个更大的统一体。龙山文化时期各区聚落遗址的等级，如果把两城镇计算进来，就存在着四个层次。最高一级只有两城镇一处，第二个等级约有三至四处，第三个等级则有20多处，而第四个等级更是多达200处以上。这四个层次的聚落遗址在数量上亦呈金字塔形结构，但与大汶口文化晚期相比又有所变化。

首先是第一级和第二级聚落本身的面积显著扩大。大汶口文化晚期第一级聚落的面积不过15万平方米左右，而龙山时期的第一级聚落小的达到20余万平方米，尧王城则超过50万平方米。其次，龙山时期第二级聚落也达到了10余万平方米，如小代疃、大桃园、苏家村等，与大汶口晚期的第一级聚落相差无几，而大大超过了大汶口晚期的第二级聚落。第三，从墓地墓葬反映的社会结构看，呈子龙山墓地基本上与大朱家村大汶口墓地相仿，也是一种贫富分化比较严重的家族墓地。而呈子遗址只有2万多平方米，即使加上历代自然和人为因素的破坏，也不会太大，一般应属于第三等级的聚落遗址。第四，龙山时期第一级聚落已转变为原始城市，从尧王城、丹土都有城墙和海岱地区各地普遍发现城址来分析，城址在龙山时期的各个区域已普遍出现，而大汶口文化至今尚未发现城址，当然，很有可能城址在大汶口文化时期已经产生，只是目前还没有发现，但想必不会像龙山文化时期那么多。

更为重要的是，龙山文化时期又出现了像两城镇这样规模宏大、等级明显高出同时期各区域中心城址的特大型聚落中心。两城镇不仅仅是丹土区龙山文化的中心已如前述，它应是整个日照地区（甚至再大一些的区域）的统治中心。日照地区大汶口文化向龙文化的发展，其趋向是遗址分布的范围明显扩大，遗址数量显著增多，相应地人口也随之成倍增加，而沿海地区大遗址的数量显然多于内陆地区。因此，我认为统治中心也应是随着这种变化而从原来的陵阳河区所在的莒县盆地，向东迁到了沿海的两城镇。从15万平方米的最初古国之"都"陵阳河，到有百万平方米宏伟气势的方国[①]之"都"两城镇，两者之间发展变化的轨迹，昭示了自大汶口晚期到龙山文化时期文明步伐进程的加快和国家形态由最初的古国发展出新的统辖范围更大的方国。

综上所述，在龙山文化时期的日照地区，已在"陵阳河古国"的基础上产生出一个屹立于海岱地区东方的强大政治实体——"两城方国"。

龙山文化晚期到岳石文化时期，日照地区已发现的聚落遗址不足30处[②]，较之龙山文化早、中期锐减80%以上，曾繁荣发达数个世纪之久的"两城方国"突然在海岱地区东方神秘地消失了。至于其消失的原因，目前的各种猜测都缺乏科学依据，还有待于今后多学科的综合研究。

---

① 关于方国的含义，学术界有不同的理解。或以为是和王国相对应而位居周边地区的一种国家形态，以夏商时期为典型。笔者这里使用的方国概念，是指古国之后的一个阶段，按我的理解，中国的国家发展形态经历了四个阶段，即古国、方国、王国和帝国。距今5500年左右到距今4500年左右为古国阶段，距今4500年至夏代是方国阶段，商周两代是王国阶段，秦汉开始进入帝国阶段。
② 据目前所知，在日照地区龙山文化遗址采集的遗物，基本上都为龙山文化早中期，属于晚期者极少。关于这一地区的岳石文化遗址，莒县发现10处，东港区发现5处，其他几个县市也很少。在中美联合考古队调查的300余平方千米范围内，仅发现2处岳石文化遗址，其数量之少令人感到不可思议。

本文在论述中使用了东港、莒县、五莲、莒南、胶南和诸城等县市区博物馆、文管所的文物普查资料，谨向以上单位表示衷心的感谢。

（原载《中国考古学跨世纪的回顾与前瞻（1999年西陵国际学术研讨会文集）》，科学出版社，2000年）

鲁东南沿海地区龙山文化时期的聚落结构和人口

一、前言

鲁东南沿海地区是指以日照市为中心的南北狭长地带,东邻黄海,南到鲁苏交界的绣针河,北至胶南市和诸城市的南部,西界为东北—西南走向的五莲山脉。

这一地区的考古工作可以追溯到80年前的1934年春。当时为了在山东东部沿海地区寻找古代文化遗存,中央研究院历史语言研究所考古组委派王湘和祁延霈对这一地区进行了两个多月的野外考古调查,发现了十余处史前和历史时期的遗址,其中就包括两城镇、丹土、尧王城、刘家楼(即后来的苏家村)等著名龙山文化遗址[①]。在这次调查的基础上,1936年春夏之际,史语所考古组组织了两城镇遗址的发掘工作[②]。由于发现了大量龙山文化时期的遗迹和典型黑陶,两城镇成为当时享誉中外的龙山文化遗址。所以,后来中央、省、市等各级文物考古部门多次调查、勘探和发掘过两城镇遗址。

---

① 李永迪:《1930年代中研院史语所山东地区龙山文化的发掘与调查工作》,山东大学东方考古研究中心:《东方考古研究通讯》2005年第5期,第13页。
② 刘燿:《山东日照两城镇附近史前遗址》,《两城镇遗址研究》,文物出版社,2009年。

采用聚落考古学的方法探索和研究中国史前和历史时期社会的复杂化进程，逐渐成为近些年来中国考古学研究的重要内容。围绕着这一课题，经国家文物局批准，山东大学考古专业和美国耶鲁大学人类学系（后改为美国芝加哥菲尔德博物馆）合作，于1995年冬开始在鲁东南沿海地区开展了为期十多年的区域系统调查。最初的设想是以当时所知最大的龙山文化遗址——两城镇为中心，逐渐向周边地区扩大范围，以求了解这一地区史前及历史时期古代文化的变迁过程，进而达到从其变迁过程中认识和研究该地区古代社会结构和演进特点的目标。

截至2007年，经过前后十三年的野外工作，联合考古队调查的范围持续扩大，南北距离约80千米、东西宽度则在14千米～20千米，累计调查面积1400多平方千米，接近山东省整个面积的百分之一。调查区域内发现了大量各个时期的古遗址和古墓葬，其中龙山文化遗址和陶片分布点有534处[1]（图一）。这一基础性工作为我们深入讨论鲁东南沿海地区古代文化的演进和社会的变迁，提供了系统而详细的第一手资料。而龙山文化是这一地区史前时期最为发达的文化，不仅发现了大量遗址，而且遗址之间的等级分化也十分明显。所以，本文拟重点分析和讨论调查区域内龙山文化时期的聚落结构及其反映的社会形态。

---

[1] 中美日照地区联合考古队：《鲁东南沿海地区系统考古调查报告》，文物出版社，2012年。报告的阐释部分将发现的龙山文化遗址和地点合计为536处，遗址调查面积2297.1万平方米（见报告上册表四），但我们综合统计了《遗址信息表》（报告下册）和《聚落等级变更信息表》（报告上册表一）中的数据之后，全部龙山文化遗址和地点的数量为534处，全部遗址的调查面积为2302.86万平方米，本文的相关数据以我们的统计为准。

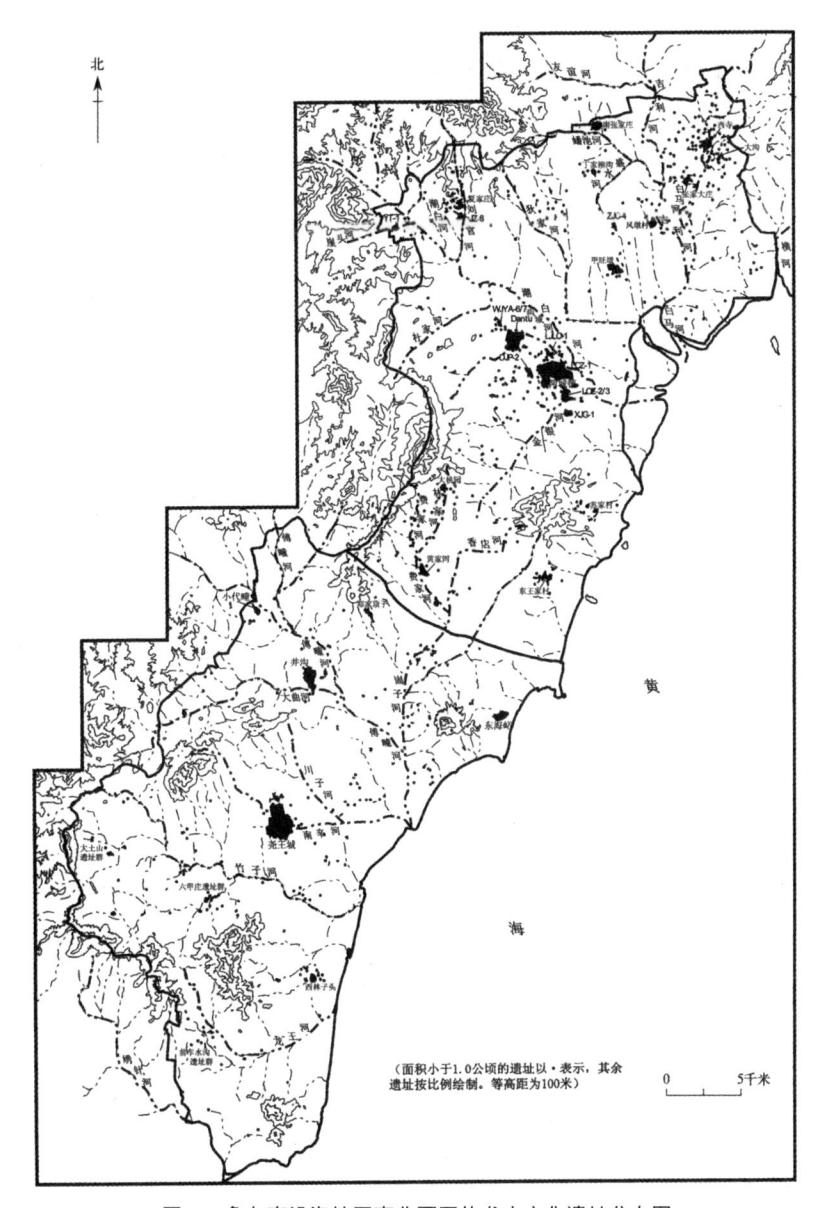

图一 鲁东南沿海地区南北两区的龙山文化遗址分布图

调查工作以地面步行踏查的方式进行，除了不适合人类活动的较高山岭之外，调查范围内的区域基本达到了全覆盖，所以这种调查方法也常常被称为全覆盖式调查。由于调查时所有人员是站成间距为50米左右的一排，一般按直线前行，在地面调查过程中，调查者的目光所及也只有二三米的宽度。所以，这种调查仍然属于"拉网"式的。但就目前国内采用的所有调查方法而言，区域系统调查是一种能够最大限度地查出古代遗存的方法，相比较而言是最可取的。当然，对于中国这样一个幅员辽阔的国家，不同地区的地理地貌和环境差别巨大，特别是那些历经数千年垦殖的人口稠密区，保存下来的古遗址与原来的实况发生了较大变化，在对调查结果进行分析时需要做适当的调整[①]。

二、两城镇、丹土和尧王城

调查报告在公布资料的同时，对这一区域龙山文化时期的社会组织形态进行了探讨，认为以两城镇和尧王城为代表的两个一级中心聚落，分别统辖着北、南两个区域。并且认为，各个区域内部，都存在着四级聚落形态[②]。

在以往的讨论中，我曾经认为龙山文化时期的日照沿海地区（包括更西的沭河上游和潍河上游地区），可能在政治上已经形成

[①] 栾丰实：《聚落考古田野实践的思考》，《考古学研究（九）——庆祝严文明先生八十寿辰论文集》（下册），文物出版社，2012年。
[②] 中美日照地区联合考古队：《鲁东南沿海地区系统考古调查报告》，文物出版社，2012年，第299~310页。

了一个统一的实体，即以两城镇为中心的政治实体，内部存在着四级聚落结构，丹土和尧王城是两城镇之下的二级聚落中心[①]。后来，随着丹土、尧王城两遗址的发掘和南部地区持续数年的区域系统调查成果的公布，有必要重新讨论和认识这一问题。

如何认识调查区域内龙山文化时期的中心聚落，是分辨这一地区是一个统一的特大型聚落群还是两个大型聚落群的关键所在。综合分析这一地区历年来的调查和发掘资料，有资格成为区域内一级中心聚落的遗址主要有三处，即两城镇、丹土和尧王城。

首先，是两城镇和丹土遗址的关系问题。两城镇和丹土两个遗址离得很近，相互之间只有4千米，站在两城镇遗址的大埠堆上，可以清楚地看到丹土遗址。从1934年第一次发现这两处遗址开始，人们就认为两城镇和丹土都是以龙山文化为主的遗址。后来的发掘表明，这两个遗址的时代有重合，但也有明显的差别。即丹土遗址的时代相对早一些，在大汶口文化晚期末段和龙山文化初期就已经出现有墙有壕的城址，并且出土了数量可观的玉器。丹土城址一直延续到龙山文化早期和中期前段[②]。

两城镇遗址没有发现明确的大汶口文化遗存，其建造和使用了内、中、外三圈壕沟，中圈壕沟内侧部分地段还发现有底部用石块铺垫的城墙遗迹。从壕沟的解剖和遗址的发掘情况看，内圈壕沟的时代最早，面积约20万平方米，整体相当于龙山文化早期，目前所

[①] 栾丰实：《日照地区大汶口、龙山文化聚落形态之研究》，《中国考古学跨世纪的回顾与前瞻（1999年西陵国际学术研讨会文集）》，科学出版社，2000年，第227～244页。
[②] 丹土遗址的调查面积达130万平方米，钻探到文化堆积的面积只有20多万平方米。城址的面积由小到大，从10万到20万平方米不等。

知这一时期没有发现城墙。由此看来，大汶口文化末期至龙山文化早期，这一区域的中心应该在丹土，到龙山文化早期，两城镇遗址的实际面积已经与丹土相当甚至有所超越，但其性质还是低一个层级的环壕聚落。

两城镇遗址的中圈壕沟和城墙是在内圈壕沟废弃之后建造的，局部发现的城墙墙体大部分压在内圈壕沟外半部之上，时代约当龙山文化中期偏早阶段，面积增大到35万平方米左右，远远超过了丹土的龙山文化城址。外圈壕沟向北向西有较大的扩展，而南侧两者则合为一体，面积接近70万平方米。从发掘和解剖的情况看，外圈壕沟与中圈壕沟的时代大体相当，主要属于龙山文化中期。由于在壕沟中发现有明确的龙山文化晚期堆积，并且在中外圈壕沟之间的居住区，也发现有晚期的文化遗存。所以，外圈壕沟使用的时间可能较之中圈壕沟长一些。

如此看来，两城镇和丹土两个遗址，就其繁荣期而言，大体可以认为是前后相继的。而在整个遗址的存续时间上，两者应在较长时间内共存过。我们初步判断，以潮白河流域为中心的北部地区龙山文化，其中心聚落最初在丹土，到龙山文化早中期之交，这一中心迁移到离黄海更近的两城镇。在两城镇作为新都替代了丹土的大部分中心聚落功能之后，丹土作为一个旧都性质的聚落，还存在了相当长一段时间，极有可能还分担着新中心两城镇的某些职能，这样才好解释丹土晚期城址与两城镇中圈城墙壕沟的共存关系。

其次是对尧王城遗址的认识。从现有资料看，尧王城遗址基本上是和丹土遗址同时兴起的。两个遗址都发现了大汶口文化末期的遗存，而且都出土过刻有图像符号或文字的大汶口文化陶尊残片。以往一般认为，出土陶器图像符号或文字的大汶口文化遗址，等级一般较高，不是普通的聚落遗址。所以，尧王城和丹土遗址一开始就应该是等级较高的中心性聚落遗址。近年来在尧王城遗址的勘探和发掘中，发现了明确的龙山文化城墙和壕沟，由此可以确定，尧王城遗址在龙山文化时期延续并加强了其高等级中心性聚落的地位。

最初，一般认为尧王城遗址的面积约为33万平方米，后来扩大到50余万平方米。而两城镇遗址则有100万平方米左右，两者相差较大，在外观上形成一大一小的格局。现在看来，情况有所不同。近年来的勘探和发掘工作表明，尧王城遗址的面积可能更大。关于两城镇遗址的面积，一直存在着不同的说法，1930年代认为是36万平方米，1958年试掘后认为约55万平方米，20世纪70年代以后，一般认为有100万平方米左右。经过我们近年来的实地勘探和试掘，两城镇遗址包括外圈壕沟在内，面积大约70万平方米。这样两个遗址的规模已经没有多大差别，甚至可以说是旗鼓相当。据中美联合考古队的调查，两城镇遗址地面陶片分布的范围约为272.5万平方米，而尧王城遗址的这一面积则达到了367.5万平方米，大出两城镇遗址约三分之一。如何看待上述调查所得到的遗址面积呢？

关于两城镇遗址，首先是分布于其附近的几个遗址值得注意。一个是两城镇204国道之南的遗址（调查时记录为LCZ2/3），这个遗址南侧紧靠金银河，北依204国道，东界两石公路，调查面积达42.88万平方米。村中农民告诉我们，这一片恰好是地处遗址中心的两城七村等地的土地，换言之，这一片农田里的陶片有可能是搭载着村民们的农家肥被搬运过来的。第二个是位于两城镇遗址之西约1千米的大界牌遗址，调查面积达23.64万平方米。发掘期间，一个偶然的机会，我们获知大界牌村南呈南北长、东西窄的这一片土地，是位于两城镇遗址中心位置的两城六村的一块飞地，其地表上的陶片，同样也是从两城镇遗址上搬运过去的。第三个是夏家村遗址，夏家村即两城九村，与两城三村一路之隔，调查面积8.68万平方米。两城镇和这些遗址之间，还发现一些小的陶片分布点，大的3万多平方米，小的数千平方米。如果将上述遗址和两城镇遗址合并计算，两城镇遗址地表的陶片分布范围将超过350万平方米，可以说与尧王城遗址不相上下。

尧王城遗址也存在类似情况。遗址叠压在南辛庄和安尧王城两个村庄之下，建房和取土积肥等生产和生活活动蚕食了遗址的大量文化堆积。现在南辛庄村后西北部，有一个呈拐尺状的大型深沟（深2米以上），深沟所在位置的土地属于小河西岸的张家庄子村。因为来往耕作不方便，在人民公社化期间，张家庄子村把这块属于他们的农田的土壤整体运走了。试想，运走的土中又包含了多少不同时期的陶片，而这些不会腐烂的陶片散落到了另外的土地，便又成了一个或数个新的"遗址"。所以，尧王城西北面积达数十万平方米的张家庄子遗址（ZJZZ4），其真实性显然存在问题，需要通过钻探和试掘来加以确认。

由上述分析可知，两城镇和尧王城两处遗址的实际面积和地表陶片分布面积十分接近，均发现有城墙、壕沟等重要遗迹，出土陶器的种类、数量之多和品质之高也是其他遗址所无法比拟的。所以，将其解读为龙山文化时期南北两个相对独立区域的中心可能更符合实际。

分析鲁东南沿海地区龙山文化时期南北两个区域的聚落形态，对于了解和认识其社会结构是至关重要的。调查报告将其划分为六级聚落形态，归属为四个等级，即第四、五、六级合为一个等级，前三个等级可能具有管理职能。

调查区域内的龙山文化遗存，一个十分显著的特征是，龙山文化前半时期的遗存十分丰富[①]，后半时期在比较短促的时间内急剧衰落，考虑到这一具体情况，我们认为可以把这一地区的龙山文化作为一个整体来讨论，而实际考察的内容主要涉及龙山文化的前半时期。

从调查区龙山文化遗址的分布上看，南北两区的分界大约在现在的日照市区，当然也有可能因为这一区域为密集的现代居住区，原有的遗址或者已被破坏，或者很不容易发现。但在城区以西位置，仍然可以找到一条遗址的空白地带。以此线为界，仅就已经调查过的区域而言，以丹土和两城镇为中心的北区大约为710平方千米，以尧王城为中心的南区则约为730平方千米。

三、关于遗址面积和人口问题

遗址面积是认识和运用考古调查成果时争议比较大的一个问题。遗址面积关乎遗址的等级、遗址所承载的人口数量、对资源的获取和利用等一系列重要问题，在相当程度上会影响到后期研究的结论，其引起学界和研究者的重视是十分自然的。由于后期人类活动的频率和对遗址的作用力大小相差悬殊，不同区域自然环境的变

[①] 龙山文化可以细分为六期，其中前半期指第一至三期，后半期指第四至六期。按早中晚期的划分，则第一、二期为早期，第三、四期为中期，第五、六期为晚期。调查区域内发现的龙山文化遗存，绝大多数为龙山文化第一至三期，这里所谓的中期遗存，实际上主要是龙山文化中期前段。因为龙山文化整体延续时间不长，特别是相互之间连续发展，所以在以下讨论中把这一地区的龙山文化作为一个整体来对待。

迁对遗址的保存、破坏和存续的影响不一，所以，不同区域考古调查所得到的遗址面积又不能一概而论，应该通过实事求是的讨论和分析来加以确定。关于鲁东南沿海地区区域系统调查所得到的遗址面积，我们曾经做过分析，此不赘述[①]。

调查区域地处农业经济高度开发的地段，其内村庄密布，人口众多，超过了历史上任何一个时代。绝大多数古遗址都坐落在明清以来的村庄之下或邻近村庄的地带，因而不同程度地受到了农民的生产（如取土积肥、平整和深翻土地、修建各种道路和沟渠、养殖等）和生活（如建房等）等活动的破坏。这些活动对古遗址的影响，主要表现在两个方面：一是遗址因受到破坏而消失或面积有不同程度缩减；二是由于人为因素搬运的原因，导致地表陶片散布面积增大，甚至出现了"假遗址"的现象[②]。如何解决这一问题，迄今没有一个令人满意的办法。当然，也不是完全没有，如果对发现的每一处遗址都进行钻探和试掘，则可以准确地了解遗址的现状。但就目前的人力、物力水平而言，尚无法对调查发现的每一处遗址都进行钻探和试掘。所以，采用抽样的方法进行校正也不失为一种补救措施。目前在没有开展这一工作的情况下，或许可以根据部分确知调查面积和实际面积两种数据的实例，通过比对的方法进行简单归纳，得到两者之间的比例关系，再以此来估算所有遗址的真实面积。

在调查区域内发现的530多处龙山文化遗址中，既有调查面积，也知晓现存文化堆积准确面积的遗址，大约有8处，其中包括了大、

---

① 参见栾丰实：《聚落考古田野实践的思考》，《考古学研究（九）——庆祝严文明先生八十寿辰论文集》（下册），文物出版社，2012年，第787~800页。
② 古遗址除了受到人为因素的影响之外，也会受到自然因素如洪水、泥石流、冰川、海啸、海平面上升等的影响。

中、小不同等级的遗址,即两城镇、丹土、尧王城、东海峪、苏家村、大桃园、甲旺墩和罗川沟。现将这8处遗址的调查面积和钻探后确定的遗址面积之间的比例关系列如表一。

表一　两城镇等八处遗址调查面积和实际面积对比表

遗址	调查面积（万平方米）	现存实际面积（万平方米）	两者之比
两城镇	272.5	74	3.68∶1
丹土	130.68	20	6.53∶1
尧王城	367.5	56	6.56∶1
东海峪	60	8	7.5∶1
苏家村	51	8.9	5.73∶1
大桃园	23.8	4.5	5.29∶1
甲旺墩	52.06	2.5	20.82∶1
罗川沟	2.58	0.5	5.16∶1
合计	960.12	174.4	5.51∶1

据表一的8处遗址统计,区域调查所得到的遗址面积和有文化堆积的遗址面积之比,平均为5.51∶1,即调查面积是有文化堆积遗址面积的5.5倍左右。考虑到遗址在存续过程中,也会被破坏掉许多,所以,在这里取3∶1的比例进行计算,即实际面积为调查面积的三分之一。这样,我们在考虑遗址等级和计算当时人口数量时,对遗址的调查面积按3∶1的比例进行缩减,以求其接近原来的实际状况。

估算古代遗址承载的人口数量,有各种不同的计算方法。在这里,我们采取简便易行的人均占用聚落遗址面积的方法来推算当时的人口。关于人均占有聚落遗址的面积,按王建华的估算,海岱龙山文化时期人均占用遗址面积为149平方米[①]，折合每万平方米67.1人。而方辉等按鲁东南沿海调查区域内人均占有现代村庄面积来计算，折合每万平方米72.2人[②]，两者相差不大。所以，我们在这里取两者的中数，即龙山文化时期每万平方米遗址面积承载的人口数量大约为70人。

四、以两城镇为中心的北区

以两城镇遗址为中心的北区，已经调查过的面积大约为710平方千米，如果加上潮白河上游、吉利河上游等属于此区但尚未调查的区域，其实际控制的区域可能达到甚至超过1000平方千米。这一区域内龙山文化遗址的分布，除了两城镇周围较为密集之外，围绕着两城镇的周边地区至少还存在着10个规模或大或小的小聚落群，每一群中有一处规模小一些的二级中心聚落（图二）。这些中心聚落到两城镇遗址的距离均在20千米以内，即当天可以走一个来回的路程。

（一）两城镇以南地区的聚落群

两城镇以南地区大约有四处小聚落群。

1. 苏家村遗址

位于两城镇东南约8.5千米处，坐落在丝山东侧，离黄海较近。

[①] 王建华：《黄河中下游地区史前人口研究》，科学出版社，2011年，第144~157页。
[②] 方辉、[美]加利·费曼、[美]文德安、[美]琳达·尼古拉斯：《日照两城地区聚落考古：人口问题》，《华夏考古》2004年第2期。

调查面积约为51万平方米。2011年，为了配合两城镇遗址的后续研究，我们对此遗址进行了钻探，发现了一周不甚规则的椭圆形龙山文化环壕，包括壕沟在内的遗址面积约8.9万平方米[①]。在苏家村遗址周围，还分布着一批小型遗址，应与苏家村遗址存在着隶属关系。

2. 东王家村遗址

位于两城镇东南约12千米处，遗址坐落在丝山东南侧，东邻黄海。调查面积约46万平方米。周围有数处小型龙山文化遗址，由于遗址向南已接近市区，发现的龙山文化遗址数量不多。

3. 大桃园遗址

位于两城镇西南约10千米处，遗址坐落在村北两条小河汇合的高地上。调查面积约23.8万平方米。遗址东侧和西侧不远处为南北走向的丘陵，小的水系属于南流的傅疃河流域。2011年春，在该遗址的钻探中发现了龙山文化环壕，环壕面积4万多平方米。

4. 黄家河遗址

位于两城镇西南约14.5千米处，遗址在村下及村北、村西的坡地上，与大桃园遗址同属傅疃河流域。调查面积约24.88万平方米。遗址周围有若干处小型龙山文化聚落遗址。

（二）两城镇以北地区的聚落群

两城镇以北地区大约有六处小聚落群，主要分布在东北方向，西北部可能由于进入五莲山区的原因而较少。

1. 甲旺墩遗址

位于两城镇东北约7千米处，隶属于青岛胶南市。遗址的调查

[①] 聂政：《山东日照苏家村遗址调查勘探简报》，《中原文物》2013年第4期。

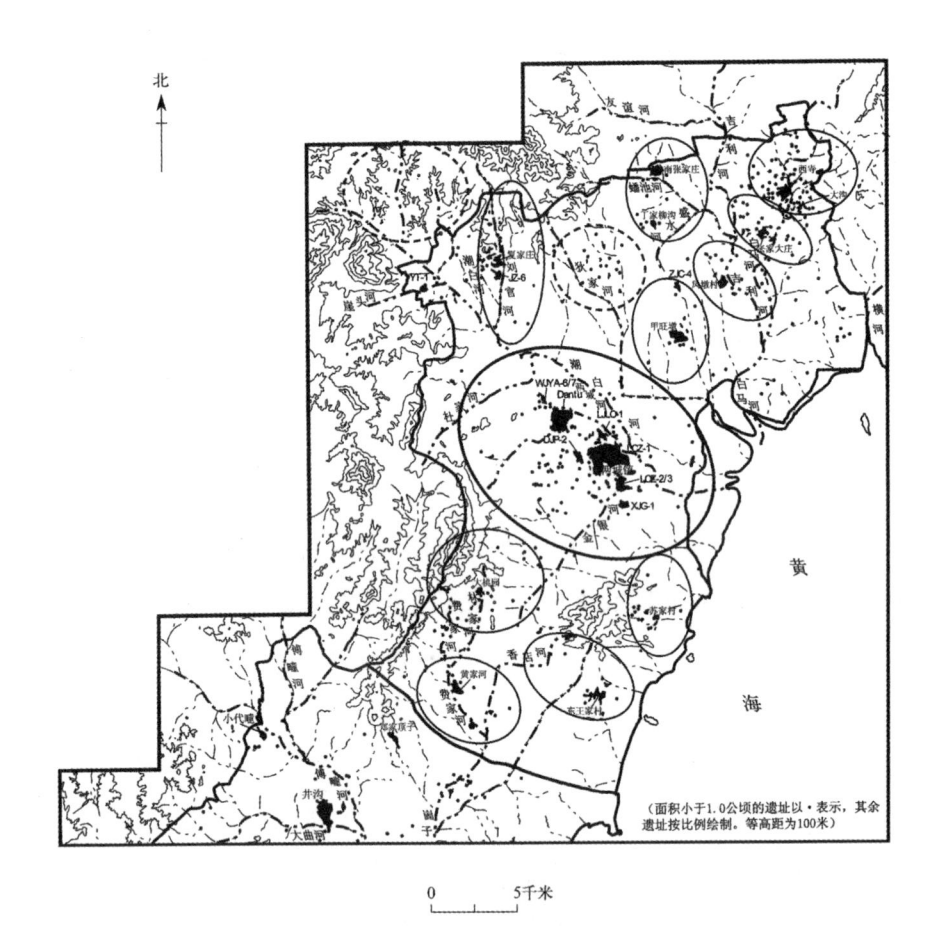

图二　鲁东南沿海地区北区的龙山文化聚落结构

面积约52万平方米。2011年春，经钻探没有发现龙山文化时期的环壕，而遗址的现存面积只有约2.5万平方米。遗址周围发现有数处小型龙山文化遗址。

2. 凤墩村遗址

位于两城镇东北约10.5千米处，隶属于青岛胶南市。遗址周围地势平坦，北、西两侧均有小河流过。遗址调查面积41.28万平方米。遗址周围有多处小型龙山文化遗址。2011年春，经钻探未发现龙山文化环壕，现存遗址面积2万多平方米。

3. 张家大庄遗址

位于两城镇东北约14千米处，坐落在白马河和吉利河之间，隶属于青岛胶南市。遗址调查面积约31万平方米。周围密集分布着同时期的龙山文化遗址。

4. 西寺遗址

位于两城镇东北约16.5千米处，坐落在白马河西岸的西寺村下及村北。调查面积约55万平方米。西寺也是一个从大汶口文化晚期经龙山文化一直延续到岳石文化时期的遗址，这在整个调查区域中并不多见。西寺周边地区古遗址分布十分密集，其东南约1千米处还分布着调查面积达16万平方米的大沟遗址。

5. 南张家庄遗址

位于两城镇正北约14.5千米处，坐落在吉利河的支流蟠池河上游。遗址调查面积为41.87万平方米。因遗址紧邻调查区域的边界，周边发现的小型遗址不多。在南张家庄遗址之南约2千米处发现的丁家柳沟龙山文化遗址，地表陶片分布面积达到13万多平方米。

6. 夏家庄遗址

位于两城镇西北约11.5千米处，坐落在潮河支流刘官河的中游。这一地区东西两侧均为南北走向的丘陵，河流两侧有面积不大的冲积平地。遗址调查面积约127万平方米。夏家庄周边发现有若干处小型龙山文化聚落遗址，与其他地区相比数量不多。

除以上所述，还有两个小区应予以注意。一个是潮白河上游的户部岭水库及周围，东南距两城镇约20千米。这里也发现过具有一定规模的龙山文化遗址，因为现在位于水库淹没区内而无法开展调查。从地理位置来看，这一带也应属于两城镇遗址的控制区域。二是胶南市海青以北的狭家河流域，南距两城镇约9千米。这一带发现的小型龙山文化遗址较多，但缺乏具有一定规模的中等遗址。因为这一区域修建了一座较大的水库，大坝之下和水库淹没区内均发现有龙山文化遗址。所以，这一个相对独立的小单元，也应该是一个龙山文化小聚落群。

综上所述，以两城镇遗址为中心的北区，龙山文化时期大体存在着三个层次的聚落结构。从不同层次遗址内能够说明问题的大型遗迹看：第一级有城墙和壕沟，实际面积在20万平方米以上；第二级多有环壕，实际面积在5万平方米~10万平方米之间，有的略大一些；第三级则为普通的小型聚落遗址，实际面积在5万平方米以下。

北区的第一级聚落为两城镇和丹土，调查面积均在100万平方米以上，实际面积则在20万平方米以上。作为区域中心，这两处遗址前后有一个交替。而遗址周围5千米范围之内，还存在着一些由它们直接管控的小型聚落。

第二级聚落位于两城镇遗址的周边地区，目前所知约有12处，每一处周边都聚集着一批规模更小的聚落遗址。从前10处规模比较明确的二级聚落看，调查面积多在30万平方米以上，实际面积多数可能在10万平方米以内。作为二级聚落的大桃园和黄家河遗址，调查面积在10处二级聚落遗址中最小，为20多万平方米，其中大桃园发现了龙山文化的环壕。

第三级为最低一级的小型聚落，位于二级聚落周围数千米范围之内，数量不一，规模更小，实际面积绝大多数都在3万平方米以下，有的仅有数千平方米。

以两城镇为中心的北区，存在着以上三个等级的聚落遗址，这种聚落结构在遗址的数量上呈现出金字塔状形态，即顶端的高等级聚落只有一二处，中间的二级聚落有多处，而底部的小型聚落数量最多。上述三个等级的聚落遗址，在分布上较为均衡，一级聚落两城镇位于交通便利、水源充足的中部位置，而二级聚落多数也在河流近旁，只是周围的活动区域略小而已。这一聚落形态显示出龙山文化的社会，已经进入"都、邑、聚"三级结构的早期国家形态。

如果按聚落遗址的面积来估算当时的人口规模，具体情况列如表二。三个等级的聚落人口规模，呈现出一种正相关分布，即金字塔底部的小型聚落数量最多，人口也最多。位于金字塔顶端的一级中心聚落，人口数量已经聚集到一定程度，但在区域人口总数量中并不占优势。而位于金字塔腰部的二级中心聚落，不仅聚落的数量介于一、三级之间，人口规模也占据着相应的位置。所以，以两城镇为中心的北区，根据遗址面积推算的人口数量呈现出一种合理的分布态势。

表二 北区遗址数量、面积和人口数量一览表[①]

遗址等级	数量	调查面积（万平方米）	实际面积（万平方米）	人口
一级	2	403	134	9380
二级	10	494	165	11550
三级	341	571	190	13300
合计	353	1468	489	34230

---

① 表二和表三是依据《鲁东南沿海地区系统考古调查报告》（文物出版社，2012年）下册的《遗址信息表》和上册的表一汇总统计编制，但与报告中所列数据有所差别。主要在两个方面，一是遗址数量，报告统计为536处，本文表二表三合计为534处，较之报告的表四少2处；二是遗址面积，报告统计为2297.1万平方米，本文表二表三合计为2303万平方米，较之报告的表四多出约6万平方米。

五、以尧王城为中心的南区

以尧王城遗址为中心的南区，经过调查的面积大约为730平方千米，如果加上傅疃河上游、绣针河上游等属于此区但尚未调查的地段，这一区域的实际控制范围与北区差别不大。南区龙山文化遗址的分布情况，大体是北半部较为密集，南半部相对稀疏，特别是尧王城周围的"近畿"地区，基本没有成规模的遗址。尧王城遗址外围的小聚落群，就目前发现而言，可以区分出8处（图三）。

（一）尧王城以北地区的聚落群

尧王城以北地区有4处小聚落群，每一小群围绕着一处二级中心聚落。

1. 井沟遗址

位于尧王城以北约8.5千米处，遗址跨傅疃河支流大曲河的两岸。调查面积120.7万平方米。井沟周围的小型龙山文化聚落遗址不多，但其向东不远处有一调查面积约10万平方米的大曲河遗址。

2. 东海峪遗址

位于尧王城东北约16千米处，遗址东侧邻近黄海，海拔高度只有4米，而遗址本身文化堆积的深度就有3米左右。所以，大汶口文化晚期和龙山文化时期，东海峪遗址基本处于现在的海平面上。遗址调查面积约60万平方米。因为遗址现在成为市区的一部分，周围发现的小型龙山文化遗址较少。

3. 小代疃遗址

位于尧王城西北约12.5千米处，遗址坐落在村下和村西的河岸高地上。遗址调查面积约21.5万平方米。由于小代疃遗址以上的傅

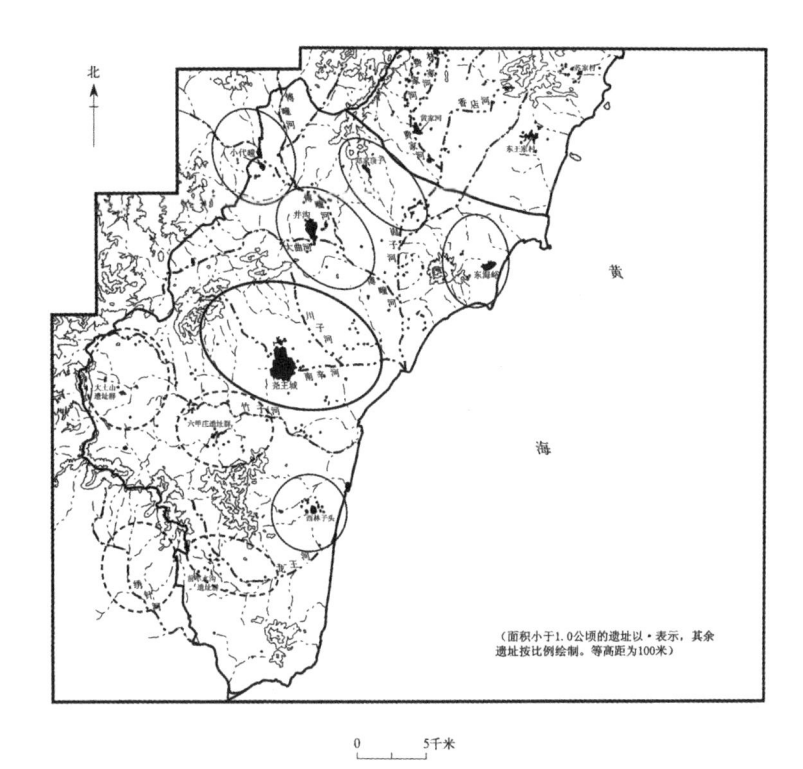

图三　鲁东南沿海地区南区的龙山文化聚落结构

潮河两侧适于人类居住的区域全部被日照水库淹没，周围地区发现的小型龙山文化聚落遗址不多。

4. 郑家顶子遗址

位于尧王城北偏东方向13.5千米处，遗址坐落在傅疃河的小支流区域。调查面积约27.5万平方米。周围地区的小型龙山文化聚落遗址较少，稍远的崮子河中段有一定分布。

（二）尧王城以南地区的聚落群

尧王城以南地区，龙山文化遗址的分布规律不如北半部强，特别是从目前的调查情况看，可能的二级中心聚落规模都偏小。分析这一区域龙山文化遗址的聚集形态，可以分辨出4处小的聚落群。

1. 西林子头遗址

位于尧王城东南约9千米处，遗址坐落在西林子头村南，东距黄海约2千米。遗址调查面积约26万平方米。遗址周围小型龙山文化聚落遗址较少。

2. 六甲庄遗址群

位于尧王城西南约6.5千米处，遗址多数分布在虎山西北侧的竹子河中游及其南侧支流一带，其中最大的六甲庄遗址，调查面积约6万平方米，其附近的罗川沟遗址做过小规模发掘。

3. 大土山遗址群

位于尧王城以西约11.5千米处，遗址主要分布在竹子河上游地区。发现的十余处遗址或陶片分布点，面积均比较小，其中以大土山遗址最大，调查面积为9.22万平方米。

4. 前水车沟遗址群

位于尧王城以南约12.5千米处，遗址主要分布在龙王河的中上游地区，发现的十余处遗址或陶片分布点，面积均比较小，其中最大的前水车沟遗址，调查面积仅有5.74万平方米。

此外，本次未及调查的绣针河上游地区，在尧王城西南约20千米处。查阅以往的文物普查资料，在不大的范围内发现了西辛兴和下湖2处龙山文化遗址。按文物地图集记载的数据，西辛兴遗址面积达22.5万平方米，下湖遗址的面积为15万平方米[①]。在同时记载的鲁

---

① 国家文物局主编：《中国文物地图集·山东分册》，中国地图出版社，2007年，第620页。

东南沿海遗址中，仅次于两城镇和尧王城，大于东海峪、井沟、小代疃等，值得注意。

综上所述，以尧王城为中心的鲁东南沿海南部地区，除了尧王城直接控制的周围区域之外，其掌控的外围地区至少有以上9处小聚落群。所以，这一区域也存在着由一级中心聚落、小聚落群中的大聚落（二级聚落）和小聚落（三级聚落）等组成的三级结构的聚落形态。

自大汶口文化晚期偏晚阶段到龙山文化时期，南区的第一级聚落一直在尧王城。遗址的调查面积超过300万平方米，在整个南区可以说是一枝独秀。并且，在尧王城遗址的调查、勘探和发掘中，还发现了城墙和壕沟、成片的房址、墓地、铜器残片、炭化稻米和刻有图像文字的大口尊残片等重要遗存。这些发掘成果都显示出尧王城非同一般的遗址性质，所以有人将其与帝尧相联系。

尧王城之下的小聚落群，聚集和分布较为明显，并且存在着各自的二级中心，从而表明尧王城管控整个区域是通过小聚落群的具体运作方式来实现的。南区区分出的8处小聚落群规模多数偏小，并且二级聚落中心也偏小，如除了井沟和东海峪两处遗址的面积较大，其他二级中心的调查面积均在30万平方米以下，有的甚至不到10万平方米，实际面积更小。这与以两城镇为中心的北区差别比较明显。

第三级为小型聚落，除了尧王城周边5千米以内的小型聚落（多数在尧王城的东侧）应由其直接管理之外，多数小型遗址是围绕着二级中心分布，调查面积一般在5万平方米以下，有的仅有数千平方米。从整体上看，南区小型遗址的数量明显偏少，总量约为北区的一半。

以尧王城为中心的南部地区，在龙山文化时期也明确存在着三级聚落形态，即具有都城性质的中心聚落、中等规模的二级中心聚落和众多小型聚落。这一聚落形态显示出以尧王城为中心的南区，与以两城镇为中心的北区一样，也进入了"都、邑、聚"三级结构的早期国家形态。

南区的二级聚落和小聚落群的规模整体偏小，数量也比较少，这一状况在当时的人口规模上也有清楚的体现（表三），南区的人口数量明显少于北区。

表三　南区遗址数量、面积和人口数量一览表

遗址等级	数量	调查面积（万平方米）	实际面积（万平方米）	人口
一级	1	368	123	8610
二级	8	271	90	6300
三级	172	196	65	4550
合计	181	835	278	19460

六、结语

由以上四、五节的讨论可知，鲁东南沿海龙山文化时期以两城镇为中心的北区和以尧王城为中心的南区，聚落的内部结构大体一致，即聚落形态均为大、中、小三级并在数量上呈现出金字塔状结构。作为区域中心的大型聚落，采用直接管理周边中、小型聚落和通过二级中心聚落管控外围地区的同时期聚落的手段，实现对全部区域的有效控制。各自在相对独立的管辖区域内形成了"都、邑、聚"三级结构模式的早期国家。

但南、北两区之间也存在着明显差别，就大处而言，有以下两个方面。

首先是在大体相当的领土面积内，南区的聚落数量和人口总规模及密度明显小于北区。表二和表三的统计数据表明，南区龙山文化时期聚落遗址的数量仅约为北区的一半，人口规模也不足北区的60%。

其次，南区的聚落形态是典型的金字塔状结构，即大型中心聚落只有1处，二级聚落为8处，而三级小型聚落多达172处。但人口规模却呈现出一种倒金字塔形态，即等级最高的中心聚落尧王城的人口规模达到了全区人口的40%以上，而8处二级中心聚落这一数据接近区域内全部人口的三分之一，等级最低的三级小型聚落，人口规模却只占全部人口的23%左右，约为一级聚落的一半。这种倒金字塔状人口分布形态，与在地理地貌、环境和资源等自然因素方面没有明显差别的北区正好相反。在正常的以农业、手工业为主的综合经济形态下，这种分布状况似乎并不合理，形成这一情况的原因，尚需要进一步分析和研究。

总之，以尧王城为中心的南区，虽然也进入了早期国家的行列，但在整体经济实力和政治影响力等方面，应该明显弱于和小于以两城镇为中心的北区。

（原载《"城市与文明"学术研讨会论文集》，上海古籍出版社，2016年）

文明起源

中国聚落考古：史前时代的社会图景

关于中国文明起源和形成研究的几个问题

　　文明起源和形成研究一直是各国学术界关注的热点问题之一。由于地处东方的中国古代文明在世界古代文明的起源和形成中占有重要地位,所以,中国古代文明起源问题不仅是中国学者普遍关注的重大学术课题,也倍受世界学术界的重视。关于中国古代文明起源的问题,实际上是一个古老的学术课题,因为早期文献的缺乏,甚至没有可靠的文献记载,这一问题始终没有也不可能获得解决。近代考古学的诞生和发展,为这一重大课题的研究带来了新的契机。最近二十多年来,关于中国古代文明起源和形成的研究可以说是轰轰烈烈,一直是中国考古学研究中的头等学术课题之一,研究的深度和广度也达到了前所未有的程度,但离问题的基本解决似乎还有一段路程。经过认真的思考和部分实践,我们认为有必要从方法论上来探讨这一问题。

一、关于中国文明起源和形成研究的历程

　　20世纪的中国文明起源和形成研究,大体可以划分为三个阶段。

（一）第一阶段（20世纪70年代后期以前）

由于缺乏可靠的早期文献记载，这一时期关于中国文明起源的认识主要表现为两种对立的学术观点。第一种是多数中国学者不能接受的中国文化和文明外来说，其中主要是来自西方的说法。这种观点出现得很早，20世纪20年代仰韶文化发现初期，由于仰韶文化彩陶和中西亚地区史前文化彩陶之间存在一些相似因素，从而进一步助长了中国文化和文明西来说。关于这种观点的产生和流行，存在着复杂的历史背景，即使是从纯学术角度考虑，也正如夏鼐先生后来所说，"把近东的两河流域成熟了的文明，整个移植过来，这是主张中国文明西来说者，用最简单的办法来解决中国文明起源这样一个复杂问题"[①]。第二种则是对中国文化和文明西来说表示怀疑或否定的意见，他们寄希望于中国考古学的实践，安阳殷墟的发掘可以看作是从考古学上探索中国文明起源的起点。之后的一些重要发现，如20世纪50—60年代郑州二里岗和偃师二里头的发现，对于探索中国文明起源问题都有着积极而重要的价值和意义。但是，这一时期关于中国文明起源和形成问题的探讨并没有在中国考古学研究中引起普遍重视，究其原因恐怕主要是资料不足。因此，在中国什么时间进入阶级社会的问题上，夏鼐先生在20世纪60年代这样认为："由于我国现下能确定为铜石并用期和早期青铜文化的遗存发现得不多，所以我们关于这阶段的知识很贫乏，我们对这问题还不能作十分确定的答复。"[②]

---

① 夏鼐：《中国文明的起源》，文物出版社，1985年。
② 夏鼐：《解放后中国原始社会史的研究》，《历史教学》1963年第4期；又见《夏鼐文集》上，社会科学文献出版社，2000年。

（二）第二阶段（20世纪70年代后期至80年代）

由于"文化大革命"的结束和新的治国方略开始实施，这一时期可以认为是继五四运动之后中国现代学术史上又一个重要转变时期。20世纪70年代后期，在中国文明起源和形成问题的研究方面发生过两件重要的事情。一是以大汶口墓地发掘报告的发表为契机，学术界掀起了一个讨论大汶口文化社会性质的热潮。在讨论中，唐兰先生于1977年率先提出中国已有6000年文明史的崭新见解，使学术界为之一震[1]。实际上，在大汶口墓地发现之初，人们就发现这里的墓葬之间存在着严重的贫富分化现象，便有人将其列为原始社会的解体时期。二是1977年11月在登封王城岗召开的现场会，会议集中讨论了夏文化问题，此次会议对促进夏文化和中国文明起源问题的探索具有积极意义[2]。20世纪80年代，随着红山文化和良渚文化一系列重大考古新发现的问世，以及对外文化交流的开展，学界不断出现新的学术观点和由国外引入的考古学前沿理论和方法。此后，中国文明起源研究遂成为中国考古学研究中最重要和长盛不衰的主题之一。但在研究方法上，似乎还主要停留在文明要素的对应分析阶段[3]。

（三）第三阶段（20世纪90年代以来）

这一阶段的中国文明起源和形成研究，有四个显著特点或者说重要进展：一是龙山时代的城址被大量发现，其中一个重大转变

---

[1] 唐兰：《从大汶口文化的陶器文字看我国最早文化的年代》，《光明日报》1977年7月14日，后收入《大汶口文化讨论文集》，齐鲁书社，1979年。
[2] 会议论文多数收入《河南文博通讯》1978年第1期。
[3] 考古编辑部：《中国文明起源座谈纪要》，《考古》1989年第12期。

是由以往的被动发现转向主动寻找而发现，进而初步探查到龙山时代城址的分布规律。二是研究的重点不再局限于文明要素或文明标准，而是从古代文化的发展过程来揭示和认识古代社会的发展进程，由古代社会的文明化进程来分析、研究文明起源和形成问题。三是重视理论和方法的讨论，注意国外同类研究理论和方法的介绍和引进。如苏秉琦先生关于中国国家起源和发展的"古国—方国—帝国"与"原生型""次生型"和"续生型"理论[1]；中国古代文明起源、形成和发展的"多元一体""多元一统"模式被越来越多的人所接受；田昌五先生关于中国上古社会结构发展变化的理论[2]；国外学者关于古代社会发展的"游团—部落—酋邦—国家"四阶段学说[3]；聚落考古研究方法的运用和推广，等等。四是开始注意在考古学中（包括中国文明起源和形成研究中）开展真正意义的多学科综合研究。所谓真正意义，是指逐渐改变由考古学者选送部分样品，而相关领域的学者根据对这些样品的分析写鉴定报告的做法，开始了多种学科的学者参与到从考古发掘到室内综合研究的全过程的新局面。

---

① 苏秉琦：《中国文明起源新探》，（香港）商务印书馆，1997年。
② 田昌五：《中国古代社会发展史论》，齐鲁书社，1992年。
③ 最早将这一观点介绍到大陆的是张光直先生，参见《从夏商周三代考古论三代关系与中国古代国家的形成》，《中国青铜时代》，生活·读书·新知三联书店，1983年；详细发挥的还是最近十几年，参见谢维扬：《中国早期国家》，浙江人民出版社，1995年。

二、关于中国文明起源和形成研究所涉及的时空范围

这个问题与中国文明社会产生的时间、区域以及中国文明起源的理论倾向密切相关。就传统的看法而言，我国从夏代即考古学上的二里头文化开始进入文明时代，而传说中的夏王朝史迹主要分布在中原地区的中部，即以豫西和晋西南为主的较为狭小的区域之内。因此，或认为探索中国文明起源问题在空间上应限定在这个区域之内。因为二里头文化的历年不足文献中关于夏代积年的记载，所以，在时间上或许可以再向前追溯到早于二里头文化的中原龙山文化晚期。2001年8月，在北京举行的中国古代文明起源及早期发展国际学术讨论会上，有的学者曾提出，只要大规模地发掘一下中原地区的几个主要遗址（如陶寺遗址），问题就可以获得解决。尽管这种具体看法有些极端，但上述认识却有一定的普遍性。这是一种对中国文明起源和形成研究十分不利的倾向。中国文明起源和形成这一学术课题应该是一个系统工程，纵观二十多年来的研究历程，这一课题绝不是在较短的时期内所能获得解决的。按中国文明起源、形成和发展的"多元一体"理论，将研究古代文明的起源、形成和发展置于古代社会发展进程中加以把握的研究思路，在中国文明起源研究所涉及的时间和空间上也绝不仅仅局限于中原地区和龙山时代。事实证明，认为仅从中原地区某些段落着手研究就可以解决问题的观点是一种短视的见解，正确的做法是应该在与中原地区关系密切、文化发展水平较高的若干个区系中，同时开展具有明确目的的田野考古工作和综合研究。就目前的情况而言，至少以下几个地区应列为探讨的对象：

（一）中原地区

本地区的重要性自不待言，但不能理解为中原地区是探索中国文明起源和形成的唯一地区。

（二）海岱地区

这一地区无论是考古学文化发展的连续性和重要考古发现的种类、数量，还是古史传说资料的丰富记载，以及与中原地区、其他地区相互联系的密切程度等，都是不可忽视的重要区域。本区距今8000多年以来的史前文化谱系已基本建立，纵观8000年来的历史，比较明确的是从距今6000年左右开始，社会经济的发展速度明显加快，社会结构也开始发生重要变化。而距今5000年前后是本区发展进程中的一个关键时期。

（三）江汉地区

这一地区从距今8000多年的彭头山文化甚至更早时期出现了稻作农业以来，新石器文化连续发展。本区新石器文化发展的高潮时期——屈家岭文化、石家河文化，社会经济的发展已经达到相当高的水准，社会内部也产生了巨大变革，并对中原地区和其他地区产生过积极而重要的影响，理应进入探索中国文明起源的视野。

（四）环太湖地区

由于上山和跨湖桥早期遗存的发现，使这一地区的新石器时代文化的起始年代又有所提前。随着马家浜文化、河姆渡文化向崧泽文化的发展，文化之间的趋同性不断加强，呈现逐渐融合的趋势。进入良渚文化之后，出现了本区古代文化发展史上的第一个高峰。

在目前已知的新石器时代晚期诸文化中，良渚文化可以说是最为耀眼的一支，其一系列重要发现的价值和意义，已得到国内外学者们的普遍认同。因此，这一地区对于探索中国早期文明的重要性是不言而喻的。

（五）燕辽地区

此区位于北方农业区和牧业区的交界地带，多种史前文化在这一区域汇集，并且是我国少数几个文化发展脉络清晰、自成体系的文化区之一。特别是红山文化和后来夏家店下层文化的一系列重要发现，奠定了其在中国文明起源研究中的重要位置。

（六）四川盆地

由于三星堆和近几年成都平原若干座龙山时代城址等的重要发现，这一地区也不应该排除在中国文明起源研究的视野之外。

在中国文明起源研究所涉及的时间深度上，且不说认为夏代或者二里头文化时期才进入文明时代只是若干种意见中的一种，即使按这种观点，也不能仅仅看重二里头文化或者再上溯到龙山文化时期。考古学发展到今天，只有全方位地揭示古代社会的发展进程，分析和研究社会发展机制和社会组织、社会结构发展的阶段性，才能准确地把握和理解文明的起源、形成和发展。从这一意义上讲，如果把古代社会的演进过程和变化规律揭示清楚了，文明形成的时间等疑问自然就会明了。因此，我认为研究中国文明起源，从目前的实际情况出发，在时间上最好从新石器时代早期开始，至少也应该从社会开始发生分化和分层的时期，即从仰韶时代或更早时期着手开展探索和研究。

三、研究中国文明起源的途径和方法

诚然,文明起源和形成不是一个单一的命题,需要由不同学科的合作研究才能获得最终解决。但从基本面上分析,考古学和历史学是两个最重要的学科。由于当时没有留下文献,后期文献中关于文明起源时期的传说资料也不多,给从历史学解决这一问题设置了不可逾越的障碍。因此,解决中国古代文明起源需要依靠考古学。夏鼐先生曾说,"中国文明起源的问题,像别的古老文明的起源问题一样,也应该由考古学研究来解决。因为这一历史阶段正在萌芽和初创的时代。纵使有文字记载,也不一定能保存下来,所以这只好主要地依靠考古学的实物资料来作证"[1]。当然,这也并不是说完全抛开文献不顾。如果说学术界能够大体形成考古学是研究和解决中国文明起源问题的基本途径的共识,接下来的问题便是探索中国文明起源的具体方法,即在考古学上能否提出一套具有可操作性的具体方法,来研究和解决中国文明的起源和形成问题。在以往的研究中,比较通行的方法是提出一些进入文明社会的基本标准,然后拿这些标准来衡量各个时代已有的考古发现,符合标准的即进入文明社会,否则不然。这种方法或可称之为文明要素分析法。柴尔德最初为"城市革命"提出了十条标准,即大型聚落,不事生产的人口,赋税制的财富集中,巨大的公共建筑,阶级分化,文字,科学,艺术,商品贸易,专门工匠[2]。符合这十条标准,实际上也就是

---

[1] 夏鼐:《中国文明的起源》,文物出版社,1985年。
[2] 转引自杜正胜:《考古学与中国古代史研究——一个方法学的探讨》,《考古》1992年第4期,原文见V.G.Childe, "The Urban Revolution", *Town Planning Review*, 1950, Vol.21, No.1, pp.3–17。

进入了文明社会。但上列标准中有些不那么容易掌握,如赋税制、科学、艺术等;有些不易发现,如文字。为了便于在考古学上予以确认,人们对这些标准进行了简化,产生了所谓以几项最主要的文明要素的具备与否作为判断进入文明社会(国家)的标志。如日本著名考古学家贝冢茂树就提出了进入文明的三条标准,即文字、铜器和城市。夏鼐先生在探讨中国文明起源时,就采用了这样的方法,即由学界所公认的殷商文明入手,从都市、文字和青铜器这三个要素来进行概括分析,同时还兼顾了殷商文明的自身特色。他还认为二里岗文化也达到了这三个标准,并且至少可以向前上溯到二里头文化晚期[1]。后来,有的学者又陆续增加了一些要素,如礼仪建筑或礼制、玉器等。在此基础上,朱凤瀚先生近年提出了"中国早期文明诸社会因素的物化表现"的概念,把这种观点又推进了一步[2]。这种文明要素分析方法简单明了,具有较强的可操作性,但由于社会是复杂的,用简单的方法来对应复杂的社会产生矛盾是不可避免的。随着研究的不断深入,不少学者认为文明要素分析法有简单化的倾向,并且世界各地进入文明社会的标准并不统一,文明三要素或四要素不是进入文明社会的缺一不可的必备条件[3]。但无论如何,文明要素法所涉及的这些方面,在中国早期社会中确实曾发生过重要作用和影响。所以,又不能完全忽视甚至不理会这些方面。我认为,探讨中国古代文明的起源和形成,首先应该把古代社会的发展理解或看作是一个过程,并且是一个较为复杂的发展过程,它

---

[1] 夏鼐:《中国文明的起源》,文物出版社,1985年。
[2] 朱凤瀚:《试论中国早期文明诸社会因素的物化表现》,《文物》2001年第2期。
[3] 陈星灿:《文明诸因素的起源与文明时代——兼论红山文化还没有进入文明时代》,《考古》1987年第5期。

既有不断进步的渐进，也有表现为跳跃性的突变，有时甚至会出现停顿和倒退。其次，决定古代社会发展水平的是社会生产力，而古代社会的性质则是由社会组织和社会结构来直接体现的。因此，在研究中国古代文明的起源、形成和发展这一问题时，是否可以循着这样的思路来进行探索，即在考虑社会生产力发展的基础上，重点探讨社会组织和社会结构发展变化的渐进和突变，从中归纳发展变化的阶段性。从考古学上探讨没有或者基本没有文献记载的古代社会的发展进程，聚落考古学是目前最为实用并且有效的方法[1]。从具体的研究上讲，可以考虑从以下三个方面开展工作。

（一）采用聚落考古学方法探讨史前社会结构和社会组织的变迁

首先是选定开展研究工作的区域，即在上述几个主要的文化区（即中原地区、海岱地区、江汉地区、环太湖地区、燕辽地区和四川盆地等区域）中选择若干个具备下列条件的小区：（1）考古学基础研究工作开展得较好，年代序列清楚；（2）遗址分布密集且有一定连续性；（3）进入仰韶、龙山时代之后出现中心聚落或城址。这样的小区不是孤立存在的。当然，如果能够和古史传说的某些历史事件相联系更好，但不必刻意追求那些不确定的东西。

具备这种条件的小区很多，如海岱地区的城子崖小区、丁公小区、桐林小区、西朱封小区、两城镇小区、陵阳河小区、尧王城小

---

[1] 关于聚落考古学方法可以参见张光直：《谈聚落形态考古》，《考古学专题六讲》，文物出版社，1986年；张光直著，胡鸿保、周燕译：《考古学中的聚落形态》，《华夏考古》2002年第1期；严文明：《聚落考古与史前社会研究》，《文物》1997年第6期。

区、大汶口小区等；再如环太湖地区的良渚小区、福泉山小区、草鞋山小区、赵陵山小区、寺墩小区等。其次，是采用聚落考古学方法在这些选定的小区中开展包括考古调查和发掘在内的各项工作。如果采用聚落考古学方法全面研究古代社会组织和社会结构的变迁，就必须点面结合开展工作。调查是极为重要或者说是必须的一环，我建议采用区域系统调查的方法开展调查工作。近年来在我国许多地区采用了区域系统调查方法开展野外考古工作[①]，这种方法的实施以中外学者合作的方式较多，虽然也有我国学者独立开展的，但没有坚持下来进而形成一套系统的工作方法和分析方法。这种方法对于研究古代社会组织、社会结构发展演变进程的作用和价值，已经得到国外许多地区研究实例的证实。但在中国的实施过程中，对一些具体材料的认识上还存在着分歧，也出现了一些新的问题。如聚落遗址及其分布范围如何界定等。建议由国家权威部门（如国家文物局）牵头举行专题研讨会，通过讨论来评估和确定这种方法的得失、可行性及其意义，形成一套较为规范的操作程序，并且在以后的实践中不断地加以改进和完善。在开展区域系统调查的基础上或过程中，就可以选择重点遗址和有代表性意义的遗址进行试掘和发掘。重点遗址是指中心遗址或者略晚时期的城址，其重要性是不言而喻的。代表性遗址是指不同层级的遗址，以进行多方面的比较研究。同时，也可以利用发掘成果对调查资料（如遗址的时代、

---

① 北京大学考古系等：《石家河遗址群调查报告》，《南方民族考古（第五辑）》，四川科学技术出版社，1993年；中美两城地区联合考古队：《山东日照市两城地区的考古调查》，《考古》1997年第4期；中美洹河流域考古队：《洹河流域区域考古研究初步报告》，《考古》1998年第10期；陈星灿、刘莉、李润权：《巩义市聚落考古调查取得丰硕成果》，《中国文物报》1999年5月19日第1版。

每个时代甚至不同期别的面积等）进行检验和修正。当然，许多地区一些重要的中心遗址、城址已经开展了一定规模的发掘工作，人们对这些重要遗址的内涵也有了相当程度的了解。于是，我们可以围绕着这些中心遗址、城址进一步开展尚欠缺的工作，将已有成果纳入系统研究的规划之中。通过以上工作，就可以从不同文化区内总结出古代社会组织和社会结构的发展演变进程，进而细致地区分出社会发展的阶段性并总结各阶段的基本内涵和特点。

（二）对夏、商、西周时期文化开展聚落考古研究

在开展史前文化聚落考古学研究的同时，也应该选择夏、商、西周时期一些重点区域开展聚落考古学研究。这样，既可以寻找古代社会连续发展的规律，把握社会发展进程的阶段性特点，也便于进行比较。这一研究在方法上应与史前聚落考古研究是相同的，但选择的区域要有针对性。我认为研究的区域至少应该包括两类。第一类是以夏、商和西周时期的都城遗址为中心的区域。如偃师二里头地区、偃师塔庄地区[1]、殷墟地区、周原地区、沣西沣东地区等。这一类地区的中心遗址都开展了程度不一的考古工作，其中多数已经工作了几十年，也有不少重要考古发现面世，但普遍缺乏面上的细致调查工作，也缺乏有计划地对不同层级的遗址的发掘工作。这样，我们势必只是注意到某些重要迹象，也可能是开展工作的着眼点就是寻找那些所谓重要的和能够解决问题的遗迹，因而目前缺乏

---

[1] 塔庄地区和二里头地区的关系比较特殊，塔庄尸乡沟商城的出现应该是由于夏、商王朝的更替而形成的新的政治中心。所以，应该把两个地区合并起来开展工作。实际上，在早商之前，这里都是统属于以二里头为中心的地区，到早商时期，政治中心转移到塔庄，这一地区始终只有一个政治中心。

可以全面了解古代社会并进行对比研究的资料。所以，这一类区域内的中心遗址的发掘工作不应该是今后一段时间内的迫切目标，因为我们不可能在短期内把一个都城全部发掘出来，几十年来的事实也证明了这一点。况且，我们现在的科学技术水平还不高，如果急于把重要遗迹都发掘完毕，势必会给后来人留下遗憾。我认为，当务之急是尽快制订出在这一类遗址周围开展区域系统调查和对不同层级遗址进行适度发掘的周密工作计划，然后按计划来分步实施。只有这样，我们才能较快地搞清楚夏、商、西周时期王都及其附近地区的聚落分布规律和特点，进而研究其社会结构和组织关系。第二类是王都以外的区域。这一类区域一般应离都城较远，其中也应该有中心遗址。如果是在都城的直接控制下，这样区域的中心聚落在王朝的疆域内应是第二个层级的聚落，而在地方区域里又属于最高的一个级别。如果是隶属或臣服于王朝的方国，其中心遗址则是有较大独立性的方国之都。相对于王朝的都城而言也可以看作是第二个层级，而在方国之内则是第一层级。在这两类区域开展工作，采用的方法应该是一样的，也需要从点和面两个方面结合起来开展考古工作，即把区域系统调查和重点发掘、一般发掘、试掘结合起来进行。这样的资料一方面可以帮助我们了解当时完整的各级社会组织和社会结构，另一方面也是用来作为对比研究的基础资料。

（三）将不同时期和不同地区的聚落考古研究成果进行综合分析比较，以确定中国古代社会发展的阶段性

历史地看，中国古代国家的最初产生绝不仅仅是一源，即只是在中原地区甚至其中某一个地方产生并发展壮大，而是在条件基本具备的若干个区域的相互碰撞和竞争中大体同时起源并形成。秦汉统一帝国的形成是经过夏、商、周三代的过渡发展和不断积聚、扩张、融合的结果。如果有了上述两个方面的系统资料，我们就可以对不同地区的社会结构、社会组织关系的演变过程和阶段性以及发展道路进行归纳和总结。从中探寻中国古代由平等社会向不平等的分层社会再向古代国家演进的具体历史过程。这里需要探明的问题有：（1）以上所说若干个主要地区古代社会各具特色的演进过程，并且每个文化区内部是否还存在区域差别。（2）这些主要地区之间古代社会发展道路的异同，分析产生这些异同的内在、外在原因和机制。（3）中国古代社会由原始向文明迈进过程中是否存在着不同的类型，如果有的话，各自的内容如何，又是什么原因造成了这种结果。（4）以上各主要地区社会结构和社会组织关系演进的结果与夏、商、西周时期特别是后两者的关系如何，与后两者的两种情况之间的关系怎样，等等。以上问题清楚了，相信中国古代社会发展的不同阶段就会展现在我们面前，中国古代文明起源问题也就可能有一个令人信服的结论。

（原载《长江下游地区文明化进程学术研讨会论文集》，上海书画出版社，2004年）

中国古代社会的文明化进程和相关问题

一、中国史前社会和早期文明进程的阶段性

从世界历史的发展道路来看，文化发展水平较高地区古代社会的演进，无不是循着从简单到复杂、从平等社会向分层社会的路线发展变化。因此，我们可以探索和总结出人类社会发展的规律性。不过，由于世界之大，各个地区的地理环境、自然气候、资源、交通、人文传统等，均存在着相当大的差异，所以在人类自身和所创造的文化的发展过程中，呈现出种种不同的特点和模式，并且在时间上也存在着相当的参差不齐。中国古代社会所赖以存在的土地，幅员辽阔，生态环境千差万别，古代社会的发展既有统一性，又具有复杂性和多样性。描述特别是阐释这一进程，是中国考古学乃至社会科学研究的长期任务。

至20世纪末叶，中国主要地区新石器时代和早期青铜时代考古学文化的发展谱系和文化序列已基本建立起来。除了年代学之外，对不同地区不同时代的文化内涵、特征和社会内部的组织结构及其变化也有了大致的了解，从而可以勾勒出一幅早期社会的发展和变迁过程的粗线条。从距今1万多年前进入新石器时代之后，到距今4000年前后转变为青铜时代，中国的新石器时代从总体上可以划分

为连续的四个时期。

1. 第一期，可称之为前裴李岗时代

绝对年代在距今12000年前后—9000年前后之间。这一时期的遗存在南方地区发现较多，北方地区则比较少，目前比较明确的只有河北徐水南庄头和北京市郊区的东胡林等几处遗址。由于这一时期的考古发现甚少，对其文化面貌的认识极不完整，所以学术界还不能提出考古学文化的命名。也有学者把这一阶段称为新石器时代早期。

2. 第二期，可称之为裴李岗时代

绝对年代约在距今9000年前后—7000年之间。这一时期的考古发现迅速增多，像长江中游的城背溪文化（或称为彭头山文化）、黄河中游的裴李岗文化、老官台文化（或称为大地湾文化）、磁山文化，黄河下游的后李文化，燕山南北的小河西文化、兴隆洼文化等均属于这一时期。此外，在江浙一带和岭南地区也有这一时期遗存的线索。也有学者把这一阶段称为新石器时代中期。

3. 第三期，可称之为仰韶时代

绝对年代约在距今7000—5000年之间。这一时期全国各地发现的遗址数量成倍增长，不仅是黄河和长江流域，其他地区也有相当数量的发现。不少人认为，中国史前时期的几个主要文化区，如中原文化区、海岱文化区、江汉文化区、太湖文化区、燕辽文化区等，在这一时期均已形成。这一时期是中国史前社会发生重大转折的阶段。也有学者把这一时期称为新石器时代晚期。

4. 第四期，可称之为龙山时代

绝对年代约在距今5000—4000年之间。这一时期不仅由遗址数量反映的人口数量和密度进一步增加，而且社会各个方面的发展更是突飞猛进，如城址的普遍出现、礼仪制度的逐步形成并日趋规范化等。而不同文化区之间的碰撞、交流与融合也达到了前所未有的规模和频率，不同文化区之间的共性因素空前增多。也有学者把这一时期称为铜石并用时代。上述划分又可以进一步归并为前后两大期，以距今7000年为界，之前的第一、二期为新石器时代前期，以后的第三、四期为新石器时代后期。

纵观中国史前时期以社会关系和社会内部结构的变迁为代表的社会发展进程，大体可以划分为四个大的阶段。

1. 平等社会阶段

相当于裴李岗时代及其以前时期，绝对年代大约为距今7000年以前。这一时期的考古发现显示，作为社会基元的聚落，在空间上似乎尚未形成群体的结构，而在聚落内部，无论是人们的社会地位还是个人或不同层级组织对社会财富的占有方面，基本上处于平等的状态。当然，这里所谓的平等也是相对的，不排除在这一时期的后段，一些聚落内部开始出现财富占有上的较小差别，就像兴隆洼文化的兴隆洼遗址居室葬和裴李岗文化的贾湖墓地所显示的那样，而聚落和聚落之间也存在着这种情况。

2. 由平等社会向分层社会的过渡阶段

相当于仰韶时代前期，绝对年代约在距今7000—6000/5500年之间。这一阶段，随着人口的增多、社会生产的发展和社会财富的积累，聚落之间和聚落内部的关系开始发生缓慢的变化。主要表现在：聚落遗址的数量增多，小规模聚落群（或将这种小于聚落群的聚落形态称为聚落组）的雏形逐渐产生，聚落之间的差别开始出现；聚落内部的财富分化业已开始，但发展缓慢；氏族、家族、扩大家庭和核心家庭依次递减的社会结构成为聚落内部社会组织的主流。当然，在发展趋势类同的情况下，不同地区之间存在着各自的特点，而起始和结束的时间也不完全相同。

3. 分层社会阶段

相当于仰韶时代后期，绝对年代约在距今6000/5500—5000年之间。这一阶段，社会生产的发展和财富的积累表现为迅速加快的趋向。在聚落的空间形态上，聚落群开始形成，群内先是出现中心聚落（大聚落）和从属聚落（小聚落）的区别，个别地区甚至发展成为大、中、小三级的聚落形态，各类聚落在数量上表现为金字塔的状态，不同层级的聚落之间的差别表现在各个方面。在聚落内部，财富分化日趋严重，礼仪制度开始萌芽并获得初步发展，并开始在一定程度上承担着规范不同层级社群和个人身份、地位的使命。所以，这一时期的黄河、长江流域各主要地区先后进入分层社会阶段。

4. 早期国家阶段

相当于龙山时代，绝对年代在距今5000年前后。与前一阶段相比，这一时期中国的几个主要地区社会内部发生了侧重点有所差异的重大变化。作为表层现象，如三级结构的聚落群普遍出现，在一些聚落群的中心遗址上人们开始筑城挖壕，形成了一座座有墙有壕的环壕城址；大规模的祭祀场所如祭坛、庙宇等开始在一些地区出现；战争越来越频繁，成为一种重要的社会现象；社会分化进一步加剧，这种分化表现在聚落与聚落、聚落内部的不同层级社群之间，并且成为一种普遍性的现象；礼仪制度向着规模化、制度化的方向发展，其表现在宫室制度、作为礼仪载体的高档器具的使用制度、棺椁制度等方面。随着三级聚落群内社会高度分化基础上的城址的出现，标志着中国古代社会开始进入早期国家——即古国阶段，古国阶段的起点在各个地区虽略有早晚，但大体发生在距今5300—4800年之间。稍后，大约在距今4600年以后，部分发达地区开始形成古国的联合体，率先跨入早期国家的第二个阶段，即方国阶段。这一阶段，是中国史前社会历史上最为动荡的时期，一些曾经显赫无比的若干区域性文化，红山文化、良渚文化和石家河文化等不同程度地相继衰落下去，等到它们的后身再次兴起，不仅在年代上有了相当的间隔，而且兴起方式和文化内涵也有了很大的差别。

距今4000年前后，中国多数地区相继进入青铜时代，中国主要地区的社会和文化发展格局产生了显著变化。如果不能说中原地区的二里头文化是一枝独秀的话，那么其发展水平至少也是在相当程度上高于其他地区的同期文化。这一时期能够与二里头文化一争高下而且也在当时发生过的，主要是东方海岱地区的岳石文化，而燕辽地区的夏家店下层文化、东南太湖地区的马桥文化等，则基本上处于一种偏居一隅而独自发展并达到了各自的又一个高潮时期。在中原龙山文化基础上发展起来的二里头文化，进行了更大规模的融合和重组，并且利用这种大集团的优势而日益辉煌起来，并开启了中华古代文化走向一统的脚步。故这一时期又被作为中国国家发展进程中的一个重要阶段——王国阶段，这就是中国古史记载中的夏王朝时期，尽管夏王朝还只是一个十分弱小的中央王朝，但却开启了一个新时代。这一时期的周边地区，包括夏王朝直接控制区以外的中原地区，多数还处于古国和方国阶段，而夏王朝在本质上也只是一个领土范围较大、人口数量较多和统治力量较强的大方国。

二、关于中国古代文明发展进程的几个问题

以上我们粗线条地勾勒出中国新石器时代的分期框架与早期社会和古代文明发展的阶段性变化。尽管人们对每一个阶段社会的定性还存在着这样那样的看法和意见，但从宏观上表现出来的这种阶段性变化则是毋庸置疑的。那么，在这一变迁过程中存在着哪些共性的内容和独自的特点呢？这是下面需要重点讨论的问题。

（一）关于多元演进与一体化进程

回顾20世纪中国文明起源的考古学研究，大体上经历了三个阶段，即早期的外来说与本土说、20世纪50—60年代的中原中心论（一元论）和70年代以来的多元论。这一过程与考古发现和研究的广度、深度密切联系在一起。现在，考古发现已经证明外来说是没有根据的，所以已经没有人再持有或者相信中国古代文明是外来的观点（至少国内是这样），同时，中原单中心的一元论也失去了大部分市场，而多元一体的观点逐渐地得到了多数研究者的赞同。

那么，怎么理解多元一体？而多元和一体的关系又是如何？随着研究的深入，这一问题就需要我们做进一步的思考。

20世纪80年代后期，费孝通提出了关于中华民族形成与发展的多元一体格局理论，认为中国的民族，"主流是由许许多多分散存在的民族单位，经过接触、混杂、联结和融合，同时也有分裂和消亡，形成了一个你来我去、我来你去、我中有你、你中有我，而又

各具个性的多元统一体"①。大体同时，严文明认为中国史前文化的发展是多元的和不平衡的，并且逐渐形成了一个以中原文化区为中心、周围存在着一种分层次的重瓣花朵式的向心结构②。后来，他又把这一过程表述为"逐渐从多元一体走向以中原为核心、以黄河流域和长江流域为主体的多元一统格局"③。

综观中国古代文化的发展，远的不说，新石器时代早期文化的产生是多元的，而其后的发展则表现为一个多元演进并逐渐走向一体的历史过程。就文化联系的程度、相互关系和一体化的进程而言，可以分为以下五个时期。

1. 分散的多元文化时期

大体相当于前裴李岗时代，即新石器时代早期阶段。这一时期由于人口的稀少和地域上的间隔，北方和南方各大区域的史前文化基本上是各自独立地发展、演变，相互之间的文化交流、影响和传播只限于较小的空间范围之内，而缺乏较大范围内文化上的联系。

2. 相互联系的多元文化时期

到裴李岗时代，随着生产力水平的提高和人口的增殖，在中国的主要地区发现若干支已经有初步发展的考古学文化，如燕辽地区的小河西文化和兴隆洼文化、黄河流域的裴李岗诸文化和后李文化、长江流域的城背溪文化（或称为彭头山文化）等。它们的分布已经相互衔接，开始出现文化上的交流和联系。当然，不同文化区之间文化联系的疏密程度存在着相当大的差别。如黄河中游地区的

---

① 费孝通：《中华民族的多元一体格局》，《中华民族多元一体格局》，中央民族学院出版社，1989年。
② 严文明：《中国史前文化的统一性与多样性》，《文物》1987年第3期。
③ 严文明：《文明起源研究的回顾与思考》，《文物》1999年第10期。

裴李岗文化、磁山文化、老官台文化之间的联系就十分密切，共同的文化因素相对较多，而其他区域间的文化联系则较疏远。随着时间的推移，到距今6000多年前的仰韶时代早期，各大文化区之间的文化联系呈现加强的趋势。

3. 一体化进程中的多元文化时期

仰韶时代后期，庙底沟类型仰韶文化的分布区域迅速扩展，其以黄河中游的晋西南、陕东和豫西为中心，北到河套，南达汉水流域，西抵甘青，东至河南省中东部，而庙底沟类型的文化影响所及，则到达了更为遥远的区域。这是中国早期文化历史上第一次较大规模的文化扩散和融合。扩散是以庙底沟类型仰韶文化的文化因素外播为主，同时，其他地区的文化也对庙底沟类型产生了积极的影响；融合的主体则是庙底沟类型仰韶文化，其结果使得各地区的共性文化因素显著增多，为后来的发展奠定了基础。庙底沟类型之后，中原地区的文化影响力下降，周边文化则呈现出此起彼伏的跨越式发展态势，如东方的大汶口文化、南方的屈家岭文化、东南方的良渚文化、北方的红山文化等，其文化因素的扩散甚至包括人口的迁徙区域远远超出了自身的分布范围。特别是大汶口文化和屈家岭文化，其文化因素大范围、广泛地向中原地区汇聚，大有逐鹿中原之气势。这一长达一千多年的扩散与汇聚的文化运动的结果，导致各地区的多元文化开始了不同层级的一体化进程，并取得显著的实质性进展。

4. 以中原地区为中心的多元文化时期

二里头文化早期或再早一些时期，由于种种原因，曾经辉煌繁荣的重要区域文化，如北方地区的红山文化和小河沿文化、环太湖地区的良渚文化、长江中游地区的石家河文化等，相继衰落下去。

中原地区的二里头文化（应该包括前些年提出，近年得到进一步确认的新砦期文化）则在龙山文化的基础上迅速发展起来，开始了向真正意义上的中心地位发展。此后，经历了商周两代，中原地区作为多元文化中心的地位日益巩固和发展，为最终形成大一统的局面奠定了坚实的基础。

5. 统一的多元文化时期

公元前221年，秦统一中国，置三十六郡，结束了东周列国长期分裂战争的历史。经过汉初的发展，到汉武帝时期，文化上的趋同和政治上的统一，使得中国古代进入了统一的多元文化时期，这也是中华民族多元一体的基础。

新石器时代区域文化的多元演进和一体化进程，存在着不同的层级。以上是在中国古代文化的层面所进行的划分。实际上，各个区域内部，也有一个多元发展与一体化的进程问题，并且存在着各自的中心区域。例如东方海岱地区，在仰韶时代早期的北辛文化阶段，泰山南侧、北侧，苏北和胶东半岛地区，文化面貌上差别十分明显。大汶口文化早期，海岱地区内部文化上的一体化进程明显加快，经大汶口文化中晚期的发展，到龙山文化时期，整个海岱地区的文化面貌高度统一。再如环太湖地区，目前所知此区较早的马家浜文化阶段，南有河姆渡文化，中有马家浜文化，北有北阴阳营文化，江淮之间有龙虬庄文化。经过崧泽文化时期的融合和发展，到良渚文化时期，苏沪浙地区的文化面貌达到了高度的统一，其中心区显然在杭州一带。其他地区也经历了类似的发展过程。

（二）关于国家形成的"原生与次生"问题

苏秉琦先生在论述中国国家起源问题时，曾提出了三部曲和三类型的观点，其中所说的三种类型就是国家起源的"原生型""次生型"和"续生型"[1]。从对等的层面或本质上说，国家形成的类别可以归纳为原生和次生两种形态，所谓"续生型"在实质上应该归属于次生类型之中。

所谓原生型的国家，是指在没有受到已经进入国家阶段的区域的影响和传播的情况下，独立地由原始的社会发展到国家阶段的社会。而次生型国家，则是受到已经进入国家阶段的区域的影响和传播，跨越正常的历史发展阶段，产生和形成了与传播源类似的国家。

从世界范围来看，独立地进入国家的地区主要有四个：一是西亚和北非地区，包括两河流域和尼罗河流域；二是南亚次大陆，包括印度和巴基斯坦；三是东亚，主要是中国的长江和黄河流域；四是美洲地区，包括中美洲和南美洲。以上四个地区，从年代上讲，西亚和北非进入国家的时间最早，年代在距今5500年以前，中美洲最晚，距今只有2000多年。但因为这些地区都是在相互隔绝的情况下各自独立发展到国家阶段的，所以学界公认这些文明的形成是原生的。

具体到中国，黄河、长江流域主要地区史前社会的发展，都经历了前述的四个发展阶段，而由简单的平等社会向分层社会的过渡到进入复杂的分层社会，粗看起来各个区域大体上是同步发展的。所以，中国新石器时代至早期青铜时代几个主要的文化区系，如黄河中游的中原地区、黄淮下游的海岱地区、长江中游的江汉地区、长江下游的环太湖地区和北方的燕辽地区，至少从裴李岗时代或略晚一点时期就开始了文化上的接触和交流。由于历史传统和环境等

---

[1] 苏秉琦：《中国文明起源新探》，（香港）商务印书馆，1997年。

方面的原因，它们在社会和文化的发展道路上，又各具特点。如果我们同意良渚文化、红山文化晚期、大汶口文化晚期等阶段已经形成早期国家的观点，那么，这些区域就应该是相互有影响而又相对独立地进入文明和国家阶段，从而它们均属于文明社会或早期国家的原生形态。它们的产生和发展犹如一个巨大的树丛，而不是孤立的一支。从这一层意义上说，这些区域之间似不存在原生和次生之分。

历史进入了夏商周三代，特别是商代及其以后，围绕在王朝周围的不同发展水平的区域文化，在中原地区强势文化的辐射和影响下，模仿中原王朝的国家模式而建立起来的国家，则显然属于次生型国家形态。甲骨文和古代文献中涉及的许多方国，不少可能都属于这一类型。

（三）关于古代文明发展的"连续与断裂"

在世界文明史上，独立地进入文明社会的几个地区，除了中国以外，几乎都在后来的发展中有不同程度的中断现象，即文化和文明没有得到连续的继承和发展。所以，不少学者指出，中国虽然不是世界上最早进入文明时代和国家阶段的地区，但却是唯一在进入文明社会之后文化和族群没有中断而连续发展的文明古国。这种观点，从宏观上讲是正确的，但如果从微观的角度观察分析，情况则有所不同。

如果把文明的连续和断裂问题局限到文明社会的形成前后一段时间，我们会看到一些极富意义的现象。这些现象是，许多已经达到相当高水准的区域性史前文化，有的已经进入早期国家阶段（或即将进入早期国家阶段），但它们并未继续向前发展，而是迅速走向消亡或者明显衰落，例如：

北方地区的红山文化，在其晚期，出现了像牛河梁女神庙、东山嘴祭坛和牛河梁多处大型积石冢等恢宏的石建筑，并伴以精美玉器、人和动物塑像等高等级的遗物。但是，此后红山文化却急转直下地衰落下去，即使是认为与红山文化有一定关系的小河沿文化，其发展水平也无法与红山文化的鼎盛时期相提并论。

东南地区的良渚文化是另一个显著的例证。良渚文化继崧泽文化兴起之后，迅速地达到了社会和文化发展的巅峰状态，高等级的良渚遗址群和福泉山、草鞋山、赵陵山、寺墩等良渚文化区域性中心聚落遗址和贵族墓地，就是良渚文化辉煌历史的见证。但在良渚文化中期之后，它们就很快衰落下去，以至在良渚文化和后来的马桥文化之间形成了一个文化上的断层。

长江中游地区的石家河文化也是一样。屈家岭文化和石家河文化时期的江汉地区，城池林立，由聚落和城址反映的社会等级分明，是该地区史前社会发展的高峰阶段。但石家河文化之后，这一地区的社会和文化由繁荣期迅速滑落，至今我们还不十分清楚江汉地区石家河文化的后续者的整体面貌。

其他地区虽然不像以上所举三个区域那样明显，但也存在着一些衰落和变化的迹象。如海岱地区龙山文化与岳石文化之间的传承，由于文化面貌的变化较大，总是给人不那么连续的感觉，特别是岳石文化时期的聚落遗址数量较之龙山文化大大减少，其原因尚待深入探讨。中原地区从中原龙山文化到二里头文化之间的发展过渡，较之其他地区要自然和顺畅得多，文化上确实没有出现大的波动，但也存在着一些变化，如二里头文化阶段聚落遗址的数量较之龙山文化时期显著减少。所以有的学者认为二里头文化与中原龙山文化的关系不属于自然延续和发展，中间存在着一定程度的断裂和飞跃[①]。

分析和研究黄河、长江流域等主要史前文化区系中出现的上述现象，有助于我们理解夏商周三代与史前文化之间的关系，特别是为什么夏商周三代王朝均植根于中原地区，而不是在其他也曾经创造了辉煌史前文化的地区。

（四）关于中国史前社会文明化进程的两种发展模式

中国史前社会的文明化进程是一种模式还是几种模式，早期国家产生的道路是否相同，也是中国早期文明研究中的一个重要问题。苏秉琦先生曾经把中国文明起源归结为三种基本形式，即裂变形式、撞击形式和熔合形式。这三种情况确实存在于中国史前文化的发展过程之中，特别是仰韶时代后期开始的史前文化的一体化进程，撞击和熔合的汇聚形式不仅存在于大的文化区之间，即使是每一个文化区系内部也在频繁地发生。

说到文明化进程的模式，不能不考虑社会经济形态方面的因素。由于中国的幅员辽阔，不同纬度地区的地理地貌、自然气候和生态环境有着巨大的差别。在史前文化时期，农业发明后相当长一段时间内，南北之间的区域差异相当显著。一般说来，长城以北地带以游牧和采集经济为主，个别地区如燕辽地区的旱作农业开发较早，水平也略高；淮河、秦岭以北的黄河流域则以旱作农业为主，龙山时代南方的稻作农业向北扩散，到达了此区的南部和东部沿海一带，成为原有的旱作农业的补充；长江流域的水田稻作农业产生

---

① 许宏：《"连续"中的"断裂"——关于中国文明与早期国家形成过程的思考》，《文物》2001年第2期。

较早，并一直是农业经济的主体，环太湖地区、江汉地区和四川盆地是三个相对发达的区域；南岭以南，由于优良的生态环境，农业产生较迟并且不甚发达，渔猎和采集在社会经济中长期占有重要地位。从现有的考古资料来看，史前社会的文明化进程直到进入文明社会，农业经济的存在和发展是一个不可或缺的基础条件。

从宏观角度考察史前社会的文明化进程，我们认为存在两种基本发展模式或者类型。

1. 第一种模式以黄河流域的中原地区和海岱地区为代表

这两个地区同处于黄河流域，属于中纬度地带，气候、环境和经济形态都十分接近。特别是这两个地区的文化联系开始的时间早，联系的方式也丰富多样，既有文化的交流与传播，也有人员的流动甚至族群的迁徙，所以两地关系一直极为密切，前面所说的龙山时代及其以后形成的夷夏东西二元对立，应该是建立在一体基础上的对立。在这样的形势下，就不难理解这两个地区之间在社会经济、社群组织、政治制度等方面存在着较大相似性的特殊现象。

这种模式的特点为：一是经济、社会和文化持续发展，处于平缓地提升社会发展层次的一种状态。在聚落形态上，表现为由分散聚落、聚落组、二级聚落形态到三级甚至四级聚落形态的递进，依次地由原始向早期国家迈进。社会内部结构的变化也是如此，墓地资料综合反映的占有财富多寡、身份和社会地位的差别、社会分层以及社会分化，其发展也是呈现出一种渐变的趋势，而不是那种急剧膨胀式的变革。即使在进入早期国家或比较成熟的国家的阶段也是如此，如长期以来，人们都认为二里头文化是夏王朝的遗存，但二里头文化的年代又不足文献所记载的夏王朝积年，所以只能把夏王朝的前段与王湾三期文化晚段相对应。而王湾三期文化在文化上又是一个整体,本身有发展但没有质变,由此可见中原地区社会发展的连续性。二是战争在社会质变中具有重要作用。随着人口的增多和社会的发展,对土地和资源的争夺、控制和利用变得日益重要,由此战争成为夺取和保护它们的主要手段。仰韶时代晚期,作为防御工程的城址开始出现;到龙山时代后期,城堡林立,遍及黄河中下游地区。同时,武器从工具中独立出来,成为一个专门的器物类别,则标志着战争的频繁和士兵可能已经成为一种职业,这又和城堡的普遍出现遥相呼应。三是宗教在社会发展中的作用相对较弱。迄今为止,在这两个地区还没有发现明确的类似北方和南方那样的大型宗教遗迹。以棺椁、礼乐等为核心的埋葬制度日益规范化,表明他们更崇拜祖先和注重人事。从这一意义上说,也可以将其称为世俗模式。

2. 第二种模式以环太湖地区和燕辽地区为代表

这两个地区分处长江下游的南方和东北南部的北方地区,气候、环境、植被和经济形态等方面都存在着较大差异。由于中间有海岱地区的间隔,它们在文化上基本上是各自保持着自身传统,相互之间没有或者甚少文化接触和联系。但两个地区却在社会发展的模式上具有惊人的相似之处。

这种模式的特点可以总结为:一是社会和文化呈现跨越式的发展,并且在达到高峰之后都迅速衰落,形成一个全面的断裂。燕辽地区在红山文化晚期迅速达到一个高峰,此后的小河沿文化就迅速衰落,以至出现了夏家店下层文化之前数百年的断层。环太湖地区的良渚文化亦然,此前的马家浜文化和崧泽文化,总体上还处于一个渐进的发展过程,但一进入良渚文化,就快速膨胀起来,很快达到了环太湖地区史前文化历史上的顶峰。这一段好日子延续的时间不长，就较快地衰落下去，形成了与后续马桥文化互不衔接的替代关系。二是宗教在社会运转中发挥着重要作用，宗教活动和宗教建筑十分发达。红山文化分布的中心地带，在其晚期突然出现了女神庙、祭坛和耗费巨大人力物力的大型积石冢。良渚文化也普遍建造和使用大大小小的祭坛。表明这两个地区存在着大量的神职人员。客观地说，这两个地区的社会经济并不十分发达，特别是燕辽地区，虽然有农业经济，但是其发展水平远远无法与同期的黄河中下游地区相比。在这样的社会经济基础状态下，要维持非生产型社会工程的高投入，必须依靠像宗教这样的非世俗的途径和手段。同时，还要维持庞大的神职人员队伍的生存，这样的社会显然不可以持久，一旦社会的信仰体系出现问题，调控机制崩溃，整个社会的迅速衰落就不可避免。这大概就是两地在达到超常的繁荣之后，均迅速衰落并一蹶不振的主要原因之一吧。三是制玉工业发达，玉器在社会中的地位崇高。玉器在两个地区出现的时间均比较早，到红山和良渚时期都达到了各自的高峰，这在长达数千年的中国史前文化发展过程中是一个引人瞩目的闪光点。就目前的发现而言，红山文化的玉器数量虽无法与良渚文化相比，但在制作技术方面则难分伯仲，表明两地均投入了巨大的人力物力来制作玉器。这一现象具有深刻的社会历史背景，这就是两地都存在着浓郁的宗教文化和宗教氛围，这样的社会对弥漫着神秘色彩的法器（玉质的琮、璧等）的需求量是超过常人想象的。所以，这一发展模式或可以称为宗教模式。

江汉地区的情况较为特殊，从一些方面看，有与环太湖地区相似的因素，而从另外一些方面分析，又与海岱地区和中原地区存在着共性。如果资料更充分一些，可能会成为第三种发展模式，但其最终结局则与第二模式是相同的。

（五）关于史前社会组织的演进

社会组织和社会结构的发展状态决定着古代社会的性质。史前社会的文明化进程和早期国家的形成，本质上是与社会组织和社会结构的变革紧密地联系在一起的。而在没有文献记载的史前时期，要在考古学上了解和认识社会组织和社会结构的发展状态，分析、考察聚落形态和墓地结构是最直接和最有效的一条途径。随着考古资料的增多，特别是聚落考古方法的日益推广并成为在考古学界获得共识的基本方法论，关于史前社会组织和社会结构演进的研究日益受到重视。

史前时期的社会变迁，从整体上看有三个显著的特点：一是聚落内部基层社会组织（即担负着基本的生产任务和进行消费的社会单位）的规模趋向于小型化，这一趋势一直持续到很晚时期。基层社会组织承担的任务很多，最基本的任务应该是组织生产活动和进行日常消费，以维系社会的正常运转和发展，所以可以把担负这两项任务的社会组织称为生产单位和消费单位。由于生产力水平的差异和社会发展阶段的不同，生产单位和消费单位作为社会组织有时候并不统一。一般说来，在两者不一致的时候，基本的消费单位要小于基本的生产单位。二是社会组织的宏观联结网络趋于复杂化。如果以聚落为基本的社会组织单位来进行考察，社会组织之间的聚合形式不断地趋向于复杂，从不分级、二级发展到三级直至更多的层级。三是社会经历了由平等的简单社会向分层的复杂社会的发展过程。史前社会变迁的这些特点又与世系关系的变更交织在一起，所以，以往学界所说的史前社会是由母系发展到父系，表面上看是一个世系的更替,许多人也批评了这一划分方法,实际上其背后隐含着深刻的社会历史和文化方面的内涵。

由于资料的原因,前裴李岗时代社会组织情况目前完全不清楚。裴李岗时代,不同的区域之间存在着明显的差异。如燕辽地区的兴隆洼文化和海岱地区的后李文化,普遍流行面积在30平方米以上的宽大房屋,后李文化的房屋内还使用由两三个灶址组成的组合灶,表明当时共同生活的人数相对较多,进而可以确认当时社会最低一级单位的规模显然要大于核心家庭。而另外一些地区,如中原地区的裴李岗文化,社会基层组织的规模则要小一些。在宏观上,高于聚落的社会组织业已产生,部分地区开始出现相互之间有某种联系的聚落组(由两三个或更多一些的聚落组成,规模明显小于聚落群),聚落组内的聚落,既有先后形成的,也有同时共存,老的聚落随着人口的增殖而分裂,产生出新的年轻聚落,它们之间是一种母子聚落或兄弟姊妹聚落的关系,这种关系显然是以血缘为纽带的。

仰韶时代开始,核心家庭普遍出现,并很可能是作为消费单位而存在,而主要的生产活动则是以高于核心家庭的家族和氏族为基本单位进行的。关于这一点,我们可以从得到较为完整揭露的临潼姜寨半坡类型仰韶文化聚落遗址中找到证据。烧制陶器的生产活动是以聚落—氏族为单位进行的,大牲畜则可能分属于以中型房子为核心的房子群—家族或者整个聚落—氏族所有。这种生产单位和消费单位相互从属而又不完全重合的现象,直到近代社会的家族经济中依然存在,而人民公社时期农村普遍实行的生产队组织和家庭之间的关系,则是最晚近的实例。聚落之上的社会组织,较之前一个时期有所发展,但进展不明显。

仰韶时代晚期,即距今5500年前后,各个区域相继进入了仰韶文化晚期、大汶口文化中期、屈家岭文化、良渚文化和红山文化晚期。其中除了中原地区的仰韶文化之外，均呈现出一个跨越式的发展景象。究其原因，我们没有发现生产工具有质的变化，生产技术也没有出现可以观察到的大的进步。所以，我们推定这一时期社会生产关系发生了一定的变革，即家族甚至大家庭取代氏族成为基本的生产单位，家族所有制取代氏族所有制，而相应地，世系的传承也由母系转化为父系，家庭的地位不断提高，特别是父系大家庭经济已开始出现。这一时期的空间聚落形态开始产生质的变化，即由此前的两级聚落形态陆续地向三级聚落形态发展，一些先进地区已经初步显示出金字塔式的聚落形态。与其同时，聚落之间和聚落内部的分化同步发展，金字塔上方人们占有财富和重要社会资源的欲望不断膨胀，他们不仅活着的时候享用，死后也要带走。大汶口中期、良渚早期和红山晚期的墓葬向我们展示了这一新的社会现象。在这样的新形势下，原有氏族制下的平等社会发生分裂，或者可以说是裂变，裂变为不平等的分层社会。而社会结构也从平等的氏族——母系家族发展到不平等的宗族——父系家族，可以说是开了商周宗族社会结构的先河。

龙山时代是中国史前社会的一个大动荡、大分化、大改组和大变革的时期，具有防御功能的城址普遍出现就是这一社会历史大背景的明确标志。在这一社会发展过程中，红山文化、良渚文化、石家河文化相继衰微并被淘汰出局，只有中原和东方两区共荣，从而开启并形成夷夏长时期东西二元对立的新格局。从聚落所反映的社会组织来看，家族和家庭（主要是大家庭）在聚落内部的地位持续加强，这从以往十分流行的大型公共墓地逐渐被小型家族墓地所取代中可以得到证明。但是我们并不能确认这一时期社会基本生产单位已经发展到家庭这个层面，因为核心家庭作为社会基本生产单位得到普及是好久好久以后的事情。在宏观上，三级聚落形态很快成为社会的普遍现象，而发展较快的个别地区，已经产生出四级聚落形态，如山西的陶寺、山东的两城镇等。考虑到这一时期与古史传说中的五帝时代大体相当，所以，认为这一时期进入了早期国家阶段，可以说是有相当根据的。

（原载《东方考古（第1集）》，科学出版社，2004年）

试论仰韶时代中期的社会分层

一、中华文明起源研究的新进展

中华文明起源研究是中国考古学20世纪80年代以来经久不衰的研究课题。进入21世纪以来,各地区陆续召开了一系列关于中华文明起源的专题性学术研讨会,取得了一定的进展。"夏商周断代工程"结题之后,举国家之力支持的"中华文明探源工程"这一重大研究项目,从预研究到目前正在开展的第三期研究,前后已逾十年。"探源工程"研究所确定的年代区间为公元前3500—前1500年(距今5500—3500年),区域从最初的中原一隅逐步扩展到全国各主要的文化区系。此项研究目前已经取得了一些积极成果,一定程度上推进了中华文明起源和形成研究向纵深发展。

最近十年,一些重要考古新发现,如良渚、陶寺等遗址发现的近300万平方米的大型古城,大大深化了我们对龙山时代社会结构和发展水平的认识。而时代更早的一些重要考古新发现,如河南灵宝西坡仰韶文化大型遗址和大型墓葬、江苏张家港东山村崧泽文化大型墓葬等,使得一些学者认为需要重新审视中华文明起源的问题。

西坡和东山村的新资料,在大的时代划分上属于仰韶时代中期,即传统认识中的仰韶文化庙底沟类型阶段。按学术界较为普遍的观点,一般认为仰韶时代中期的绝对年代大约在距今6000—5500年之间①,各地的起止年代或略有交错。西坡特别是东山村的考古发现,激起了一些学者的研究热情。部分学者认为以东山村为代表的崧泽文化,代表了中国新石器文化发展的最高水平②。对此,我认为应该将其置于仰韶时代中期中国新石器文化发展的大背景下予以审视和研究。

二、仰韶时代中期主要区系的社会发展状况

如果把中国新石器时代自早至晚依次划分为四个时期,其中与中华文明起源和形成关系最密切的是其后两期,即仰韶时代和龙山时代两个时期。仰韶时代大约在距今7000—5000年之间,龙山时代则在距今5000—4000年前后。如果按照中华文明五千年的观点,龙山时代的中国已经进入早期国家阶段,属于文明社会的初期。那么,这之前的仰韶时代则是文明的起源时期。目前持续开展的"中华文明探源工程",是从公元前3500年入手来研究中华文明起源的,仰韶时代晚期(公元前3500—前3000年或距今5500—5000年)是研究的年代上限,而更早的仰韶时代中期则基本没有包括进来。

新材料的冲击力往往比旧材料大,可能是旧的容易被遗忘,在考古学上也是如此。所以,东山村等遗址的新发现,又引导着人们

---

① 近年来新的测年数据和研究表明,以往学界关于新石器时代年代的认识需要做一些修正,即各阶段的起始和结束年代均有可能比以往的认识晚一些,需要下调200—300年。
② 李伯谦:《崧泽文化大型墓葬的启示》,《历史研究》2010年第6期。

关注时代更早一些的仰韶时代中期。

其实，远在东山村等新材料发现之前，其他几个大文化区系仰韶时代中期的社会，也存在着大体相同的新发展和新变化。我认为，文明社会的启动和迅速发展，在新石器文化发展谱系和序列比较清楚、文化发展水平较高的几个文化区可以说大体是同步的。这一情况和认识的意义在于，它表明文明社会的产生不是孤立的和偶然的，而是在相互交流和竞争的氛围中孕育、诞生和成长起来的。

以下我们分别从中国新石器时代五个主要的文化区，来分析仰韶时代中期在聚落和墓葬两个方面出现的新气象和新变化。

（一）中原地区的仰韶文化中期

地处黄河中游的中原地区，是中国早期王朝——夏、商、周、秦、汉赖以产生和发展的中心区域。并且，这里至少从裴李岗文化时期就显示了领先其他区域的实力。经仰韶文化早期的发展，至仰韶时代中期的庙底沟时期，以彩陶等为代表的文化表征，直接和间接扩散、影响的区域，几乎涵盖了半个中国。由此，人们认为庙底沟时期的仰韶文化，其政治、经济、文化实力所折射出来的影响力，是其他区域同时期文化难以比拟的。但长期以来，这一时期的中原地区，却很少有与上述文化发展态势相匹配的考古发现，如显示社会进步和差别的大型聚落、大型建筑遗存、大型墓葬以及高档礼仪用品等。这种状况曾在较长时间内困惑着学术界。

20世纪90年代以来，河南伊川伊阙城遗址发现的使用了棺椁的仰韶文化晚期大型墓葬[①]，为在这一地区寻找时代更早的重要遗存提供了线索。随后在豫西灵宝境内新的调查和发掘资料，如人们所期望的那样使持续了几十年的状况得以改变。通观灵宝地区仰韶文化中期的新资料，具有以下三个显著特点。

1. 区域聚落空间分布上出现了明显的分级分层现象

如位于黄河支流阳平河和沙河之间的灵宝铸鼎塬地区，发现仰韶文化中期遗址19处，按遗址面积和目前的相关考古发现，大体可以区分为特大型、大型、中型和小型等四个层级[②]。其中特大型的北阳平遗址达到了90万平方米，次于北阳平的西坡大型聚落遗址为40万平方米。西坡遗址的东西两侧分别有沙河的两条小支流——夫夫河和灵湖河自北向南流过，南北两侧则各有一条人工挖成的东西向壕沟与河流连接，进而将西坡遗址封闭起来。所以这是一处利用自然地形加以人工修筑而形成的环壕聚落，在功能上具有防御性质。第三级的中型遗址有2处，面积为10万平方米左右。小型遗址占绝大多数，面积均在5万平方米以下。由此可见，铸鼎塬地区仰韶文化中期的聚落形态，是典型的社会已经发生明显分化的金字塔状结构。

2. 西坡大型聚落遗址中发现了特大型房址

西坡遗址中心位置发现了2座特大型房屋基址，房屋结构与早年在庙底沟等遗址发现的同期房址相同，与东方海岱地区大汶口文化早期的房址也甚为相似，但面积超大。2001年发掘的F105，基本结构与后述的F106同，只是在外墙的外围有一周柱洞，从而形成一个

---

① 洛阳市第二文物工作队：《河南伊川县伊阙城遗址仰韶文化遗存发掘简报》，《考古》1997年第12期。
② 河南省文物考古研究所等：《河南灵宝铸鼎塬及其周围考古调查报告》，《华夏考古》1999年第3期。

更大的回廊式空间。包括回廊的F105，基址整体面积达372平方米，房内使用面积为204平方米[①]。2004年发掘的F106，形状大致呈四边形，由外墙、内侧半地穴居住面、四壁小柱洞（直径20厘米~25厘米）和室内大柱洞（直径1米）、圆形灶坑、门道等部分组成。没有发现回廊。该房址的显著特点有二：一是面积特别大，含墙体在内为296平方米，使用面积达240平方米；二是地面经精心铺垫，夯土层达7小层，表面涂朱[②]。这样的房子应该是聚落甚至更高一级社会组织的重要公共活动场所。

3. 位于西坡遗址南侧壕沟外的同时期墓地

共发现34座墓葬，这些墓葬的等级分化十分明显[③]。4座大型墓葬的墓室面积超过了12平方米，均有放置随葬品的脚坑，有的还使用了木质葬具；随葬品的绝对数量不多，但使用了玉钺、彩陶大口尊等重器。而小型墓葬的墓室面积多在2平方米~4平方米之间，多数没有随葬品。

铸鼎塬和西坡遗址的考古新发现至少说明了两个问题：一是从区域聚落形态的结构来看，仰韶文化中期已经形成规模不一的聚落群，其内部的聚落之间出现了具有等级意义的差别，这种差别在铸鼎塬地区已经达到了四级的规模。其中北阳平特大型聚落所辐射和涵盖的范围，应该远远超出目前调查的铸鼎塬小区。二是墓地内的

[①] 河南省文物考古研究所等：《河南灵宝西坡遗址105号仰韶文化房址》，《文物》2003年第8期。
[②] 国家文物局主编：《河南灵宝西坡遗址发现仰韶文化中期特大房址》，《2004中国重要考古发现》，文物出版社，2005年。
[③] 中国社会科学院考古研究所、河南省文物考古研究所：《灵宝西坡墓地》，文物出版社，2010年。

墓葬之间，产生了明显的等级分化。西坡墓地的情况表明，仰韶中期居住在这一遗址的人们，已经出现了4个阶等的层级差别。

综上，铸鼎塬地区从宏观的聚落形态和微观的墓地结构所显示的社会分化，表明仰韶中期（至少是其偏晚阶段）已经进入了比较发达的分层社会阶段。

（二）海岱地区的大汶口文化早期

海岱地区是目前中国新石器文化发展演变关系最为清楚的地区之一，从距今八九千年的后李文化，历经北辛文化、大汶口文化、龙山文化和岳石文化，最后逐渐融入了商周秦汉历史发展的洪流之中。从经济、文化、社会等方面的发展来看，大汶口文化早期之前，海岱地区基本处于分化不明显的平等社会阶段。大汶口文化早期阶段，即距今6100—5500年前后，在一部分较为发达的区域，社会发展的步伐加快，开始了由平等社会向分层社会的转变。下面以大汶口遗址为例予以分析。

位于泰山之阳、大汶河两岸的大汶口遗址，是海岱地区迄今发现的600余处大汶口文化遗址中最具代表性的遗址之一。该遗址曾以大汶口墓地的发现而著称于世。1974、1978年，山东省文物考古研究所在大汶河北岸的发掘中，发现了丰富的大汶口文化早期阶段遗存，其中包括46座墓葬[①]。

大汶口遗址的面积达80万平方米，是海岱地区最大的大汶口文化遗址。目前缺少大汶口周边地区同期聚落遗址分布状况的材料。

---

① 山东省文物考古研究所编：《大汶口续集——大汶口遗址第二、三次发掘报告》，科学出版社，1997年。

从与其他区域同时期遗址的比较中,我们可以认识大汶口遗址的地位和重要性。

大汶口遗址的46座大汶口文化早期墓葬,从墓室面积和随葬品数量等可以量化的指标看,规格和富裕程度明显高于同时期并相距不远的邳州大墩子、刘林,邹城野店和兖州王因等遗址。由表一的数据可知,大汶口墓地墓均随葬品是其他4处墓地的3.16~7.80倍,人均随葬品为其他4处墓地的2.40~8.28倍。这种现象应该比较明确地反映了大型中心遗址与中、小型遗址之间的差别。

表一 大汶口文化早期阶段5处遗址墓葬随葬品数量统计表[①]

遗址	随葬品	墓葬	墓均数量	人数	人均数量	备注
大汶口	904	46	19.65	62	14.58	6座合葬
大墩子	1131	182	6.21	186	6.08	2座合葬
刘林	991	197	5.03	205	4.83	8座合葬
野店	240	48	5.00	52	4.62	4座合葬
王因	2264	899	2.52	1285	1.76	110座合葬
合计	5530	1372	4.03	1790	3.09	

从动态的发展角度分析,随着时间的推移,以随葬品的拥有数量为标志的贫富分化,在不同等级的遗址中均呈现出一种逐渐加快和加剧的趋势。如表二所示,大汶口文化早期阶段的3处遗址,后段与前段相比,出现了2倍以上的增幅,随着社会的进步,显示出分化

[①] 由于对部分特殊质料的随葬品(如兽牙、小块动物骨骼等)是否计入总数存有异议,所以在不同的文章中计算的各墓地随葬品数量略有差异,这里的统计数字包括了各种质料的全部随葬品。

加快加剧的发展趋势。尤其是大汶口遗址，后段是前段的5倍以上，并且出现了像M2005这样前所未有的大型墓葬。

表二 大汶口文化早期阶段3处遗址不同时间段墓均随葬品数量变化一览表

遗址	前段			中段			后段		
	墓葬	随葬品	平均	墓葬	随葬品	平均	墓葬	随葬品	平均
大汶口	6	36	6	24	597	24.88	8	267	33.38
野店	4	9	2.25	17	86	5.06	21	145	6.9
王因	121	128	1.06	376	702	1.87	402	1434	3.57
合计	131	173	1.32	417	1385	3.32	431	1846	4.28

大汶口M2005，长3.5米、宽2.28米、深1.13米，墓室面积达8平方米。从墓室结构看，中心部位有内外两个长方形框，外框外侧为熟土二层台，从后期棺椁葬具清楚的墓葬所反映的状况分析，只有存在木质葬具才会出现这种情况。外框内略偏一侧有一盛放人体的长方形坑，长2.55米、宽0.55米，恰似一个棺的大小。由此看来，M2005很可能是一座一椁一棺的墓葬。随葬品多达103件，此外，还有盛放在三足盆、三足钵和豆盘内的牛头、猪下颌骨、猪蹄骨等。所以，M2005的男性墓主当非等闲之辈，应该是当时社会的上层人物。

综上，大汶口文化早期阶段，社会发展速度加快，社会分化已经出现在区域之间、区域内部和聚落遗址所代表的社会各个领域和层面。

（三）环太湖地区的崧泽文化

广义的环太湖地区包括了长江下游及其以南的浙江杭嘉湖平

原到宁绍平原一带。这一地区的新石器文化发展序列，如果算上浙江上山、小黄山和跨湖桥等遗存，其产生则可以上溯至距今万年前后。但上述几处遗址的测年时代较早，而文化上又与后来的马家浜、河姆渡文化不能完全衔接，还需要进一步开展研究。距今7000年前开始的马家浜和河姆渡文化，与后续文化之间的关系则是一脉相承的。

马家浜和河姆渡文化时期的环太湖地区，考古发现十分丰富。稻作农业已经产生，木业加工技术相当纯熟和先进，运用也极为普遍。但是在聚落和社会层面，区域之间、聚落的外部和内部差别并不明显。这种情况到崧泽文化时期有了较大改变。

崧泽文化时期环太湖地区第一次在真正意义上呈现出文化面貌趋向一致的局面。这一时期，不仅是狭义的环太湖周边地区文化面貌高度统一，外围北侧的江淮之间、南侧的宁绍平原，甚至向西到皖中南一带，都受到了崧泽文化的强烈影响，文化面貌出现趋同的现象，这也是一部分学者持大崧泽文化观点的原因和基础。

以往，崧泽文化也有一些重要考古发现，如上海崧泽，江苏草鞋山，浙江南河浜[①]、昆山和普安桥[②]等遗址，都有相当数量的墓葬和其他遗存的发现。从这些遗址的发掘资料中，虽然也可以看到崧泽文化时期社会的一些新变化，如南河浜的祭坛和普安桥有木质棺椁葬具的墓葬等，但从贫富分化所反映的社会分层的层面看，似乎

---

① 南河浜遗址发现有崧泽文化的祭坛等遗迹，见浙江省文物考古研究所：《南河浜——崧泽文化遗址发掘报告》，文物出版社，2005年。
② 普安桥发现过一棺一椁的崧泽文化墓葬，见北京大学考古学系、浙江省文物考古研究所、日本上智大学联合考古队：《浙江桐乡普安桥遗址发掘简报》，《文物》1998年第4期。

证据尚不明确。近期江苏张家港东山村墓地的发现，使学界对崧泽文化有了新的认识。

2008—2010年，南京博物院等在东山村遗址发掘了36座崧泽文化墓葬，其中9座大型墓葬的发现引人注目[①]。东山村崧泽文化墓地有两个显著特点：

一是大墓和小墓分区埋葬。本次发掘发现的27座中、小型墓葬均位于遗址东部的Ⅰ区，而9座大型墓葬则分布在遗址西部的Ⅲ区，两者相距60米～100米。这一现象本身就昭示着社会基层内部，出现了家族甚至宗族级别的差别和分化。富有和掌握权力的家族占据着支配地位，而相对贫穷和处于社会下层的家族则属于被统治的对象。

二是分化已经成为当时社会的普遍现象。以墓葬之间的差别为代表的社会分化，既表现在不同墓区之间，也存在于同一墓区内部。东山村Ⅲ区发现的9座大墓，墓室面积一般在5平方米左右，有的使用了木质葬具，随葬品的数量均在30件以上，已经公布资料的3座墓葬，最多69件，最少40件，其中包括有玉器和大件石钺等礼仪用品。而Ⅰ区的27座中、小型墓葬，墓室面积一般在2平方米之内，无葬具，每座墓葬的随葬品平均约为5件。两个不同等级墓区之间的差别一目了然。同一墓区之内的墓葬之间，差别也比较明显。如Ⅰ区的27座中、小型墓葬，随葬品丰富的可达30件之多，并且有玉器和石钺等。而随葬品贫乏的只有两三件。

东山村遗址的墓葬资料表明，在崧泽文化中晚期阶段，社会的各个层面，如遗址和遗址之间、遗址内部的墓区之间、墓区内的墓

[①] 南京博物院、张家港市文广局、张家港博物馆：《江苏张家港市东山村新石器时代遗址》，《考古》2010年第8期；南京博物院、张家港博物馆：《江苏张家港东山村遗址M91发掘报告》，《东南文化》2010年第6期。

葬之间，差别的出现和扩大成为常态，社会分化不仅启动而且呈现加快发展的趋势。

东山村遗址位于长江南岸和太湖地区的北部，其地理位置并不在环太湖地区的中心位置。从环太湖地区新石器文化的发展进程角度考虑，我们有理由推测，地处环太湖地区中心位置的湖南（嘉兴、湖州一带）和湖东（苏州和沪西地区），还应该有与东山村相当甚至规格更高的遗址和墓地存在。

地处皖中东南部的凌家滩是仰韶时代中晚期另外一个引人注目的遗址。凌家滩历经5次发掘，除了发现大片红烧土堆积、祭坛等重要遗迹之外，最能反映当时社会结构和分层状况的当属墓地和墓葬资料[1]。凌家滩墓地共发掘出48座墓葬，整体来看，等级很高，应是当时社会上层的贵族墓地。但内部的差别也十分明显。

48座墓葬中随葬玉器的多达40座，仅有8座小墓无玉器随葬。使用玉器的40座墓葬差别也十分明显。从墓室面积、随葬品的数量、玉器的类别等方面综合考虑，凌家滩墓地内的墓葬可以划分为4到5个等级。

特大型墓葬只有1座，即07M23，墓室长3.45米、宽2.1米，面积7.25平方米，随葬品总数达330件之多，其中玉器200件，石器97件，陶器31件，其他2件。玉器有钺、璧、璜、龟等重要礼器，其中1件玉猪长72厘米，重达88公斤。大型墓葬有3座，即87M4、87M15和98M29，墓室长2.5米以上，宽1.4米以上，墓室面积在4平方米左右。随葬品百件左右，其中玉器50件以上。玉石器中包括了钺、

---

[1] 安徽省文物考古研究所：《凌家滩——田野考古发掘报告之一》，文物出版社，2006年；安徽省文物考古研究所：《安徽含山县凌家滩遗址第五次发掘的新发现》，《考古》2008年第3期。

璧、璜以及其他器类，如87M4出土有玉龟、刻有图案的玉版等，87M15出土有玉兽面、龙形玉璜、双连璧等，98M29出土有3件玉人、玉鹰、玉戈等。

其他等级的中、小型墓葬占绝大多数。

就墓葬之间的分化状况和大型墓葬的富有程度，凌家滩墓地在当时中原、海岱、环太湖、江汉、燕辽五大区系文化中，占据着相当突出的位置。

（四）江汉地区的大溪文化

以江汉平原和洞庭湖周边为中心的长江中游地区，包括了湖北、湖南大部和三峡东部的广大地区。从目前这一地区发现的新石器文化来看，洞庭湖西侧和汉东地区是长江中游新石器时代两个区域性中心。如果从本文关注的偏前时期看，以澧阳平原为中心的洞庭湖西侧一带更为重要，这一带的新石器文化产生较早，文化发展序列相对较为完整和清晰，依次为彭头山文化、皂市下层文化、汤家岗文化、大溪文化、屈家岭和石家河文化。大体相当于仰韶时代中期阶段的是大溪文化中晚期。

洞庭湖西侧地区从距今八九千年的彭头山文化，到距今5500年前后的大溪文化之间，先后出现了一些代表较高的文化发展水平的各类资料。如彭头山文化时期八十垱土垸（墙）环壕聚落、高庙文化时期的有纹白陶和祭坛等遗迹以及各个时期稻作农业的发展。这些都为后来该地区文化的成长奠定了坚实的基础。

就目前的资料而言，大溪文化时期的澧阳平原，社会方面出现的重要发展和变化主要体现在聚落形态方面。

首先是聚落遗址的数量迅速增多。如果说此前的彭头山文化至汤家岗文化时期，澧阳平原的聚落遗址数量徘徊在15～20处左右，那么到了大溪文化时期，聚落遗址的数量迅速增加到50处，可以说是有了成倍的增长，这种现象代表着人口数量的增多，其对于社会的发展意义重大。与此同时，更重要的变化体现在聚落之间的明显分化，主要表现为：聚落群的出现；聚落群内结构分化为大、中、小型聚落并呈现金字塔状的分布形态；环壕城址的出现等[1]。城头山大溪文化环壕城址的出现，应该说是一个划时代的事件，此后城头山开始成为澧阳平原的政治中心。

城头山城址内发现的墓葬不少，属于大溪文化时期的有200多座。墓葬之间的差别已经开始显现，如属于第二期的M678，墓室长2.5米、宽1.1米，面积接近3平方米。随葬品有27件，其中包括2件玉璜，墓主为成年男性。此墓在城头山遗址发现的大溪文化墓葬中是最高等级的，与其他墓室较小、随葬品较少甚至没有的墓葬相对照，表明贫富分化和等级差别已经开始出现[2]。如果联系到城址已经出现以及其他地区的情况，目前的发现似乎不能够代表城头山大溪文化墓葬方面社会分化的真实水平。当然，城头山大溪文化城址的年代较之以上所列举的其他地区可能略早，或许也是原因之一。

长江中游另外一个中心——汉东地区，其社会分化的起步可能略晚于澧阳平原。但在仰韶时代中期，聚落群的内部差别已经出现，如天门龙嘴大溪文化城址的发现就是例证。龙嘴遗址地处大洪山南麓向江汉平原过渡的山前平原地带，城址平面近圆形，南北约

---

[1] 郭伟民：《新石器时代澧阳平原与汉东地区的文化和社会》，文物出版社，2010年。
[2] 湖南省文物考古研究所：《澧县城头山——新石器时代遗址发掘报告（上）》，文物出版社，2007年。

305米、东西约269米，面积约8万平方米。城内发现有房址、灰坑、灶和墓葬等遗迹[①]。龙嘴城址位于汉东史前文化的中心区域，其西北6千米处就是著名的石家河城址，方圆40千米之内还有3座其他史前古城。龙嘴大溪文化城址的发现，为后来石家河等屈家岭文化城址的出现找到了来源，展现了区域文明化的发展进程。

与汉东地区相近的荆门地区，近年来发掘的龙王山墓地，揭露了203座大溪文化晚期至屈家岭文化时期的墓葬。墓葬长度绝大多数在2米以上，最长者达4.3米。出土遗物以陶器为大宗，也有玉器、猪下颌骨等。其中M132，墓室长3.7米、宽1.7米，墓室面积6.29平方米。随葬品多达260件，其中陶鼎110件，陶杯130余件，是目前长江中游地区随葬品最多的新石器时代墓葬。从中我们可以捕捉到长江中游地区史前社会分化的例证[②]。

（五）燕辽地区的红山文化中晚期

包括了辽西、内蒙古东南部、京津和冀东北的燕辽地区，地理位置处于东北亚与黄河流域的连接地带。自距今8000多年以前的小河西文化一直到青铜时代的夏家店下层文化，这一地区古文化的发展基本可以说是连绵不断。

距今七八千前的兴隆洼文化时期，在兴隆洼、白音长汗等遗址就发现了明确的环壕聚落和积石墓。这一时期不仅有了以种植黍为主的旱作农业，兴隆洼和查海等遗址的墓葬随葬品中，还发现了一

[①] 湖北省文物考古研究所：《湖北省天门市龙嘴遗址2005年发掘简报》，《江汉考古》2008年第4期。
[②] 湖北省文物考古研究所、荆门市文物考古研究所：《湖北荆门龙王山新石器时代墓地发掘简报》，《江汉考古》2008年第4期。

些用透闪石玉制作的小件玉器。

经过长时期的积聚，到红山文化中晚期，即距今5500年前后，出现了以坛、庙、冢为代表的文化遗存，曾被学界称为文明的曙光。

能够体现贫富分化和社会分层的产生及其发展的当属牛河梁地区的积石冢资料。牛河梁地区先后发现十余处积石冢群，在经过发掘的第二地点、第五地点和第十六地点的积石冢群中，均发现有中心大墓和其他类型的墓葬。

第二地点东西长约150米、南北宽约60米，由6个单元组成[①]。中心为祭坛，其他为积石冢群。位于中部偏西的2号积石冢略呈方形，边长约16米，中心大墓的整体为一边长3.6米石砌方台，墓室面积约13平方米，墓室的中心部位有石椁。由于该墓早年被盗，死者和随葬品的情况不详。从同一地点其他积石冢群发现的中、小型墓葬看，墓葬之间的等级差别已经十分明显。

第五地点由3个单元组成，其中第一单元为圆形冢，直径35米，外界为围沟，内有中心大墓（M1）。大墓平面为长方形，断面呈3级台阶状，墓口长3.8米、宽3.1米、深2.25米，面积接近12平方米。墓室中部有长方形石椁，墓主为老年男性，随葬玉器7件，器形有璧、云纹玉佩和玉龟等[②]。

第十六地点位于牛河梁地区最西部，1979年曾在这里发掘了3座

[①] 辽宁省文物考古研究所：《牛河梁红山文化遗址与玉器精粹》，文物出版社，1997年；辽宁省文物考古研究所、朝阳市文化局：《牛河梁遗址》，学苑出版社，2004年。

[②] 辽宁省文物考古研究所：《辽宁牛河梁第五地点一号冢中心大墓（M1）发掘简报》，《文物》1997年第8期；辽宁省文物考古研究所：《辽宁凌源市牛河梁遗址第五地点1998~1999年度的发掘》，《考古》2001年第8期。

红山文化墓葬，2002年发掘了积石冢群的中心大墓（M4）。大墓凿山为穴，长3.9米、宽3.1米、深4.68米，面积约12平方米。墓室结构较为特殊，在墓室的北侧有阶状墓道，形制当与第二地点1号积石冢群中的大型墓相同。随葬玉器8件，其中有红山文化目前仅见的大型玉鸟（发掘者认为是玉凤）和玉立人[①]。

仅次于中心大墓的是一侧有台阶的大型墓葬。在第二地点1号积石冢群发掘的25座墓葬中，有3座这一等级的墓葬。M21位于该冢的南北中轴上，东西位置偏南。M21的石椁长2.15米、宽0.53米，石椁的规模与其他地点中心大墓的石椁大小相若。该墓出土了20件玉器，是目前红山文化单座墓葬出土玉器最多的墓葬，包括了玉璧、云纹玉佩、玉龟、玉兽面等重要玉礼器[②]。M25位于冢群的东西中轴的东部，墓口较大，向下南侧逐级内收成台阶状，墓底深凿于风化的基岩中。墓口长3.5米、宽3.15米，面积11平方米，墓主为成年女性。随葬品7件玉器，其中2件玉箍形器（龟）较为重要。M26位于冢群的东西中轴的西部，与M25遥相对应。形制与M25相同，墓口长3.95米、宽3.42米，面积超过13平方米，是目前牛河梁地区面积最大的墓葬，随葬4件玉器[③]。

以上牛河梁地区积石冢内发现的大墓，多数位于积石冢群的中心位置，墓室面积多超过10平方米，中心部位有石椁，墓主为

[①] 辽宁省文物考古研究所：《牛河梁第十六地点红山文化积石冢中心大墓发掘简报》，《文物》2008年第10期。
[②] 辽宁省文物考古研究所：《辽宁牛河梁第二地点一号冢21号墓发掘简报》，《文物》1997年第8期。
[③] 辽宁省文物考古研究所：《牛河梁红山文化第二地点一号冢石棺墓的发掘》，《文物》2008年第10期。

男性，墓内随葬品均为玉器。这种高等级并且埋葬于显赫位置的墓葬，墓主生前的地位非同寻常。综合分析积石冢内其他墓葬的规模、随葬品等情况，有学者将全部墓葬划分为5个等级，即"中心大墓、台阶式墓、甲类石棺墓、乙类石棺墓和附属葬墓"[1]。从目前的发现情况看，牛河梁地区积石冢群之内，存在着中心大墓和其以下的若干等级的墓葬，整体上至少可以划分为4或5个等级。如果这些分化明显的墓葬等级代表了不同的社会阶层，那么当时的社会分化已经十分明显。

我们还注意到，在目前发现的十余处积石冢中，在位置和规模上存在一定差异。如第二地点位于神庙遗址的下方，规模最大，格局比较清晰，中间为祭坛，两侧为积石冢群，规划和布局较为严整。其他地点的规模则相对要小一些。同时，我们发现第十六地点中心大墓的形制和结构，与第二地点1号冢的大型墓葬相同，大小也相若。所以，牛河梁地区的十余处积石冢之间，可能存在着规格和等级上的差异，即有的积石冢的最高等级的中心大墓（如第十六地点的M4），规格和等级大约只相当于第二地点中的第二级别墓葬（如第二地点1号冢中M25、M26等）。如果这一看法成立，对于进一步探讨红山文化的社会组织和社会结构是有重要意义的[2]。

---

[1] 郭大顺：《中华五千年文明的象征——牛河梁红山文化坛庙冢》，《牛河梁红山文化遗址与玉器精粹》，文物出版社，1997年，第25页。
[2] 这一问题比较复杂，首先要解决的一个问题是，一侧有台阶的墓葬与普通的中心大墓的年代关系，即是同时还是有先后。因为这些墓葬之内都没有陶器随葬，所以年代关系问题需要通过别的途径来解决。然后才好进一步讨论这种现象所能够揭示的牛河梁及其周围地区的红山文化社会。

三、中国史前社会发展进程中的转折和加速

与以半坡期仰韶文化、北辛文化、马家浜文化、汤家岗文化、赵宝沟文化和红山文化早期等区域文化为代表的仰韶时代早期相比，仰韶时代中期（主要是其偏后阶段）明确出现了一些前所未见的新气象和新变化，并且在整体上给人一种这一时期社会发生了突变的感觉。总结上述发现，仰韶时代中期可以归纳出以下几个方面的特点或者重要变化。

（一）从宏观角度看，区域聚落形态产生了显著变化

较之仰韶时代早期，仰韶时代中期的聚落数量明显增多。聚落遗址的迅速增多，昭示着社会人口的数量大大增加了。而人口的增加又与社会生产发展水平的提高、社会财富的增长紧密相关。仰韶时代中期宏观聚落形态方面最大的发展和变化是，在一部分地区开始出现了大、中、小三级聚落结构，其在数量关系上呈现金字塔状排列和分布。这一时期，部分区域处于金字塔顶端的中心遗址开始出现城墙和环壕，表明社会矛盾日益加深，社会关系日趋复杂，需要并开始做出新的变革和调整。大、中、小三级聚落结构的产生，表明当时的社会组织形态和社会结构开始产生重大变革。长期维持下来的传统平等社会结构已经在局部地区被打破，向分层社会演进逐渐成为社会历史发展进程中不可逆转的潮流，从而为仰韶时代晚期的不断扩展和龙山时代的全面发展（由点到面的发展过程）奠定了基础。所以，宏观聚落结构反映的区域社会组织形态的发展变化，从仰韶时代早期、中期、晚期经龙山时代到更晚的夏商时期，是一个整合力度不断加大、统辖区域逐渐扩展、管理体系不断完善

和各种权力日益集中的完整发展过程。当然，这一发展变化的基础是社会生产的迅速发展、社会财富的快速增多和积累。

（二）从微观角度看，墓地和墓葬的差别所表现出来的社会分化在原有基础上开始加速

从裴李岗时代（距今9000—7000年）到仰韶时代早期（距今7000—6000年之间），在长达3000多年的发展过程中，由墓葬状况反映的社会分化，虽然有一定发展，但发展速度十分缓慢。这种情况在仰韶时代中期有了极大的改观。由墓葬差别所反映的社会分化，主要体现在三个方面（表三）：一是同时期不同聚落之间，如西坡和庙底沟；大汶口和野店、王因；东山村和崧泽等，莫不如此。这一点和同时期的区域聚落结构分化为不同层级甚为吻合，显现了中心聚落与从属聚落之间的分化。二是聚落内部的墓群之间，如东山村东区和西区之间；大汶口一群和二、三、四群之间，由它们所代表的不同家族或宗族之间，分化明显并日益加大。三是墓群内部的墓葬之间，如西坡墓地、大汶口第一墓群、凌家滩墓地、牛河梁每个地点不同的积石冢群内部的墓葬，相互之间的差别可以多达四五个层级。

上述第二节分述的考古资料表明，仰韶时代中期各大区系率先发展起来的小区域，在社会分化的全面发展这一层面，具有相当大的共性，这是一个值得我们注意的重要现象。

（三）特殊遗存的出现和发展

与社会发展关系密切的考古遗存，主要有祭祀遗存、埋葬礼仪、礼仪用器等。

祭祀遗存主要表现为祭祀的场所。专用祭祀场所的出现，是人类文化发展到一定阶段的产物。在新石器时代和原史时期，专门用于祭祀的场合主要有祭坛、祭祀坑、神庙、宗庙等。神庙和宗庙是建筑遗存，在考古学上比较难以辨认和确定，像牛河梁的神庙是比较罕见的例证。而祭坛和祭祀坑遗存的确定相对容易一些。

祭祀遗存出现较早，一些学者认为，距今8000—7000年之间的磁山文化、裴李岗文化、兴隆洼文化、高庙文化都出现了与祭祀有关的遗存，如祭坛、祭祀坑和祭祀物品。到仰韶时代中期，祭祀的形式和内容反映了人们的思想信仰和崇拜对象产生了较大变化。这一时期的祭祀遗存，规模扩大，在社会发展中的作用明显提高，在一些地区神权开始成为最重要的权力之一。如南河浜遗址崧泽文化祭坛的出现，就是例证。而牛河梁的神庙、祭坛，则表明当时区域性的统一祭祀中心已经形成，这一现象与社会组织规模的扩大和中心对辖区控制力的提升紧密联系在一起。

埋葬礼仪的发展体现在棺椁的使用和墓室、随葬品的分化方面。仰韶时代中期，埋葬礼制中棺椁的使用与社会分化同步。在少数墓葬有棺（椁）和多数墓葬无棺（椁）的基础上，与更高等级的贵族产生相适应，部分地区的大型墓葬开始出现重棺（一椁一棺）的重要现象。此后，棺椁的使用作为埋葬礼制的重要内容，被各个不同时代继承下来并逐渐成为一种重要的规制。

墓室和随葬品分化的迅速加大已如前述。墓葬随葬品中明器的生产和使用则是一个新现象。在仰韶时代中期以前，为死者陪葬的物品有两个显著特点：一是数量较少，二是为死者在墓葬中放置的物品为实用器具，无论是日用陶器和生产工具，还是装饰品，均为死者生前的实用器。这一现象到仰韶时代中期产生了一个极大的变化，就是专门为死者生产和使用的器具开始出现并迅速增多。其中既有日用陶器类，也有生产工具和装饰品等。这一现象应该是人类社会埋葬礼仪的一个重大变化，与财富观念的产生和发展、社会分化密切联系在一起。所以，我们前述各个区域一些大型墓葬所使用的随葬品，其中多为非实用品，不少是专门为死者生产的明器，这在陶器上表现得最为清楚。

伴随着礼仪活动的发展，体现等级规范规制的专用礼器开始出现，从而成为精神文化（认知）领域的一个重要变化。红山文化、崧泽文化、凌家滩文化、大汶口文化、庙底沟期仰韶文化、大溪文化等发现的多数玉器、重要陶器（如彩陶、白陶等）以及其他质料的器具，均具备了礼器的性质。

表三　仰韶时代中期高等级墓葬一览表

区域	文化	遗址	墓号	长×宽（米）	面积（平方米）	随葬品	其中玉器	葬具	墓主	备注
中原地区	仰韶中期	西坡	M27	5.03×3.36	16.9	9	0	有盖板	35岁，男性	陶大口尊
			M17	3.45×3.6	12.42	12	2		成年	玉钺、象牙器
			M8	3.95×3.09	12.21	11			40岁左右，男性	玉钺、陶大口尊
			M29	4×3.3	13.2	6		有盖板	40~45岁，男性	
海岱地区	大汶口早期	大汶口	M2005	3.5×2.28	8	104	0	疑1椁1棺	成年男性	八角星彩陶豆、觚形杯10、钵形豆18、牛头、猪下颌骨
			M2007	3.3×1.9	6.27	45	绿松石1		6岁，儿童	彩陶盆和釜、觚形杯6、石钺，猪头

续　表

区域	文化	遗址	墓号	长×宽（米）	面积（平方米）	随葬品	其中玉器	葬具	墓主	备注
海岱地区	大汶口早期	大汶口	M2009	3.24×1.3	4.21	80	0		35岁，男性	觚形杯8，豆11
			M2019	2.9×1.25	3.63	96	绿松石1		成年男性	觚形杯7，豆10，石钺，猪颚骨
长江中游	大溪中期	城头山龙王山	M678	2.5×1.1	2.75	27	2		成年男性	璜、豆7、圈足盘4
			M132	3.7×1.7	6.29	260				鼎110、杯130余件
长江下游	崧泽文化	东山村	M91	3.15×1.76	5.54	40	14		成年男性	玉钺、镯、环
			M90	3.05×(1.7~1.8)	5.34	67	19		?	璜、镯、大石钺、大石锛
			M92	3.3×1.26	4.16	49	12		?	璜、镯、大石钺
			M93	2.8×(1.6~1.65)	4.55	37	13		?	璜、镯、环
	凌家滩文化	凌家滩	07M23	3.45×2.1	7.25	330	200	木棺?	?	钺、璧、璜、龟
			98M29	2.7×1.5	4.05	86	52		?	璧、璜、环、玉人、玉鹰、石钺、戈
			87M4	2.75×1.4	3.85	145	103	木棺?	?	钺、璧、璜、龟
			87M15	2.5×(1.34~1.42)	3.45	128	94		?	钺、璜、兽面、双连环
燕辽地区	红山中晚期	牛河梁	2-2M1	3.6×3.6	13	?	?	石棺	?	被盗
			5M1	3.8×3.1	11.78	7	7	石棺	老年男性	璧、佩、环、龟
			16M4	3.9×3.1	12.09	8	6	石棺	成年男性	玉人、鸟、环、绿松石
			2-1M21	?	?	20	20	石棺	成年男性	璧、环、龟、兽面
			2-1M25	3.5×3.15	11.03	7	7	石棺	成年女性	龟、镯
			2-1M26	3.95×3.42	13.51	4	4	石棺		双鸮佩、镯

综上所述，我们认为仰韶时代中期是中华古代文明发展史上一个十分重要的阶段。各大区系内部先行发展起来的小区区域，由三

级（或四级）聚落形态所显示的社会组织结构日趋复杂化，墓葬差别表现的社会分化日益加剧，表明社会已经由平等社会开始进入到分层社会阶段。同时，与分层社会相适应的礼制已经诞生。所以，可以认为距今5500前后的仰韶时代中期后段，各大区系的部分地区已经开始进入古国阶段，可将其视为中国文明社会和早期国家形成的开端。

（原载《东方考古（第9集）》，科学出版社，2012年）

史前棺椁的产生、发展和棺椁制度的形成

从考古发现可知，使用木质葬具（椁或棺）盛敛死者进行埋葬的现象出现较早，逐渐演变为成熟的棺椁制度，成为当时社会礼制的一个重要组成部分。这种做法与史前时期的社会分层存在着同步发展的迹象。因此，系统地考察史前时期棺椁的产生、发展和制度形成，是研究中国古代社会礼制和社会复杂化的重要内容之一。

中国新石器时代的发展，一般被认为经历了四个发展阶段，即距今8500年前的"前裴李岗时代"（或称为新石器时代早期），距今8500—7000年前后的"裴李岗时代"（或称为新石器时代中期），距今7000—5000年的"仰韶时代"（或称为新石器时代晚期），距今5000—4000年的"龙山时代"（或称为铜石并用时代）。如果从社会复杂化进程的阶段性角度来看中国新石器文化的发展，我们发现，从距今6000年前后的仰韶时代中期开始，一些地区的社会内部明显分化，社会发展的速度也显著加快。所以，一般认为，中国史前时期从平等社会向分层社会的发展，大约是从这一时期开始的。无独有偶，墓葬中使用棺椁的现象也始于这一阶段，并不断发展变化。

作为葬具的棺椁，按质地分有石、陶、木等材料。就中国新石器时代而言，石质和陶质的葬具产生较早，并且一直延续到晚近

时期。例如石椁或石棺，在属于裴李岗时代的兴隆洼文化就已经产生，分布也不限于一个地区，在海岱地区的北辛文化、龙山文化和北方地区的红山文化、小河沿文化都有发现。但从整体上看，石棺或石椁始终没有成为中国新石器时代葬具的主流，即使是发现较多的东北地区也是如此。同时，石棺或石椁缺乏发展的连续性和系统性，在反映社会等级差别方面相对较弱。

陶质葬具在新石器时代一般被称为"瓮棺"，其产生也可以追溯到裴李岗时代，如在关中地区的老官台文化中就已经出现。后来，随着仰韶文化的发展，这种习俗不仅被延续下来，而且分布区域也明显扩大。除了中原地区以外，周围的其他地区也有发现。虽然流行瓮棺的区域比较集中，而且基本没有中断地延续到汉代，但是瓮棺主要用于未成年人，不能够全面反映社会内部的层级差异。木质葬具的出现明显晚于上述两类葬具，而且很可能是受上述两种葬具的影响而产生的。作为葬具来说，三者之间有一定的共性，例如都是活着的人有意识地用它们来盛敛死者的尸体，在对待故去亲人的灵魂意识上有共通之处。但它们之间的差别也十分明显。

木质葬具产生后，逐渐成为这一领域人们埋葬思想的主流意识，且随着时代的发展而打上了社会分层的烙印，从一个角度体现着社会内部的分化与发展。所以，下文着重分析木质葬具的产生、发展，棺椁制度的形成及其与社会分层的关系。

由于年代久远，加上没有特殊的防腐措施，史前时期的木质葬具极难保存下来。考古发现的木质葬具主要有三种情况：一是有保存较好的木椁或木棺，发掘时这些木质葬具还保存着原状，像凤翔秦公大墓、随县曾侯乙墓等，但史前时期这种情况极少。二是木椁或木棺虽已腐朽，但板灰痕迹尚存，根据板灰的范围，可以勾勒出木椁或木棺的大体形状,这种情况在史前木质葬具中最多。三是连木板灰痕也不存在,但从墓内下部填土的质地、结构、颜色等方面可以加以区分,这种情况应该不在少数。

上述第一、二种情况比较明确,需要讨论的是第三种情况。第三种墓葬有熟土二层台结构,但未见明确的木质灰痕。由于熟土二层台是与木质葬具相匹配的,所以也可以作为曾经存在木质葬具的一种证据。所谓熟土二层台,是墓室内葬具腐朽后遗留下来的一种特殊现象。一般说来,最简单的下葬程序是先在选定的位置挖出一个有一定形状的墓坑(以长方形或近似长方形最为常见),然后将死者置于坑中,最后填土掩埋。如果不使用葬具,把死者直接(或简单包裹)葬于墓坑之内,随即填土掩埋,则人体空间的填土因人体腐朽后可能变得略为松软,质地可能会稍有差异,其他部分则基本上看不出差别。如果下葬时把人体安放在相对封闭的木质棺或椁之内,然后填土掩埋,就会在墓室内四周形成一个以椁或棺的周边木板为壁的直边,从而形成熟土二层台。因此,如果墓内存在熟土二层台,一般可以认为是木质葬具腐朽之后遗留下来的特殊形态,并进一步反证木质葬具的存在[①]。至于一些地区存在的生土二层台,由于形成这种结构的原因与熟土二层台不同,所以,难以确定其原初是否存在木质棺椁。不过,从人们的观念意识层次考虑,也可能与棺椁存在着一定联系。

---

① 最近几年,我们在三峡发掘战国时期的巴人墓葬,有时候完全找不到葬具的木质灰痕,所画椁线和棺线,完全是凭对土质、土色的辨认和手感,以至有不少人对其产生怀疑。2004年春,我们在这里发掘出一座墓葬,由于使用了较多的青膏泥,而且地下水位较高,所以木椁和木棺保存相当完好,证实了以前发掘时所画的椁线和棺线是基本正确的。

以下我们按时间早晚来考察木质葬具的产生和发展情况。相当于新石器时代第一阶段的前裴李岗时代，墓葬发现得太少，因此还谈不上对葬具的认识和研究。到裴李岗时代，中国主要地区的考古学文化编年初步确立，墓葬也有相当数量，有的遗址还发现了规模可观的墓地。例如河南舞阳贾湖遗址，发现了349座裴李岗文化墓葬，除一座墓葬有生土二层台之外，均无葬具。这一时期的墓葬仅个别地区有石棺（如北方燕辽地区的兴隆洼文化）和瓮棺（如关中地区的老官台文化），迄今尚未发现木质葬具。所以在这一阶段，木质的棺椁似乎尚未出现。

距今7000年前后，各地陆续进入仰韶时代早期。葬具基本上延续了前一时期的情况。除了太湖地区马家浜文化有个别发现之外，其他地区均未发现木质葬具，例如中原地区的仰韶文化半坡类型、海岱地区的北辛文化、燕辽地区的赵宝沟文化和红山文化早期、江汉地区的汤家岗文化和大溪文化早期等。部分地区的此期墓葬中，发现了一定数量的石棺，如属于北辛文化的江苏灌云大伊山墓地，发现的62座墓葬中，61座有石棺。从这些现象分析，仰韶时代早期出现木质葬具的可能性是存在的，需要在今后的考古发掘中予以注意。

距今6000年前后开始的仰韶时代中期，是各地区木质葬具的产生和初步发展时期。在环太湖地区的崧泽文化、中原地区的仰韶文化中期、海岱地区的大汶口文化早期，或者出现了木质葬具，或者出现木质葬具的线索。属于崧泽文化偏晚阶段的上海青浦崧泽墓地，就发现了两座有木质葬具的墓葬（M33和M46）[①]。不过，从报

---

① 上海市文物保管委员会：《崧泽——新石器时代遗址发掘报告》，文物出版社，1987年。

告描述的情况看，尚不能确定是哪种类型的棺或椁，但使用了木质材料铺盖人的遗体是肯定的。浙江嘉兴南河浜是又一处规模较大的崧泽文化墓地，在这里发现的92座崧泽文化墓葬中，有少量的墓葬使用了独木舟形木棺[①]（图一）。

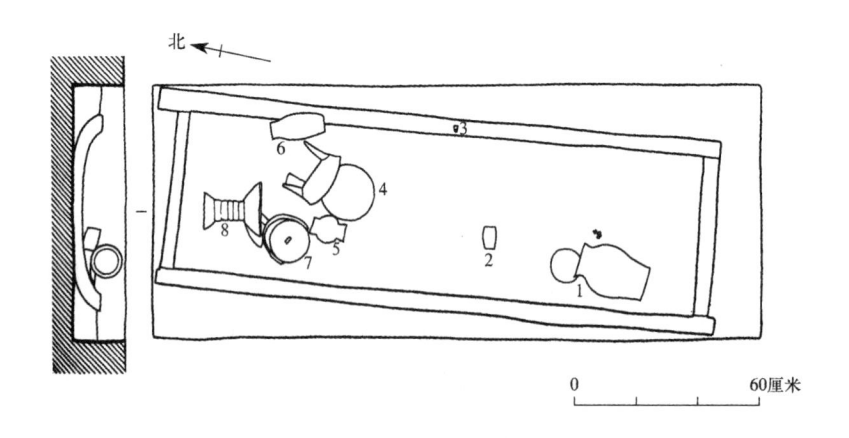

图一　南河浜M14平、剖面图
（据《南河浜——崧泽文化遗址发掘报告》，2005，图八四）

与崧泽大体同时或略早的大汶口文化，情况则有所不同。属于大汶口文化早期阶段的大汶口遗址早期墓葬中，发现了二层台现象。大汶口遗址的面积达数十万平方米，是一处具有中心性质的遗址。墓葬之间已出现明显的分化，这表明，最初的社会分层已经开始。在大汶口遗址早期墓地中，9座墓葬存在熟土二层台。其中全墓地最大的一座墓葬（M2005），时代为大汶口文化早期最后一个阶段，墓室长3.6米、宽2.28米，面积8.21平方米。熟土二层台内的空

[①] 浙江省文物考古研究所：《南河浜——崧泽文化遗址发掘报告》，文物出版社，2005年。

间长2.74米、宽1.3米、深0.4米,从规模和范围来看,应该是一个椁室的空间。而在其内部,还有一个向下挖出的长方形小框,长2.55米、宽0.45米~0.55米、深0.15米,人体就安放在这一小框之中(图二)。不仅M2005,同一墓地墓室面积较大的M2007,也有一个安放遗体的长方形浅坑。这种规则的长方形浅坑,其形制、大小均与棺室相仿,这种现象即使无法肯定是棺室,也应该与棺的出现有密切关系[1]。所以,大汶口遗址的早期阶段应该已经出现了使用木质的椁或棺的现象,并且这种木质葬具的出现,是与墓地内墓葬的贫富分化联系在一起的。

图二 大汶口M2005平面图
(据《大汶口续集——大汶口遗址第二、三次发掘报告》,1997,图八)

---

[1] 山东省文物考古研究所:《大汶口续集——大汶口遗址第二、三次发掘报告》,科学出版社,1997年。

中原地区仰韶文化中期阶段的木质葬具发现较少，或许与当地流行用陶容器盛敛尸体有关。如在河南中部的汝州洪山庙遗址，就发现了大量以陶容器为棺的墓葬。2005年在河南灵宝西坡遗址内，发现了22座仰韶文化中期偏晚阶段的墓葬，墓葬的规模可以分为大、中、小型。大型墓长3.05米～3.95米、宽2.25米～3.6米，均未发现木质葬具，但墓葬长边的两侧有生土二层台[1]。北方燕辽地区的红山文化，发现了不少积石冢，冢内分布着大小不一的墓葬，尚未发现木质棺椁。积石冢内的墓葬普遍存在石棺，以牛河梁第五地点中心大墓（M1）为例，底部中心部位有规整的棺室，长1.98米、宽0.55米、深0.5米左右，大小与棺室相仿。使用石棺并且在墓内、墓外积石，是燕辽文化区的传统，这种现象一直持续到更晚阶段。到仰韶时代晚期，各地使用木质葬具的现象有所增多，数量也明显增加，并且出现了明确的内外相套的两重葬具，即椁内置棺，习称一椁一棺。木质葬具的发展以东方地区最有代表性。

在环太湖地区，良渚文化发现的墓葬数量较多，在浙江桐乡普安桥遗址，普安桥晚期（相当于良渚文化偏早阶段）发现了19座墓葬，多数有木质葬具，葬具又分为单棺和一棺一椁两种结构。前者墓室面积一般略小，后者较大。如M19，长3.15米、宽1.5米，中部有长近2.2米、宽0.9米的箱式棺，外围有长2.75米、宽1.1米的"井"字形木椁[2]（图三）。这是中国目前所见时代最早的具有双重木质棺椁的墓葬。时代与普安桥相差不远的余杭瑶山墓地，发现了

---

[1] 马萧林、李新伟、杨海青：《河南灵宝西坡遗址第五次发掘获重大突破》，《中国文物报》2005年8月26日。
[2] 北京大学考古学系、浙江省文物考古研究所、日本上智大学联合考古队：《浙江桐乡普安桥遗址发掘简报》，《文物》1998年第4期。

13座墓葬，其中至少4座（M2、M4、M8、M11）有木质葬具或木质葬具的线索[①]。从瑶山墓葬的墓室面积、随葬品的规格和等级等情况分析，我们推测，这些墓葬不仅应该存在木质葬具，一些大型墓还可能有两重木质葬具，如M2、M9等。类似的情况在反山、福泉山等遗址的墓葬中也有发现，但由于种种原因，不及前述遗址清楚[②]。

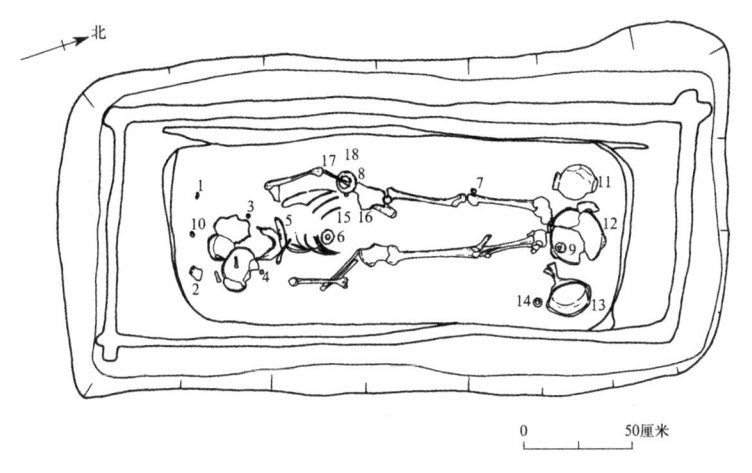

图三 普安桥M19平面图
（据《浙江桐乡普安桥遗址发掘简报》，1998，图一〇）

海岱地区大汶口文化中期阶段，木质葬具的数量明显增多。1959年发掘的大汶口墓地，属于这一阶段的M13、M53、M81、M94、M99、M107、M116等，都发现了明确的木质葬具痕迹[③]。在山东邹城野店遗址，发现了9座大、中型大汶口文化中期墓葬，其中

[①] 浙江省文物考古研究所：《瑶山》，文物出版社，2003年。
[②] 浙江省文物考古研究所：《反山》，文物出版社，2005年，第二章注26。
[③] 山东省文物管理处、济南市博物馆：《大汶口——新石器时代墓葬发掘报告》，文物出版社，1974年。

M49的墓室长3.5米、宽2.9米、深3.9米，面积达10.15平方米，墓室内发现有长3.1米、宽2.1米的大型木椁[1]。在山东诸城呈子墓地，发现了12座大汶口文化中期墓葬，有9座使用木椁或木棺，其中M7为5人合葬，每个死者都有单独的木椁[2]。此外，江苏新沂花厅、山东枣庄建新早期等墓地也有使用木质葬具的墓葬。

这一阶段发现的木椁和木棺，形制主要有四种类型：第一种平面呈"井"字形，用略加修整的圆木纵横交错，垒叠而成。第二种平面为"Ⅱ"字形，两侧长边或两端短边出头。这种形制的木椁中，有的可能与第一种是一类，因为木椁或木棺全部腐朽，清理时仅凭灰痕来辨认，不同的层次纵横交叠部位的外伸高度不同，所以，有可能将"井"字形误认作"Ⅱ"字形。第三种平面为长方形，有底有盖，或可称为箱式棺，这是最常见的木棺的形制。第四种平面亦为长方形或近似长方形，上下面则为圆弧形，故有人认为，它可能是舟形独木棺，用一段树干剖开、挖空做成。从葬具的名称上来说，前两种形制应该是椁，第三种是典型的棺，第四种则是一类比较特殊的棺。

龙山时代早期，使用木质棺椁的墓葬进一步增多，就葬具的形制而言，基本上延续了早期的前三种形态，只是葬具结构发生了一些新的变化。这些变化在一定程度上体现了发生分化和分层之后的社会现状。这一时期在棺椁的使用上，有两个比较大的变化。

一是内棺外椁的两重葬具数量明显增多。在邹城野店遗址，大

---

[1] 山东省博物馆、山东省文物考古研究所：《邹县野店》，文物出版社，1985年。
[2] 昌潍地区文物管理组、诸城县博物馆：《山东诸城呈子遗址发掘报告》，《考古学报》1980年第3期。

汶口文化晚期两座最大的墓葬均使用一椁一棺。其中棺椁最清楚的M51，墓室长3.8米、宽2.35米，墓室内有长3.15米~3.20米、宽1.7米~1.75米的"井"字形木椁，椁内置长2.2米、宽0.78米、存高0.3米的长方形箱式木棺（图四）。其他遗址也存在着数量不一的同类墓葬，如大汶口墓地的M10、M25、M60，山东莒县陵阳河墓地的M6、M17等，距离陵阳河遗址很近的莒县杭头遗址，规模最大的M8也有一椁一棺。同样情况也存在于良渚文化中晚期阶段，如浙江余杭汇观山遗址发现的4座良渚文化墓葬中，最大的M4墓室长4.75米、宽2.3米~2.6米，内有两重葬具[①]。在浙江桐乡新地里良渚文化遗址，M98长3.28米、宽1.65米，发掘者认为，墓内可能存在一椁一棺[②]。

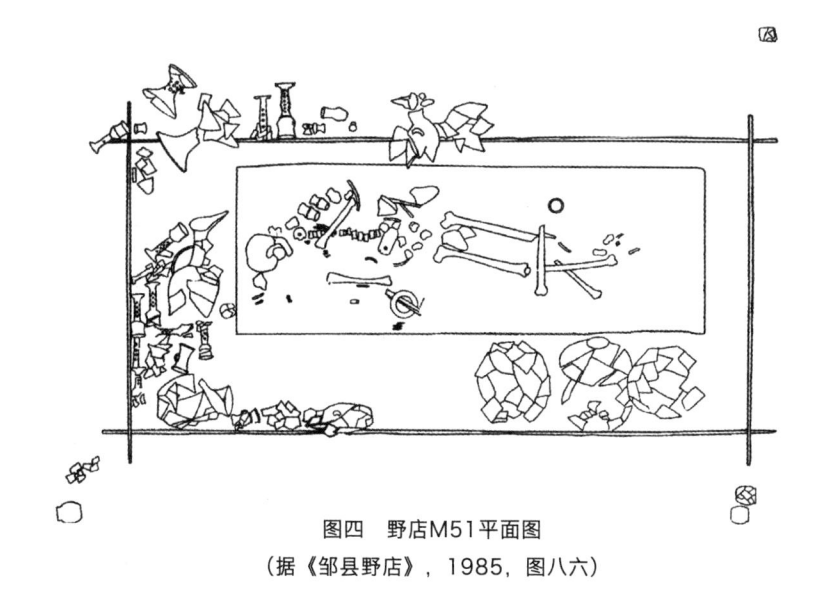

图四 野店M51平面图
（据《邹县野店》，1985，图八六）

[①] 浙江省文物考古研究所、余杭市文管会：《浙江余杭汇观山良渚文化祭坛与墓地发掘报告》，《浙江省文物考古研究所学刊》，长征出版社，1997年。
[②] 浙江省文物考古研究所、桐乡市文物管理委员会：《浙江桐乡新地里遗址发掘简报》，《文物》2005年第11期。

二是棺椁成为身份和地位的标志物之一。我们发现，凡是具有一椁一棺的墓葬，都是那些作为区域中心的最高等级遗址中最大的墓葬，上述所列莫不如此。而使用单层木椁或木棺的墓葬，也是大、中型遗址中较大较富有的墓葬，这种情况绝非偶然。结合墓葬制度中墓室面积大小的分化、随葬品质量和数量的差别，作为丧葬礼制载体之一的棺椁制度，在这一时期开始初步形成。

到距今4600—4000年前后的龙山时代晚期，墓内使用棺椁的现象扩展到了几乎所有地区。原来木质葬具使用情况不甚清楚的中原地区，这一时期在墓地内部也出现明显的等级差别。如山西襄汾陶寺墓地，历年发现的墓葬超过1300座，高炜将其分为大中小三型，并细分为八种，这些差别当是当时社会内部分化的具体表现。其中大型墓葬均有木棺，棺底还铺朱砂，中型墓也有木棺，小型墓则墓室狭小且多无木棺。葬具的使用与墓室面积、随葬品的质量和数量等要素，紧密地联系在一起，折射出陶寺聚落社会内部的层级分化[①]。

棺椁演化清楚并且发展水平最高的仍然是东方的海岱地区。较之大汶口文化晚期，龙山文化时期的棺椁使用又有了较大发展，主要表现在以下两个方面。一是棺椁的等级进一步提高，开始出现两椁一棺以及在椁内置边箱、脚箱的墓葬（图五）。最高等级的墓葬由此前的二重棺椁发展到三重棺椁。在山东临朐西朱封遗址发现的3座龙山文化时期大型墓葬，其中2座为两椁一棺。例如M203，墓室长6.3米～6.44米、宽4.1米～4.55米，面积为27.56平方米。内外椁

---

① 高炜：《试论陶寺遗址和陶寺类型龙山文化》，《华夏文明》第一集，北京大学出版社，1987年。

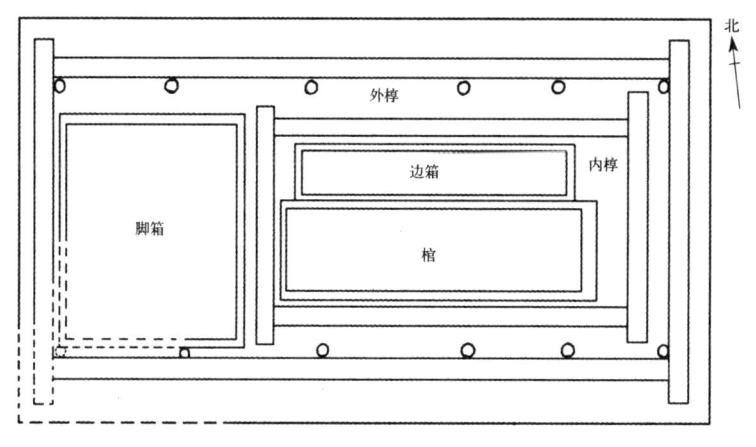

图五　西朱封M1棺椁示意图
（据《临朐县西朱封龙山文化重椁墓的清理》，1989，图二）

均为"井"字形，外椁长4.65米、宽2.75米，内椁长3.85米、宽1.6米，棺为长方形，长2.6米、宽0.58米～0.6米[1]。

二是棺椁的使用趋向于等级化、规范化和制度化。如山东泗水尹家城龙山文化墓地的65座墓葬在棺椁的使用方面，可以分为四个等级。最高一级仅1座（M15），墓室长5.8米、宽4.36米，面积25.29平方米，使用两椁一棺。第二级有4座（M4、M126、M134、M138），长度在3.5米以上，面积接近或超过10平方米，使用一椁一棺。第三级为一棺墓，第四级为无棺墓[2]。而诸城呈子龙山文化墓地，虽然在等级上要低许多，但墓地内部也呈现出分明的等级差别[3]。所以我们认为，龙山文化时期不仅社会分化加剧，透过棺椁制

---

[1] 中国社会科学院考古研究所山东工作队：《山东临朐朱封龙山文化墓葬》，《考古》1990年第7期。
[2] 山东大学历史系考古专业教研室：《泗水尹家城》，文物出版社，1990年。
[3] 昌潍地区文物管理组、诸城县博物馆：《山东诸城呈子遗址发掘报告》，《考古学报》1980年第3期。

度的等级化和规范化可以看出，维系社会秩序的重要工具——礼制正渐成熟，并且为三代礼制的进一步发展奠定了基础。

综上所述，中国古代丧葬礼仪中的棺椁制度源远流长。大约在新石器时代后期阶段的仰韶时代中期，首先在东方的海岱地区和环太湖地区出现木质的棺或椁，并且从一开始，棺椁就与社会内部的分化密切联系在一起。仰韶时代晚期，随着社会分层的发展，棺椁的使用范围有所扩大，数量也不断增多，并且发展出内外相套的两重棺椁，即一椁一棺。单层的木棺与其他材质葬具的含义相似，两重棺椁的使用则显然超越了普通的埋葬含义。龙山时代早期，双重棺椁进一步增多，并且趋于规范化。两重棺椁的增多和规范化，是棺椁制度产生的一个标志，换句话说，龙山时代早期是棺椁制度的初步产生时期。龙山文化时期，随着城址的普遍出现和社会分化与分层，棺椁由两重发展到三重，完全成为地位、权力和身份的指示物，这种现象与商周时期严格的棺椁制度已无本质区别。

如果我们把双重棺椁的出现作为棺椁制度的最初形成的标志，那么，环太湖地区和海岱地区就是目前所知最早产生棺椁制度的地区。龙山文化时期的三重棺椁，甚至更晚时期的多重棺椁，则可以认为是这一制度的发展和进一步的规范化、制度化。许多学者认为，中国商周礼制中的许多内涵来自东方地区，作为丧葬礼仪的棺椁制度，显然主要是继承了东方海岱地区史前文化的传统。

（原载《文物》2006年第6期）

区域考古

中国聚落考古：史前时代的社会图景

试论牛河梁及周边地区的红山文化晚期社会

  自1979年发现牛河梁地区第十六地点的红山文化积石冢之后，随着调查和发掘规模的日益扩大，人们对牛河梁地区红山文化积石冢的分布、结构、年代、内涵、性质等问题的认识和讨论也在不断深入，特别是在探讨中华文明起源的过程中，红山文化的坛、庙、冢是受到学术界格外关注的一批重要资料。2012年，牛河梁地区1983—2003年的考古发掘资料刊布[1]，为我们全面认识牛河梁地区的积石冢及其反映的红山文化社会组织和社会结构，提供了一批完整的系统资料。以下拟对牛河梁地区红山文化积石冢所反映的社会组织、社会结构以及红山文化的社会特质等，进行初步的探讨。

一、牛河梁及周边地区红山积石冢的差别和分化

  位于大兴安岭余脉——努鲁儿虎山脉南端的牛河梁地区，坐落在建平县和凌源市的交界处，属于大凌河流域的上游。该地带为辽

---

[1] 辽宁省文物考古研究所：《牛河梁——红山文化遗址发掘报告（1983—2003年度）》，文物出版社，2012年。

西地区典型的半山地半丘陵地貌，海拔较低的河谷平地，适宜发展农业生产。牛河梁遗址区的南北和东西各有10余千米，区内面积100多平方千米。牛河梁红山文化遗址群发现之后，相继在其周邻的大凌河上游地区也发现了一些规模较小的红山文化积石冢群。目前的发现大约有3个小区，即牛河梁南的凌源市田家沟积石冢群、牛河梁东北的敖汉旗四家子积石冢群和建平县南沟村东山岗积石冢[①]（图一）。红山文化晚期积石冢群之间的差别和分化，主要表现在各小区之间和区域内部两个层面。如果说各小区之间的差别属于宏观层面，那么，相应的各小区内部和各积石冢群内部则代表了微观层面。

（一）区域之间的差别和分化

1. 牛河梁积石冢

截至目前，牛河梁地区发现的红山文化遗址已经达到43处，其中有27处积石冢，每处编为一个地点[②]。就积石冢的构成而言，其中既有单一的积石冢，也有由2座及2座以上积石冢组合成的积石冢群（发掘报告称为群冢，义同）。1979年以来先后发掘了其中第二、三、五、十六号地点的积石冢。在经过发掘的4处积石冢中，以第二地点的规模最大，东西长130米、南北宽45米，占地面积达5850平方米。冢群内包括了6座规模不等的积石冢，每座积石冢的形制既有圆形，也有方形，有的积石冢内部上下叠压，构成了复杂的叠压、打破关系。积石冢内的墓葬既有时代早晚，也明显存在着规格和等

[①] 另外，2006年修筑高速公路时，在牛河梁东北的建平县铁南街道办事处南沟村的东山岗发现一处红山文化里的积石冢，详细的资料尚未发表。

[②] 辽宁省文物考古研究所：《牛河梁——红山文化遗址发掘报告（1983—2003年度）》，文物出版社，2012年，第6页图四。

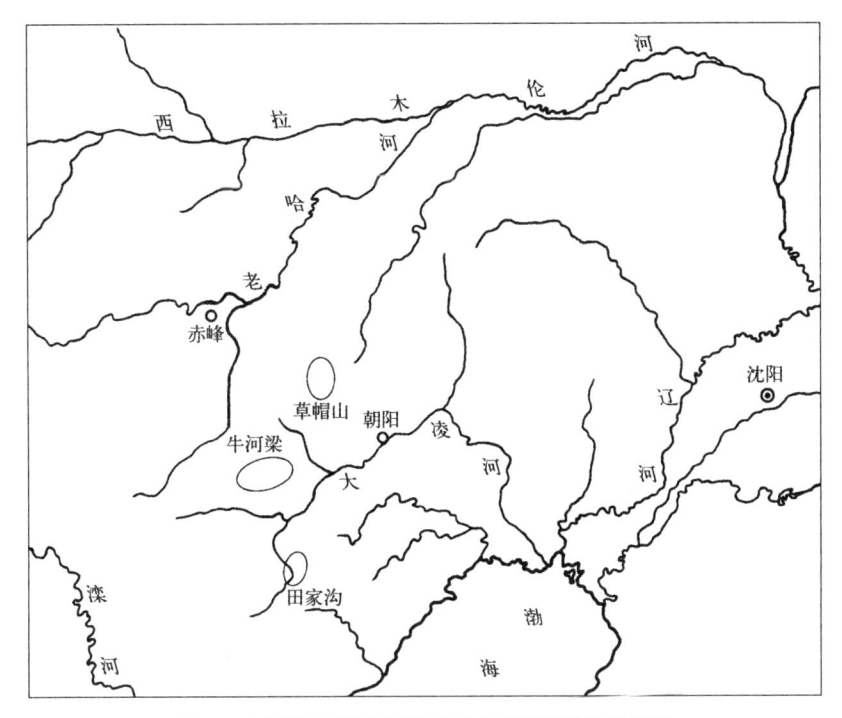

图一　牛河梁及邻近地区红山文化积石冢位置示意图

级方面的差别。规模最小的是第三地点，南北长约29米、东西宽约26米，占地面积约为750平方米。第三地点只有1座属于晚期的积石冢，虽然冢内也有中心墓葬，但规模偏小，等级较低。牛河梁地区的积石冢可以划分为早、晚两大期，每期可再分为前、后两段。从文化发展的角度看，牛河梁地区积石冢的使用期在时间上是连续的。如果把红山文化的发展过程划分为前、后两大期，那么，牛河梁地区的积石冢大约属于后期阶段。

2. 四家子积石冢

位于内蒙古赤峰市敖汉旗四家子镇地区[①]，西南距牛河梁积石冢群60余千米。在大凌河支流老虎山河两岸上下10千米的范围内，发现多处积石冢群。其中四家子镇驻地东侧草帽山后的山梁上，就发现了3处积石冢群。第一地点在突起的山岗上，四周有长方形石墙；第二地点在第一地点的西面，中部隔一条沟，相距500余米；第三地点位于第二地点的西南，在同一条山梁上，两者相距200余米。

草帽山第二地点经过抢救发掘，在揭露的600平方米范围内，发现1座长方形积石冢，可分为内外两层，外层为长方形，内层近方形（图二）。共发现7座墓葬，均位于积石冢的南侧，这与牛河梁地区第二地点、第十六地点的情况完全一致。墓葬均为小型石板墓，分为一次葬（5座）和二次葬（2座）两种，葬式为头西脚东，其中2座有随葬品，出土了少量玉石器。积石冢的石基外侧发现成排的陶筒形器，有的为彩陶。此外，在积石冢的堆积中还发现4个个体的石雕人像，其中1件头部比较完整。由于详细的资料尚未公布，所以目前还难以与牛河梁积石冢群进行准确的年代比对。但从目前透露出来的信息看，其总体特征与牛河梁积石冢群基本一致，故其年代应在牛河梁积石冢群的年代范围之内。

[①] 邵国田：《草帽山祭祀遗址群》，《敖汉文物精华》，内蒙古文化出版社，2004年，第27~29页。

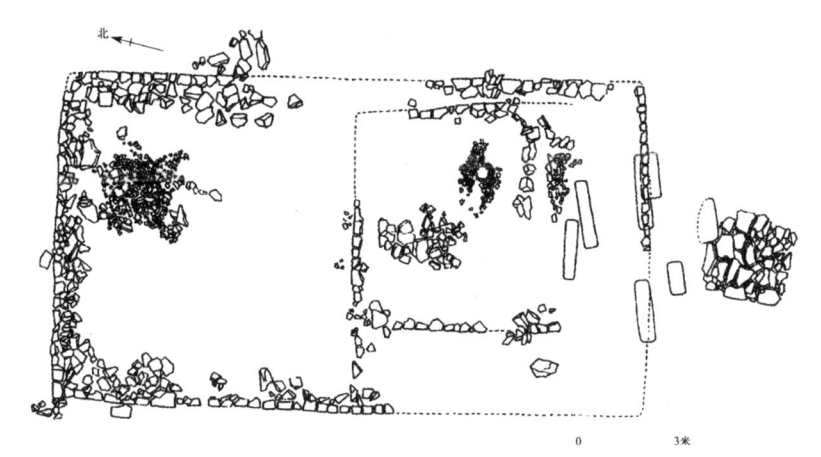

图二　四家子草帽山积石冢第二地点发掘区平面图
（据《敖汉文物精华》，2004）

3. 田家沟积石冢

位于凌源市三家子乡河南村田家沟组西、北侧的山梁上，北距牛河梁积石冢群约50千米。在不大的范围之内发现了4处积石冢群，相互之间的距离均不远，近的只有数百米，每处积石冢的规模都不大。从出土遗物和积石冢的形制分析，田家沟积石冢群的存续时间也在牛河梁地区积石冢的年代范围之内。田家沟积石冢经2009—2011年三次发掘，揭露面积2100多平方米，发现和清理墓葬42座，埋葬人骨46具。其中位于山梁南端较低处的西梁头（第一地点），在100余平方米的范围之内，发现红山文化墓葬7座（图三）。墓葬均有石椁，椁室的垒砌方式为石板平砌和石板立砌交互使用，墓底均为基岩底，上部有盖板。整体上与牛河梁地区积石冢的小型墓葬的结构相同。其中心墓葬（M5）的墓圹长2.96米、宽1.88米，椁室

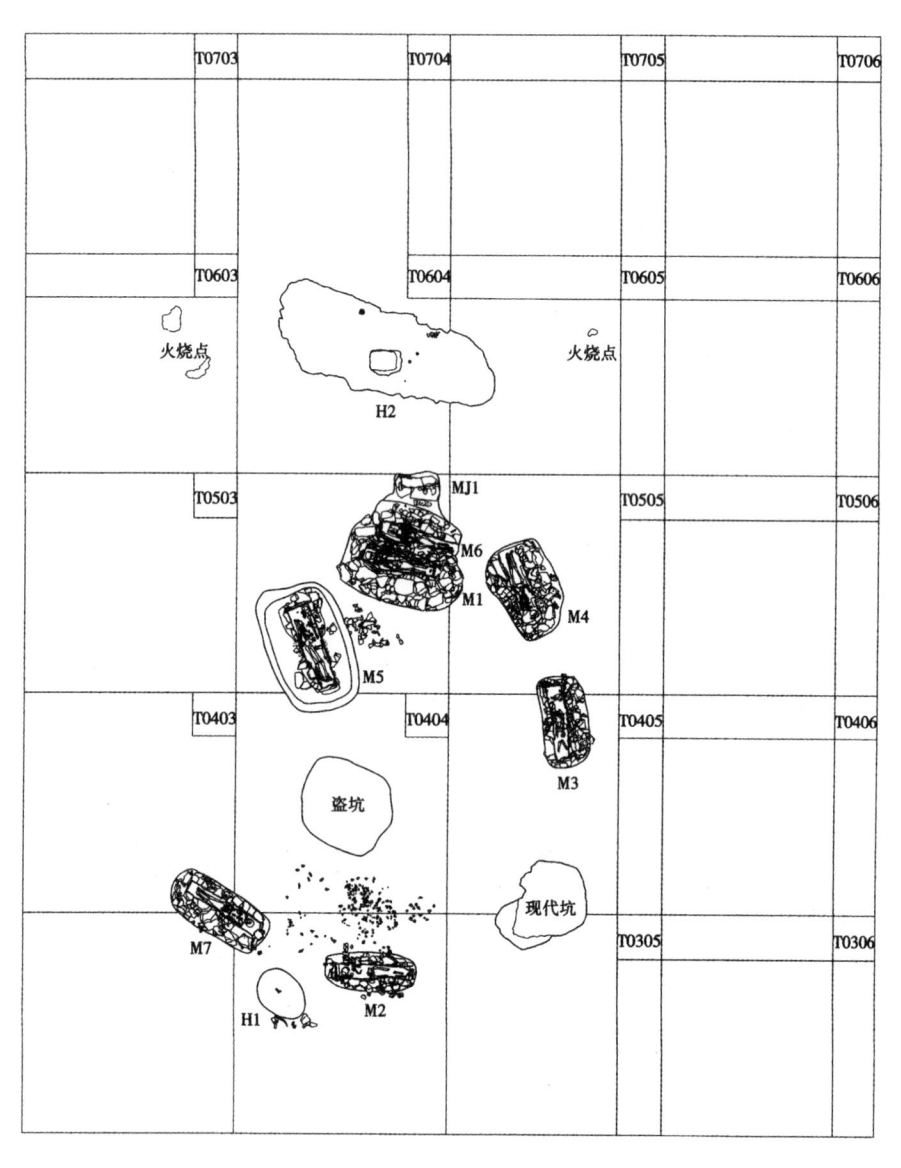

198 | 中国聚落考古：史前时代的社会图景

图三　田家沟西梁头积石冢平面图
（据《凌源市西梁头红山文化石棺墓地的发掘与研究》，2010）

长1.94米、宽0.36米~0.5米。随葬品为1件玉镯和1件绿松石坠①。如果与牛河梁地区的积石冢比较，田家沟第一地点与牛河梁地区等级最低的第三地点，年代大体相当，规模和等级相近或略低。

比较上述三处积石冢，无论是从积石冢的数量和规模，还是从积石冢的等级和出土玉礼器的数量、类别及质量，均存在着明显的差别。牛河梁地区的积石冢群，规模宏大，结构严整，修筑需要花费巨大的劳动量。积石冢群内明显存在着大、中、小型墓葬，大墓随葬的玉礼器远超其他地区的积石冢。仅就数量而言，牛河梁地区积石冢已发掘墓葬出土的玉器多达140余件，如果加上其他遗迹出土和零星采集的玉器，总数接近200件。其中仅第二地点一号冢的M21一座墓葬就使用了20件玉器，而田家沟4处地点的40余座墓葬仅发现19件玉器。所以，牛河梁地区积石冢不仅是大凌河上游地区最高等级的中心，很有可能也是整个红山文化最高等级的墓葬群。

再看四家子草帽山和田家沟的积石冢群。从规模和数量来说，这两处积石冢的规模相对较小。如草帽山地区在700米的范围之内，发现3处积石冢。而田家沟地区则在不大的范围内发现4处积石冢。这两个地区的积石冢群墓葬数量不多，并且均为中、小型墓葬，随葬的玉器不仅数量少，器形也多为简单的装饰用玉，缺乏大型礼仪用玉。所以其整体发展水平和等级相对较低，大体与牛河梁地区积石冢群中级别较低的第三地点相似。

如果说一个小区的若干积石冢群代表着当时社会的一级特定组织，那么，牛河梁、四家子、田家沟三个小区之间，显然牛河梁地

---

① 王来柱：《凌源市西梁头红山文化石棺墓地的发掘与研究》，《玉魂国魄——中国古代玉器与传统文化学术讨论会文集（四）》，浙江古籍出版社，2010年。

区的社会组织的规模最大,等级最高,区域内部的差别也最大。而四家子和田家沟两个小区积石冢群所对应的社会组织,规模相对较小,等级比较低,积石冢群内部的差别也比较小。

从宏观上看,这些积石冢都属于燕辽地区红山文化的组成部分。四家子和田家沟两区积石冢群与牛河梁地区的积石冢群,在地理位置上互相依存,均分布于大凌河上游地区。如果把大凌河上游地区看作是一个共同区域,并且作为红山文化中晚期阶段一个相对独立的文化小区来对待,那么牛河梁一带就是这个共同区域或文化小区的中心,而与其相距不远的四家子和田家沟等积石冢群,就代表了低一个层次的社会组织。所以在宏观上,大凌河上游地区到红山文化晚期阶段,至少存在着占据控制地位的中心区和处于从属地位的周边地区的差别。

(二)牛河梁地区内部的差别和分化

考察牛河梁地区内部积石冢的分化状况,大体可以从三个层面开展,即各地点之间、各地点内不同冢群之间和各积石冢群内部的墓葬之间。

1. 各处地点之间的分化

牛河梁地区在100余平方千米的范围内,目前已发现积石冢群27处,这些积石冢群之间在规模和等级上存在着显著差别。可以从以下几个方面来加以分析比较。

(1) 积石冢群的规模

经过较为全面揭露的第二、三、五、十六等4处地点,以第二地点的占地面积最大,约为5850平方米,内部包括了6座积石冢群,目前已经发掘了47座墓葬。第五地点和第十六地点次之。第五地点的占地面积超过1500平方米，分上、下两层积石冢，下层由2座积石冢群组成，上层由3座积石冢群组成，共发现17座墓葬。第十六地点的占地面积超过1200平方米，分为上、下两层积石冢群，共发现15座红山文化墓葬。第三地点占地面积最小，约750平方米，只有1座积石冢群，共发现11座墓葬。

（2）中心大墓的规格和等级

第二地点发现的6座积石冢群，其中以二号冢群的规格最高。该冢群早年被盗，中心大墓（M1）内空无一物，但其超大的规模和别具一格的墓葬结构仍然显示出非同寻常的地位。墓葬由冢台和墓室两个部分构成，冢台为覆斗状方台，位于原地表以上，全部用石块砌成，边长3.6米、高0.7米，面积约13平方米。墓室为长方形，一部分在地表以上，一部分在地表以下并深入基岩。挖于原地表以下的部分，用石灰岩块石和石板平砌而成，石椁长2.21米、宽0.85米、深0.5米，面积约为1.88平方米；地表以上的部分亦用石块砌成，长2.9米、宽1.5米、高0.2米，面积约为4.35平方米。整个墓葬的结构十分独特和复杂。所以该墓尽管没有随葬品存留下来，但并不影响我们判定该墓是整个牛河梁地区积石冢群中等级和地位最高的墓葬。

位于M1南侧偏东的M2，是一座挖于原地表以下并且南侧有二级台阶的墓葬。墓圹为圆角长方形，长3.1米、宽2.8米，墓口面积约为8.68平方米。墓圹内一侧有长方形石椁，四壁采用4~9层石板砌成，底部用石板铺成，无顶盖，石椁长2.1米、宽0.4米~0.5米，面积0.95平方米。墓主为15岁左右的男性少年，只发现1件玉环。

第二地点一号冢是目前发现墓葬最多的积石冢群，共有25座，没有发现位于积石冢中心的大墓，但在积石冢的东西中轴线两端各发现了1座规格较高的大型墓葬①，即M25和M26。M25和M26的形制相同，整体近似方形，南侧有多级台阶内收，底部有长方形石椁，墓主均为成年男性。M25的墓圹长3.5米、宽3.15米、深2.7米，墓口面积约11平方米；墓圹一侧有长方形石椁，四壁用8~12层板材砌成，底部用石板铺成，无顶盖，石椁长1.96米、宽0.48米、深0.54米~0.62米，面积约为0.94平方米。出土玉器7件。M26的墓圹长3.95米、宽3.42米、最深1.9米，墓口面积约13.5平方米；墓圹一侧有长方形石椁，四壁用6层石板砌成，底部铺石板，无顶盖，石椁长1.94米、宽0.45米、深0.42米，面积约0.87平方米。出土4件玉器。

以上分析的第二地点4座大型墓葬，从墓葬形制、墓圹和石椁的结构和大小、随葬品等因素综合考虑，可以划分为两个等级，即二号冢M1为第一等级，二号冢M2和一号冢M25、M26（或者可以再加上M21）为第二等级。在第二等级的几座墓葬中，二号冢的M2，墓葬大小和随葬品的数量、质量均偏弱，但墓葬规模和结构基本具备，随葬品较少或许与其未成年有关。

第五地点和第十六地点的上层积石冢各有1座中心大墓。第五地点的M1，位于一号冢的内圈中部，墓圹为圆角长方形，长3.8米、宽3.05米、深2.25米，墓口面积11.59平方米。该墓在下挖过程中，分两次内收。从墓口至深0.95米处，四面各收出一个阶状平台；再往下0.8米处，内收挖出石椁的外框。墓圹中部的长方形石椁，南北两侧用5~7层石板垒砌，东西两端则用整块大石板立砌，底部用石板铺成，无顶盖。石椁长1.98米、宽0.55米、深0.45米，面积约1.09平

---

① M21位于积石冢的正南位置，该墓上部已被破坏不存，就其石椁和随葬品的情况看，应该是和M25、M26同等级的墓葬。

方米。墓主为50岁左右的男性，出土7件玉器。

第十六地点的M4，位于上层积石冢的中部，墓圹为圆角长方形，长3.9米、宽3.1米、深4.68米，墓口面积约为12.09平方米。墓圹北侧有二级较斜缓的台阶，石椁位于开凿基岩形成的深井式竖穴中，长方形，四壁用11~17层石板砌成，底部铺一层石板，顶部盖2层石板，石椁长1.9米、宽0.5米~0.65米、深0.57米~0.68米，面积约1.09平方米。墓主为成年男性，出土玉器6件，绿松石坠饰2件。

第五地点和十六地点的中心大墓，从墓葬规模、结构、石椁的大小及垒砌方法、随葬玉器的数量和种类等因素综合考虑，所处等级基本相当，与第二地点的第二等级墓葬大体一致。

第三地点的中心墓葬M7，位于积石冢的中心位置，墓圹为圆角长方形，长2.9米、宽1.35米~1.85米，墓口面积约为4.6平方米。墓圹内有长方形石椁，略偏向一端，四壁用3~4层石块砌成，无铺底和顶盖，椁室长1.79米、宽0.46米~0.57米、深0.31米~0.44米，面积约0.92平方米。墓主为45岁左右的男性，出土玉器3件，其中有1件"斜口椭圆筒形器"（龟形器）。

平衡各个方面的因素，可以看出第三地点的中心墓葬在各个方面均明显低于第五、十六地点的中心大墓，甚至低于第二地点第三个层级和第十六地点第二个层级的墓葬。作为完整积石冢群之间的比较，第三地点的等级应该排在第五、十六地点之后，属于目前所知牛河梁地区红山文化积石冢群中等级最低的一级[①]。

综上所述，在牛河梁地区内部，就目前所知至少存在着三个等

[①] 因为第三地点距离第二点地点甚近，也不排除第三地点有可能是一处附属于第二地点的积石冢群。

级的积石冢群，即最高等级的第二地点，次一等级的第五、十六地点，第三等级的第三地点。其他区域如四家子、田家沟等内部的积石冢群，当也存在着差别，由于资料的原因，目前尚难以进行分析和划分。

2. 各处地点内部的分化

牛河梁地区的20多处积石冢地点，有的地点为2座或2座以上同时并存的积石冢群，这些积石冢群之间也存在着差别和分化。下面以第二地点和第五地点为例分析之。

第二地点共有6座冢群，发现墓葬数量较多的是一、二、四号冢群。一、二号之间的关系已如前述，二号的中心大墓M1，规模和等级明显高于一号冢最大的M25、M26等，而从形制和规模等因素综合考虑，二号冢的第一等级墓葬与二号冢的第二等级墓葬大体属于同一级。

四号冢的情况比较复杂，与一、二号冢同时的墓葬大体是四号冢的上层墓葬。四号冢又分为早、晚两段。年代早于一、二号冢的早段，在北半部东西并列着2座圆形积石冢，每个冢各有内、中、外三圈规则的石砌冢墙，墙体由外圈到内圈逐次加高，圈内填满了大大小小的石块。东冢略小，外、中、内三圈的直径分别是15.3米、13.4米、12米，外圈石墙内侧安放了一圈排列规整的彩陶筒形器。西冢较大，外、中、内三圈的直径分别为19.2米、17.4米、15.6米。遗憾的是两个积石冢中均未发现墓葬。

与一、二号冢时代相当的四号冢上层晚段是2座方形（或长方形）积石冢。西北部一座较为明确，面积约占四号冢的四分之一，北、东、南三边尚存在着石砌冢墙。由保存较好的北墙可看出内、中、外三道冢墙，中间一道冢墙的内侧排列着彩陶筒形器。从目前保存的情况看，该积石冢南北长度接近16米，东西长度从可以测算的范围看当不小于此数，由此可知其占地面积当在200平方米以上。

四号冢的东南部位置局部发现有残断冢墙，破坏十分严重。发掘者认为是东北部圆形积石冢的向南延伸形成的，并名之为"梯形冢体"①。经过反复比对，我认为从整体上分析，四号冢东南部的残断石墙应该是另外1座晚于圆形冢的长方形积石冢，理由如下：

一是东侧（包括东南角一带）的外界墙，在中部偏北处与上层前段的东部圆形积石冢外墙连为一体。这在中晚期积石冢的整体结构、布局和东侧圆形积石冢的形状上，给人以不协调的感觉。

二是在M8西侧有一列长7米多的南北向类似墙的规则砌石②（往北似叠压M2后继续向北），从走向看与东侧的内界墙基本平行。这一段类似墙体的遗迹，其北端墙体边线方向发生逆转，南侧为面向东，北侧改为面向西。从相互关系看似为具有叠压关系的上下两层。如果是这样，它们就应该是同一墙体，与东侧的界墙共同构成1座积石冢。

基于上述，我怀疑这是一座遭受严重破坏的另一座晚期长方形积石冢。是否如此，当然还需要结合现场情况进一步探讨。

四号冢中与一、二号主体同时的方形积石冢，未发现中心大墓或者类似于一号积石冢M25、M26那样的大型墓葬，甚至连普通的墓葬也很少。从该积石冢的保存情况及牛河梁地区中心大墓、第二

---

① 辽宁省文物考古研究所：《牛河梁——红山文化遗址发掘报告（1983—2003年度）》，文物出版社，2012年，第185、186页。
② 牛河梁红山文化遗址发掘报告认为与西北部上层方形积石冢东侧中墙或外墙的南延有关（第187页注6），但它们的方向存在明显差别，并且向南远远超出了南侧外墙的位置，从而无法使两者相对应，故这一推测不能成立。

等级大型墓葬的结构看，如果曾有过前两类墓葬就不会存在被完全破坏的可能。所以，我们推测这是一处基本修好但尚未完全投入使用的大型积石冢，其级别当与一号冢类似。

第二地点的五、六号积石冢，时代与一、二号冢大体相同。五号积石冢较为清楚，为1座长方形积石冢，除了发现3具人骨之外，既没有发现中心墓葬，也没有其他墓葬。六号冢受到严重破坏，只发现1座墓葬。就目前资料而言，无法最终确定这两座积石冢的等级。

从以上第二地点积石冢群的分化情况，可以明确它们之间至少存在着2个等级，即二号冢等级最高，一号冢次之。很可能还存在着更低的等级，如五、六号冢。

第五地点上层有2座积石冢，即位于东北端的一号冢和西南端的二号冢。一号冢只发现1座中心大墓，已如前述。二号冢破坏较甚，共发现4座墓葬，均位于南部，没有发现中心大墓。位于4座墓葬中部的M2，平面近圆角梯形，长2.1米、宽0.78米~1.1米、深1米。椁室除足端为一大石板立砌外，余下三壁均采用2~4层石块或石板平砌而成，底部为基岩，顶部用石板与石条封盖。椁室长1.9米、宽0.4米、深0.22米，面积0.76平方米。出土3件玉器和1件彩陶罐。墓葬的各项要素均无法与一号冢的中心大墓（M1）相比。故二号冢的等级要明显低于一号冢。

综合第二、五地点的积石冢群状况，可以认为牛河梁地区各地点内部的积石冢群之间也存在着明显的等级差别和分化。

3. 积石冢群内部的分化

最低层级的社会分化体现在每座积石冢内部。一座积石冢内，通常会安置多座墓葬，这些墓葬之间也存在着明显的差别和分化。

可以第二地点一、二号冢和第十六地点为例予以分析。

第二地点二号积石冢的墓葬数量不多，共发现5座。综合墓葬规模和结构、石椁的规模和结构等基本要素，5座墓葬可以划分为五个类别，代表了五个等级。M1为A类，是整个牛河梁地区最为独特的一座中心大墓；M2为B类，是一侧有多级土阶和有石砌石椁的大型墓；M4为C类，是一侧有一级土阶和墓室面积较大的石砌石椁墓；M3为D类，是墓室面积较小的石砌石椁墓；M5为F类，是无石椁的土坑墓。

一号积石冢共发现25座墓葬，是牛河梁地区所有单座积石冢中墓葬最多的一处。如果按照二号积石冢的分类标准，再加上墓葬随葬品的因素，一号积石冢的25座墓葬可以划分为四个类别，代表了四个等级。

B类墓葬有M25和M26，是一侧有多级土阶和有石砌石椁的大型墓。此外，M21保存的只是石椁部分，从其石椁的规模，特别是有20件玉器随葬品的情况分析，M21也应该划入B类墓葬之中。

C类墓葬有M22、M23、M24、M27等7座。其中M27南侧有明确的土阶，M22、M23、M24等3座中，2座基本被破坏殆尽，1座为双石椁，均深入基岩之中，出土3件及以上玉器，并且都使用了“勾云形器”和玉镯，M22还有玉“斜口椭圆筒形器”（龟形器），故归入C类。另外M4、M14、M15等3座石椁墓，虽然在墓葬形制上没有台阶，但每座墓至少有3件玉器随葬，其中包括“勾云形器”或“斜口椭圆筒形器”（龟形器）等重器。另外，这几座墓葬的时代晚于M21等。所以，可以把这3座墓葬也归到C类。

D类墓葬有M1、M2、M5、M7、M8、M9、M11、M13、M16、M17、M20等11座。这些墓葬多数位于一号积石冢南部地表以上，破坏较为严重。

E类，有砌石的小型墓葬，无随葬品，此类墓葬以二次葬居多，有M3、M6、M10、M19等4座。

综合第二地点一、二号积石冢内墓葬的差别，可以统一划分为A类~F类等六个类别，代表了六个等级。

第十六地点的上层积石冢共发现8座墓葬，其中包括1979年发掘的3座。按上述第二地点的分类标准，第十六地点的8座墓葬可以分为四类。

B类墓葬有2座，即M4和79M2。M4的基本情况已如前述，可以确认为第十六地点的中心大墓。79M2不仅墓葬规模仅次于M4，并且结构与M4有诸多相似之处，如墓上的封土封沙层漫出墓葬以外较大范围，石椁的砌筑方式和结构基本一致等。从墓葬的位置图看，79M2南侧应有两级阶梯。79M2出土了9件玉器，就数量而言多于M4，其中包括"勾云形器""斜口椭圆筒形器"（龟形器）、方形玉璧、玉镯、玉环、玉鸟等。综合考虑，可以把79M2归入B类墓葬。当然，在第十六地点，M4的规模更大一些，并且出土的玉器数量尽管不如79M2多，但其独有的玉人和大型玉鸟，为牛河梁地区乃至整个红山文化目前所仅见。所以，M4墓主生前的声望和地位应该更高一些。

从层位关系来看，79M2要晚于M4，2座墓葬至少不是同时下葬，甚至不排除两者为前后代人。所以，我认为以下解释似更合理，即能够入葬到积石冢内的，都是当时的社会上层，或者与其关系亲近的人，那么，M4和79M2有可能是前后两代首领式人物。如果把这一观点推广到整个牛河梁地区，第一、二等级的成年墓葬，不排除先后担任过区域最高领导的可能，只是我们目前无法精确地排出这些墓葬死者的先后关系。

C类墓葬有2座,即M14和M15。这2座墓葬从形制上看没有台阶,但使用玉器的数量较多,M15有3件,M14更是多达7件,并且或有"斜筒形器"(龟形器)和龙形玉玦,或有"勾云形器"。所以,其整体情况和第二地点一号积石冢的M4等3座墓葬类似。

D类墓葬有4座,即79M1、79M3、M12和M13。其中79M1骨盆以上部分完全破坏不存,但还出土了3件玉锥形器,其等级也可能高一些。

由以上第二地点一、二号积石冢和第十六地点上层积石冢内的墓葬分析,根据墓葬规模和结构、所处位置和相互关系、随葬品的数量和类别等因素,可以确信红山文化晚期阶段的牛河梁地区,社会顶端内部的分化已经成为一种常态。埋葬在牛河梁地区的人们,至少可以划分为五或六个层次,而这种不同层次在人数上呈现金字塔状态,即顶部或靠近顶部的人数较少,基底或靠近基底的人数较多。面对这样的现象,显然是无法用平等社会来进行解释的。如果这些墓葬的宏大规模代表着权力和地位,精致的玉器代表着权力和财富,那么,红山文化晚期的牛河梁地区,可以说确信无疑进入了分层社会阶段。

二、红山文化晚期社会及其特质

红山文化的分布区包括了辽西、内蒙古东南部及京冀等地在内的整个燕辽地区,就探讨红山文化的社会而言,目前还是以牛河梁地区的墓葬资料最为丰富和集中。所以,以下将从牛河梁地区的讨论开始，进而分析红山文化的社会及其特质。

（一）牛河梁及周边地区红山晚期的社会结构

由上一节的论述可知，地处大凌河上游的牛河梁及其周边地区，红山文化积石冢群的分化表现在不同层面，可以从宏观和微观两个方面进行分析。

宏观方面的差别和分化表现在不同的小区之间。目前所知大凌河上游地区的红山文化积石冢群，可以划分为牛河梁、四家子和田家沟三个小区。如果一个小区代表一个相对独立的红山文化时期的社会，那么，由前述分析可以明确，这三个小区的红山文化积石冢之间，从整体规模、形制、内涵到它们所代表的社会等级均存在着十分明显的差别。总体而言，牛河梁地区的积石冢规模宏大、形制复杂、内涵丰富，特别是出土的玉器数量多、品质优良，其中存在较多的礼仪用玉。如"勾云形器""斜筒形器"（龟形器）、龙形玦、璧及其他动物造型等，尤其是圆雕的玉人和玉鸟，堪称重器。牛河梁地区的积石冢出土玉器组合完备，功能明确，在整体上显现出非常高的等级，至少在目前的红山文化分布区域内尚没有发现可以与之等量齐观者。同时，牛河梁地区还配备有专事祭祀或其他礼仪活动的中心场所（如牛河梁第一地点的女神庙），这也是在其他地区所未发现的重要现象。

再看四家子地区的积石冢。从规模上看，沿老虎山河上下10千米的范围内已发现十余处同类遗址，有的还发现石围墙遗迹。其中草帽山第一、二地点经过发掘，均为长方形积石冢。已公布平面图的第二地点，南北长近20米，东西宽约10米，规模、形制、方向均与牛河梁第二地点5号积石冢相近。在南侧内外发现了7座红山文化墓葬。墓葬的规模不大，随葬品中有少量玉石器，器形有璧、环等。目前的资料表明，四家子地区积石冢的分化程度不高，明显要低于牛河梁地区。田家沟地区的积石冢，整体上与四家子地区相近。

概而言之，红山文化晚期的大凌河上游地区，至少同时存在着高低两个层次的文化小区（聚落群）。高层次的为牛河梁地区，内部高度分化，至少存在着三个层次的差别。低层次的为四家子和田家沟两个小区，内部分化已经产生，但程度相对较低。至于两类小区之间的关系，存在两种可能：一是大凌河上游地区构成一个统一体，牛河梁小区是统一体的中心，其他小区隶属于中心之下；二是各自相对独立，不具有隶属关系，只是社会发展水平有高有低，分处于不同的社会发展阶段。

微观方面的差别和分化表现在各小区内部。前述对牛河梁地区积石冢的分析是从三个层级展开的，即小区内部的地点之间、地点内部的积石冢群之间和积石冢群内部的墓葬之间。分析结果表明，牛河梁地区内部社会的差别和分化是全面存在的，即以上三个层次均存在着明显差别和分化。牛河梁地区积石冢的每一个地点，大约都各自代表着一个相对独立的小社会。我们可以从纵、横两个方面来看它们之间的关系。

纵向来看，每一个积石冢都有一定的时间长度，换言之，它们各自有一个产生和发展的过程。第五、十六地点，最初没有积石冢，只是普通的聚落遗址，后来发展出下层积石冢。第二地点的早期只发现个别灰坑，之后的下层积石冢主要发现于四号冢。这一阶段开始出现经过规划的墓域，并且采用彩陶筒形器围成一圈（主要见于第二地点四号积石冢），用石板或石块砌筑墓室，形成较原始的石椁,许多墓葬没有随葬品(如第二地点四号冢的M1、M4、M12、M13;第五地点下层一号积石冢的M5、M6;二号积石冢的M7),玉器开始见于墓葬之内,不仅有装饰类的镯、环等,也有礼仪用器如"斜口椭圆筒形器"(龟形器)等[①]。后者主要见于第二地点四号积石冢,表明区域内和积石冢群内的分化均已开始出现,但与后一阶段相比还不是十分显著,或者处于初始阶段。这些基本特征与后来高度分化的上层积石冢之间,显然存在着内在联系,但又有明显差别。对这种现象的解释,大体有两种:一是如报告所说,它们之间在社会关系上产生了突变[②];另一种是目前发掘工作的规模毕竟很小,牛河梁地区27处积石冢,做过工作的只有四五处,多数尚未发掘,不排除下层积石冢时期也存在分化低于上层,但明显高于目前所知的状况。

从横的方面分析,牛河梁地区各积石冢之间存在着时间差异,如果放在共时的框架下,同时并存的地点并没有目前所知那么多,而只是其中的一部分。如果按早晚两期来看,牛河梁地区早、晚期积石冢的分化明显且层次较为清晰。

早期积石冢阶段,第二地点四号冢的发展水平,无论是墓域的规范程度,还是随葬品中玉器的类别和质量,均优于第三、十六地点。于是,可以认为这一时期,积石冢所代表的社会分化,表现为有一定差别的高低两级的形态。

晚期积石冢阶段,各地点均获得较大发展,各自内部的层次清

---

① 第十六地点压在上层积石冢之下的西侧3座墓葬,出土璧、斜筒形器、龟等玉器,时代较晚,与第二地点的一号冢的前段相当。
② 辽宁省文物考古研究所:《牛河梁——红山文化遗址发掘报告(1983—2003年度)》,文物出版社,2012年。

晰，并可以确立相互之间不同层次的对应关系。即第二地点的二号积石冢等级最高，一号积石冢次之（四号冢应该与二号冢相近）。第五地点的一号积石冢和第十六地点大体与第二地点的一号积石冢规格相当，属第二级。而第三地点则属于更低的第三级。这样，牛河梁地区晚期积石冢阶段，依次存在着从高到低的三个等级的分布形态。从而可以确信，牛河梁地区红山晚期的社会结构已经发展到具有一定水平的分层社会阶段。

（二）牛河梁及周边地区积石冢反映的红山晚期社会特质

从目前已有的调查和发掘资料看，可以认为牛河梁地区的积石冢群代表了红山文化社会的最高发展水平。从这些积石冢群中发现的一些本地区独特的文化内涵，或可称为红山文化社会的特质。

我们曾经指出，中国古代社会由原始到文明的发展过程，至少存在着两种以上的发展模式或类型，即中原地区和海岱地区为代表的"重人事"的世俗模式或类型，和以燕辽地区和环太湖地区为代表的"事鬼神"的宗教模式或类型[①]。

红山文化代表了燕辽地区新石器文化发展的最高水平，其与中原、海岱两地区的差别自不待言。细究之，红山文化和东南地区的凌家滩、崧泽、良渚文化也存在着比较明显的差别。仅从两个地区高等级墓葬所反映的埋葬制度、文化习俗等进行比较，就可以归纳出以下几个方面。

一是红山文化的积石墓葬均位于山岗山脊之上的特定区域内，

---

① 栾丰实：《中国古代社会的文明化进程和相关问题》，《东方考古（第1集）》，科学出版社，2004年。

墓域规划严谨规范，或圆或方；石墙建筑整齐规整，逐层收缩升高。积石冢的地表标志极为清楚和明显，流行立石板和石块垒砌的石椁墓，其上再加以封土和积石，缺乏木质葬具[①]。凌家滩的墓地选择建在村北高岗的平台上。良渚文化的墓地则多在人工堆积起来的土丘之上，事先亦有规划，因为材料的原因，不像红山文化那么清楚和壮观。墓葬均为土坑墓，流行木质葬具，崧泽文化晚期等级较高的墓葬就开始使用木质的一椁一棺，开后世棺椁制度之先河[②]。

二是燕辽和环太湖地区均具有在墓葬中使用玉石器随葬的制度或习俗。红山文化墓葬的随葬品数量较少，相当数量的墓葬没有随葬品，如牛河梁地区积石冢发掘的90座墓葬，随葬品总数只有150余件。并且随葬品中陶器和玉器一般不共出，特别是等级较高的墓葬，几乎全部以玉石器随葬，陶器极为罕见。

凌家滩、良渚文化墓葬的随葬品数量较多，如凌家滩墓地前三次发掘的44座墓葬，随葬品总数即达到1500件之多[③]，远远超过了红山文化。凌家滩、良渚文化墓葬通常是玉石器和陶器共出。不同等级墓葬的差别较大，小型墓葬以陶器居多，大型墓葬则以玉石器为大宗。

三是同样为较高等级的墓葬，红山文化使用的玉器数量较少。牛河梁地区8座第一、二等级的大型墓葬，出土玉器总数只有50余

---

① 有的墓葬可能用木板作为盖板来封盖椁室。如第二地点二号冢的M2，在椁室口部位置有明确的厚2厘米的板灰痕迹。
② 北京大学考古学系、浙江省文物考古研究所、日本上智大学联合考古队：《浙江桐乡普安桥遗址发掘简报》，《文物》1998年第4期。
③ 安徽省文物考古研究所：《凌家滩——田野考古发掘报告之一》，文物出版社，2006年。

件，玉器的类别也不多。从牛河梁地区积石冢玉器的数量和出土频率来看，"斜口椭圆筒形器"（龟形器）、"勾云形器"（鸮形器）、璧为礼仪用玉的基本组合，8座大型墓葬半数以上出土这三类玉器。

凌家滩、良渚文化墓葬出土玉器数量之多，与红山文化不可同日而语。如凌家滩前三次发掘的44座墓葬中，有37座使用玉器，总数达到802件。再如反山墓地的11座墓葬，出土玉器总数多达3200余件，其中最大的M12就出土玉器647件（其中还不包括435件玉粒和玉片）[①]。良渚文化玉器的器形多达20余种，大量玉器上雕刻有细如毫发的纹饰和图案。同时，玉器的基本组合明确，已经形成较为固定的配置，如琮、璧、钺、冠状饰等。用它们来表示身份和地位的等级高低时，既要看基本组合，也要看上述重要玉器的数量和质量，与后世商周时期用各种青铜重器来区分贵族等级和身份十分类似。

四是牛河梁红山文化墓葬使用的玉器，主要有两大类别。一是礼仪用玉，器形主要有"斜口椭圆筒形器"（龟形器）、构图复杂的"勾云形器"（鸮形器）、各种璧、动物形玦、鸟及其他动物等；二是装饰用玉，器形主要有镯、环、玦、管、珠、臂饰、坠饰等，其中数量最多的是镯和环[②]，在装饰玉中约占80%。

凌家滩、良渚文化除了礼仪用玉和装饰用玉之外，还有数量可

[①] 浙江省文物考古研究所：《反山》，文物出版社，2005年。
[②] 红山文化玉镯与玉环的区别较为牵强。据牛河梁地区积石冢全部40座出土玉器的墓葬统计，有19座墓葬出土26件玉镯，其中7座墓葬各出2件，余者皆为1件。15座墓葬出土21件玉环，其中6座墓葬各出2件，余者皆为1件。在全部出玉镯和玉环的34座墓葬中，既出镯也出环的只有3座墓葬（2镯1环，或2环1镯），90%以上墓葬两者并不重合。并且在形制和大小上镯和环基本没有区别，个别内径偏小者，有可能是儿童佩戴饰品。

观的武器和工具类用玉，后者不见红山文化。凌家滩文化时期，两者在玉人、龟形器、龙形玦等器形上可能存在一定联系，但绝大多数玉器完全不同。如凌家滩数量最多的各种璜，良渚文化最重要的琮、冠状饰（冠徽）等，完全不见于红山文化。而红山文化最为奇特的"勾云形器"（鸮形器），也不见于长江下游地区。

五是牛河梁红山文化墓葬出土的玉器中，有一个十分突出的现象，就是基本不使用钺类器物，甚至也没有其他的武器类遗物，如镞、矛等。在牛河梁地区积石冢历年发掘的90座红山文化墓葬中，只有第二地点一号冢的M9出土过1件石钺[①]。M9位于一号积石冢的东南角，属小型墓葬，从层位和出土的极其简化的"勾云形器"（鸮形器）来看，该墓的时代较晚。红山文化大型墓葬不使用玉石钺随葬，显然不是发掘墓葬数量少等偶然性因素所造成的，其原因当从当时的社会中去分析和寻找。

与红山文化不同，凌家滩、良渚文化的墓葬，特别是高等级墓葬，通常会使用一定数量的石钺来随葬。如凌家滩前三次发掘随葬品最多的98M20和87M4，分别出土22件（其中6件玉钺）和31件（其中3件玉钺）玉、石钺。再如余杭反山良渚文化墓地，11座良渚文化贵族墓葬共使用了85件玉、石钺，其中玉钺5件，石钺80件。反山墓地等级最高的M12，不仅出土1件刻有精美神人兽面纹和凤鸟图案的风字形大玉钺，还有5件磨制精致的石钺。瑶山良渚文化贵族墓地，12座墓葬出土玉、石钺16件，其中玉钺6件，石钺10件[②]。如果按学界通常所认为的那样，大型玉、石钺（特别是那些没有使用痕

---

① 另外，在第十六地点上层积石冢的表土中采集到1件小玉钺，长7.5厘米、宽4.7厘米，见牛河梁红山文化遗址发掘报告第429页。
② 浙江省文物考古研究所：《瑶山》，文物出版社，2003年。

迹者）是军权乃至王权的象征。那么，牛河梁地区红山晚期社会的统治者在这一方面是缺乏的。这和同时期中原地区的仰韶文化、东方地区的大汶口文化等均明显不同。

六是牛河梁地区积石冢出土的礼仪用玉中，最重要并且出土频率最高的是"斜口椭圆筒形器"（龟形器）和"勾云形器"（鸮形器）两类。这两类玉器为红山文化玉器的代表，不见或少见于其他地区同期及前后期的新石器文化。

首先是"斜口椭圆筒形器"（龟形器）。在牛河梁地区积石冢随葬玉器的40座墓葬中，有16座墓葬使用了18件"斜口椭圆筒形玉器"[①]。其中有2座墓葬各自出土2件，一座是第二地点一号积石冢的大墓（M25）；另一座是四号积石冢的M15，该墓出土2件"斜口椭圆筒形器"（龟形器），同时还出土了1件"斜口椭圆筒形器"的半成品，故该墓主有可能是制作玉器的高级工匠或专职巫师。在8座第一、二等级大墓中，使用"斜口椭圆筒形器"（龟形器）的墓葬有5座。如果扣除第二地点二号积石冢的M1（被盗）和M2（未成年），几乎所有大型墓葬都使用此类玉器。

关于"斜口椭圆筒形器"的功能，近年来随着凌家滩大型墓葬（M23）内发现放置玉签的斜口椭圆体玉器，特别是有一件的腹部特别加工成近似龟的腹甲状，为重新认识和确定这类器物的定名、性质和功能提供了一个新的契机[②]。在此基础上，有的学者提出红山文化这种"斜口椭圆筒形器"与凌家滩的同类器物一样，也是龟的

---

① 另外在牛河梁地区各地点还出土或采集到4件，合计有22件。
② 安徽省文物考古研究所：《安徽含山县凌家滩遗址第五次发掘的新发现》，《考古》2008年第3期，第15页图五。

简化形态①，故可以径直称之为"玉龟形器"。所以，其性质主要为宗教或巫术等活动的法器，用于宗教、巫术、祭祀或其他礼仪等意识形态领域的活动。这一新解释，解决了学术界较长时期猜测"斜口椭圆筒形器"的功能和用途，甚至连其名称都无法确定的现象。

其次是"勾云形器"。牛河梁地区的积石冢中，有13座墓葬出土了13件"勾云形器"，1墓1件。此外，其他单位历年在牛河梁地区采集到5件（包括1件残器），合计达18件，接近"斜口椭圆筒形器"（龟形器）的数量。其中8座第一、二类大型墓葬，除去第二地点二号积石冢的M1和M2，其他6座大墓中有4座出此类器物。考虑到第十六地点的中心大墓（M4）出土了1件完整的玉鸟，故其在大型墓葬中的出土频率与"斜口椭圆筒形器"（龟形器）是一样的。

关于"勾云形器"的造型所本，或者说它所表示的具象含义，学术界存在着多种多样的解释和看法：或认为是勾云双鸟，或认为是带齿猪龙，或认为是带齿动物面纹，或认为是鹰面形，或认为是鸟兽纹，或认为是神面鸟身，众说纷纭，不一而足。从大的构图意念和形态，我赞同黄翠梅女士的"带爪鹰面勾羽形佩"中"鹰面勾羽"的见解②。但在"带爪"和"佩"的细节上，可能还有进一步讨论的余地。

这类器形下侧中部呈齿状排列的部分，究竟是尖喙和趾爪，还

---

① 邓淑苹：《解开红山文化玉箍形器之谜？》，《故宫文物月刊》2009年第311期；黄翠梅、郭大顺：《红山文化斜口筒形玉器龟壳说——凌家滩的启示》，《玉魂国魄——中国古代玉器与传统文化学术讨论会文集（五）》，浙江古籍出版社，2012年。
② 黄翠梅：《红山文化"带爪鹰面勾羽形佩"之形式发展及其余绪》，《古玉今韵——朝阳牛河梁红山玉文化国际论坛文集》，中国文史出版社，2008年。

是立视的尾羽，似乎还不能完全确定。从东山嘴、胡头沟出土的鸮形动物看（图四，3、4），下部两侧为展开的双翼，中部为立视的尾羽。"勾云形器"的两端，下部为内勾的双翼。较为具象的牛河梁第二地点一号积石冢M27：2"勾云形器"，两端下部的勾羽各为4片（图四，1），这与上述两例鸮形动物张开的两翼（每翼各有3~4片羽毛）和牛河梁第十六地点M4出土的完整侧视玉鸟闭合的双翼（各为3片略内勾的羽毛，图四，2）基本一致。所以，两端为表示双翼的勾羽应该没有问题。但其演变还有进一步讨论的余地，简单地说，上举牛河梁第二地点一号冢的M27：2，应该是此类器物的较早形态。

至于中部的齿状物究竟代表鸮的哪些部分，还需要进一步探讨。第二地点一号积石冢M26出土的双鸮首玉器，其刻划出来的尖吻十分明确，没有分成双尖状，所以说"勾云形器"下侧正中的双尖形齿为鸟喙，还需要更为充分的证据。将中部两侧的几组双齿释为趾爪，有一定道理。因为牛河梁第十六地点M4：1玉鸟腹之下部偏后位置，就雕琢成双齿和单齿，应该与趾爪有关。这样，两者在表现形式上有相通之处。当然，解释为尾羽也未尝不可，但也有不好圆通之处。此外，"勾云形器"显然不是通常意义上的玉佩。所以，将其称为"佩"不妥。这类玉器应该是燕辽地区红山文化居民崇拜的神鸟转化而来，源自鹰鸮类猛禽，故可以称之为"鸮形器"。人们在自身与自然界关系的发展中逐渐将其神化，进而凝练为玉质神器，成为人们举行宗教、巫术、祭祀或其他礼仪活动时的法器。

牛河梁地区积石冢出土玉器的墓葬，在礼仪用玉的搭配方面有一个明显的特点，即多数墓葬不会同时使用龟形器和鸮形器。据统

图四　红山文化的"勾云形器"和玉鸮、玉鸟
1. 牛河梁第二地点N1M27：2　2. 牛河梁第十六地点M4：1
3. 东山嘴TC6②：1　　　　　4. 胡头沟M1：8

计，在牛河梁地区积石冢24座出土了这两类玉器的墓葬中，只有4座墓葬同时使用了龟形器和鸮形器。这种现象或许表明，龟形器和鸮形器具有不同的功能和用途，至于具体的性质和功能分野，是需要今后关注并进一步深入研究的问题。

综上所述，牛河梁地区红山礼仪用玉器描绘的主要是抽象化动物或写实性动物，其中最重要的是用作宗教、巫术、祭祀或其他礼仪活动法器的龟形器和鸮形器，缺乏其他地区同时期文化中象征着王权和军权的玉、石钺。所以，以牛河梁地区高等级墓葬为代表的红山文化社会上层，多数可能是执掌沟通天地大权的巫师或祭司。

由此看来，如果认为社会分化达到较高程度的牛河梁地区已经进入了早期国家的行列，那么，这种早期国家的特质或者核心内涵，就是依靠巫术和宗教的力量来贯彻其管理职能。所以，红山文化走向分层社会的发展道路或文明化进程，是与中原、海岱地区完全不同的模式和类型。同时，与环太湖和江汉地区之间既有共性，也存在着显著区别。

（原载《红山文化学术研讨会论文集》，辽宁人民出版社，2013年）

论大汶口文化的刻画图像文字

　　大汶口文化是分布于中国东方海岱地区的一支重要的新石器文化。经过考古工作者40多年的努力，调查发现的大汶口文化遗址已超过700处[①]，其中经过发掘的就多达60余处。这些遗址遍布海岱地区，其中不少做过大面积的揭露，累有重要发现，陶器刻画图像文字就是备受学术界关注的内容之一。在调查发掘工作日益扩大的同时，大汶口文化的研究也全面展开，研究的领域涉及分布范围、文化特征、分期和年代、地方类型的划分、生态环境、社会生产、埋葬习俗和制度、来源和去向、社会性质、族属、特殊器物和风俗习惯等方方面面。其中关于陶器图像文字的研究，格外受到学术界的重视。下面就大汶口文化陶器图像文字的发现、分布、年代、分类、研究现状及其反映的社会关系进行讨论和分析。

---

① 据统计，在已公开发表的资料中有大汶口文化遗址458处，另外还有相当数量的大汶口文化遗址尚未进行报道，据我所知，目前已发现的大汶口文化遗址超过700处。

一、发现和分布

最近40年，在山东省东南部和安徽省北部地区的考古调查、发掘中，多处遗址发现有大汶口文化的陶器刻画图像文字标本。

（一）陵阳河遗址

位于山东省莒县县城东南7千米处，属沭河流域，前后共发现陶器图像文字13个。1960年首先在这一遗址采集到有图像文字的大汶口文化大口尊1件，为"日、火、山"图像。1962年又在这里采集到大口尊3件，共有4个图像文字，分别为"日、火"、锛的象形、钺的象形和内刻四个圆圈的台形图像（后两者刻于同一器之上）[①]。1963年和1979年，山东省博物馆先后对陵阳河遗址进行了三次发掘，共清理大汶口文化墓葬45座[②]。1979年发现和收集大汶口文化陶器图像文字8个，其中3个为采集品，1个发现于M11的扰乱土之中，其余4个分别出自M7、M17、M19和M25等4座墓葬之内。

（二）大朱家村遗址

南距陵阳河遗址约7千米，共发现陶器图像文字5个。1966年，

[①] 于省吾：《关于古文字研究的若干问题》，《文物》1973年第2期；山东省文物管理处等：《大汶口——新石器时代墓葬发掘报告》，文物出版社，1974年。前者考释了第一种，并认为其属于相当于夏代的龙山文化时期；后者公布了前四种图像的拓片。

[②] 山东省文物考古研究所、山东省博物馆、莒县文管所：《山东莒县陵阳河大汶口文化墓葬发掘简报》，《史前研究》1987年第3期；王树明：《陵阳河墓地刍议》，《史前研究》1987年第3期；王树明：《谈陵阳河与大朱村出土的陶尊"文字"》，《山东史前文化论文集》，齐鲁书社，1986年。

莒县文化馆的张安礼在大朱家村遗址采集到1件大口尊，颈部刻有1个图像文字[1]。1979年，山东省博物馆对大朱家村遗址进行了发掘，清理大汶口文化墓葬31座。发现陶器刻画图像文字3个，其中1个为采集品，另外2个分别出自M17和M26之内[2]。1982—1985年莒县博物馆在这里先后抢救性清理大汶口文化墓葬4座，在M04内又发现一件刻有图像文字的大口尊[3]。

（三）前寨遗址

位于泰沂山系北侧的潍河上游地区，西南到陵阳河遗址的直线距离50余千米。1973年工作人员在诸城市前寨遗址的调查中，从采集的大口尊陶片上发现1个残缺不全的刻画图像，图像仅存下部的五峰山右侧和中部火的右半，左半和上部的圆圈（日）缺失[4]，与陵阳河采集的第一种图像应属于同一类。1980年，北京大学考古系对前寨遗址的大汶口文化墓地进行了较大面积的发掘，没有发现图像文字[5]。

（四）杭头遗址

东距陵阳河遗址约2千米。1983—1987年，山东省文物考古研

---

[1] 苏兆庆等：《莒县文物志》，齐鲁书社，1993年，第43页。
[2] 山东省文物考古研究所等：《莒县大朱家村大汶口文化墓葬》，《考古学报》1991年第2期。对于大朱家村遗址发现的一件有图像的陶尊（上为日，中下均为火），有报道说出自大朱家村H1，本报告则注明系采集品。
[3] 苏兆庆等：《山东莒县大朱村大汶口文化墓地复查清理简报》，《史前研究》（辑刊），1989年。
[4] 任日新：《山东诸城县前寨遗址调查》，《文物》1974年第1期。
[5] 前寨遗址大汶口文化墓地的发掘资料尚未发表，可参阅杜在忠：《论潍、淄流域的原始文化》，《山东史前文化论文集》，齐鲁书社，1986年，第135页。

究所和莒县博物馆在该遗址抢救清理4座大汶口文化晚期墓葬，其中M8出土的一件大口尊外表刻有1个锛的象形（"斤"）[①]，与陵阳河出土者完全相同。

（五）尧王城遗址

位于日照市西南，西北至陵阳河遗址的直线距离约50千米。1993年，中国社会科学院考古研究所和日照市博物馆对该遗址进行了发掘，在最早的地层中发现两块大口尊陶片，其上各刻1个残留部分线条的图像文字。其中1个与陵阳河M17出土者极为相似[②]。

（六）丹土遗址

位于两城镇遗址西北，1995年以来，山东省文物考古研究所多次发掘该遗址，发现大汶口文化和龙山文化的城址。2000年春的发掘中，在两件篮纹大口尊的残片上发现残存的刻画图像线条[③]。

（七）尉迟寺遗址

位于安徽省蒙城县东北，东北至陵阳河遗址直线距离约315千米。1989年以来，中国社会科学院考古研究所安徽工作队多次发掘该遗址。在尉迟寺遗址大汶口文化的大口尊上，发现了7个刻画图像

---

① 山东省文物考古研究所等：《山东莒县杭头遗址》，《考古》1988年第12期。
② 中国社会科学院考古研究所：《尧王城遗址第二次发掘有重要发现》，《中国文物报》1994年1月23日第1版。
③ 山东省文物考古研究所：《五莲丹土发现大汶口文化城址》，《中国文物报》2001年1月17日第1版。

文字①。

此外，在大汶口文化分布区以外的地区或部分传世玉器上，也发现有少量与大汶口文化相同或相似的刻画图像文字。

具有确凿出土地点和层位关系的只有南京市北阴阳营遗址一例。该遗址共发现新石器时代灰坑3个，时代最晚的H2出土了4件可基本复原的陶器。1件长颈瘦袋足鬶（H2∶2）属良渚文化，1件弧裆袋足鬶和1件大口浅腹篮纹盆为典型的大汶口文化器形。特别值得注意的是1件饰篮纹的大口圜底尊，有的学者认为其属于良渚文化②，而报告作者则认为，"无论从形制上还是纹饰特点上都和山东莒县陵阳河大汶口文化遗址出土的同类器极为一致"③。所以，这件大口尊应属于大汶口文化。大口尊外表刻画的图像文字，与陵阳河遗址出土的同类图像基本相同。由此看来，以往将北阴阳营H2定为良渚文化的看法是不确切的。成组的典型良渚文化遗存在南京地区并不多见，而以大汶口文化遗物为主的灰坑在这里出现，当有其特殊意义。因为这一问题涉及南京地区从大汶口文化末期到龙山文化时期考古遗存的若干问题，容另文探讨。

在传世玉器上刻有与大汶口文化相同或相似图像文字的主要有以下几例。

一是美国弗利尔美术馆购藏有若干件中国史前玉器，其中4件有

---

① 1989—1995年的发掘中，至少发现5件刻画图像文字标本，2002年春季尉迟寺遗址的发掘中又发现2件。参见中国社会科学院考古研究所：《蒙城尉迟寺——皖北新石器时代聚落遗存的发掘与研究》，科学出版社，2001年。
② ［日］林巳奈夫：《中国古代の酒瓮》，《考古学杂志》（日）第65卷第2号，1979年。
③ 南京博物院：《北阴阳营——新石器时代及商周时期遗址发掘报告》，文物出版社，1993年，第87页。

与大汶口文化相同或相似的刻画图像①。一件为玉镯，在外表相对应的位置刻有两个图像，其中一个上为圆圈、下为"火"形组合而成（图一，5），与陵阳河B类图像相同。其他三件为玉璧，两件上刻鸟立阶形高台之上的图像。另一件玉璧上有四种图像：上面是著名的鸟立阶状高台之上，或释为"岛"字；台形中刻一内填涡纹的圆圈，其下有窄新月（图一，1），两者组合在一起与陵阳河B类图像相同；在璧的边缘有两两相对的图像，一为单只飞鸟，另一为树形图像（图一，2），后者与陵阳河M25出土的图像基本相同，相近图像也见于余杭县南湖发现的良渚文化陶罐之上②，也有学者将此类图像释为水栖动物或鱼类。

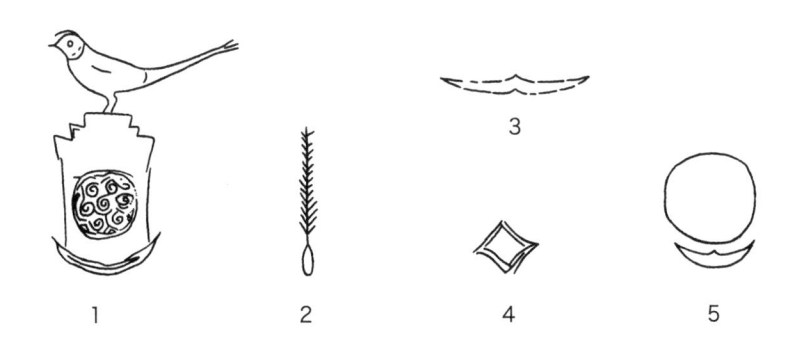

图一　良渚文化玉器上的图像
1、2.弗利尔美术馆玉璧图像　3.上海博物馆玉琮图像
4.台北"故宫博物院"玉琮图像　5.弗利尔美术馆玉镯图像

---

① ［美］朱莉亚·凯·默里著，苏文译：《新石器时代的中国玉器——谈美国佛里尔艺术馆玉器藏品》，《东南文化》1988年第2期。
② 余杭县文管会：《余杭县出土的良渚文化和马桥文化的陶器刻划符号》，《东南文化》1991年第5期。

二是中国历史博物馆收藏的一件大型玉琮。该玉琮纹饰达19节之多，通高49.2厘米，其上端正中刻有与陵阳河第二种（即B类）相同的图像文字。同时，在底端内壁还刻有一斜三角图像[1]。

三是首都博物馆收藏的一件玉琮，高度较历博的略矮，通高38.2厘米，上端两面正中各有一个图像，其中一个为鸟立阶形高台之上[2]。

四是上海博物馆收藏的两件玉器上刻有图像。一件是玉琮，通高39.3厘米，在最上部正面刻有一个"火"形（或认为是鸟形）图像[3]（图一，3），与陵阳河M7出土图像的下部相似。另一件是玉璧，一面边缘上刻有极浅的鸟立阶形高台之上的图像[4]。

五是台北"故宫博物院"所藏的两件玉器上刻画的图像。一件是玉璧，边缘刻有鸟立阶形高台的图像，由于磨蚀，鸟的形象已不全。另一件是玉琮，与历博所藏玉琮相仿，通高47.2厘米，上端外表一侧刻有与陵阳河、大朱家村（边缘略内弧的四边形）相同的图像[5]（图一，4）。后一类图像在良渚文化甚至更早的崧泽文化的陶器上也有发现[6]。

此外，在台湾的个人收藏及国外一些博物馆、美术馆的藏品

---

[1] 石志廉：《最大最古的纹碧玉琮》，《中国文物报》1987年10月1日。
[2] 薛婕：《馆藏文物精品"鸟纹大玉琮"》，《首都博物馆国庆四十周年文集》，中国民间文艺出版社，1989年。
[3] 上海博物馆编印：《上海博物馆》，1983年，第215页；图像拓片据林巳奈夫：《良渚文化和大汶口文化中的图像记号》，《东南文化》1991年第3、4期，图十二。
[4] 上海博物馆编印：《上海博物馆中国古代玉器馆》，1996年。
[5] 邓淑苹：《故宫博物院所藏新石器时代玉器研究之二——琮与琮类玉器》，《故宫学术季刊》第6卷第2期，1988年。
[6] 栾丰实：《海岱地区考古研究》，山东大学出版社，1997年，第139页。

中，也有类似的玉器图像[1]。

上述玉琮、玉镯和玉璧，多数学者认为器形属于良渚文化，而器物上刻画有与大汶口文化相同的图像，或认为出自大汶口人的手笔，即图像是在良渚文化的玉器落入大汶口人手中之后又加刻上去的[2]，或认为在同一件玉器上对应的位置刻有良渚和大汶口的图像的现象，是"显示了属于不同文化的氏族之间友好的例证"[3]。

截至目前，已发现的大汶口文化陶器刻画图像文字至少有32个[4]，其中20个有明确的层位关系，另外12个为采集品。此外，还在良渚文化的玉、陶器上发现若干个与大汶口文化相同的刻画图像文字。

以上所列8处出土刻画图像文字资料的遗址（图二），有7处在公认的大汶口文化分布区内，属大汶口文化无疑。另1处分布于长江南岸的南京，这一地区虽然已不属于大汶口文化的分布区域，但从图像文字的载体和共存关系来看，又有着复杂的背景，它极有可能是伴随着大汶口人的南迁而出现在这一地区的。出土刻画图像的遗址，有6处集中在山东省的东南部，即沭河上游莒县盆地及其周围地区。因此，可以认为这一地区是大汶口文化刻画图像文字的主要分布区。而皖北尉迟寺遗址的发现，则与大汶口人沿着淮河干支流向

---

[1] 详见邓淑苹：《刻有天象符号的良渚玉器研究》，《石璋如院士百岁祝寿论文集——考古·历史·文化》，南天书局，2002年。
[2] 牟永抗：《试论良渚文化和大汶口文化的关系》，《中国考古学会第七次年会论文集》，文物出版社，1992年；杜金鹏：《关于大汶口文化与良渚文化的几个问题》，《考古》1992年第10期。
[3] 林巳奈夫先生除了前一种看法之外，又提出了"异族通婚""对等的虚拟血缘关系"等多种推测，参见《良渚文化和大汶口文化中的图像记号》，《东南文化》1991年第Z1期，第157~162页。
[4] 其中包括2002年春安徽省尉迟寺遗址新发现的2件，资料尚未发表。

西迁徙和拓展有关。从另外一层意义上说，出土相同的刻画图像文字又昭示着鲁东南和皖北两个地区之间的大汶口文化具有深层次上的内在联系。

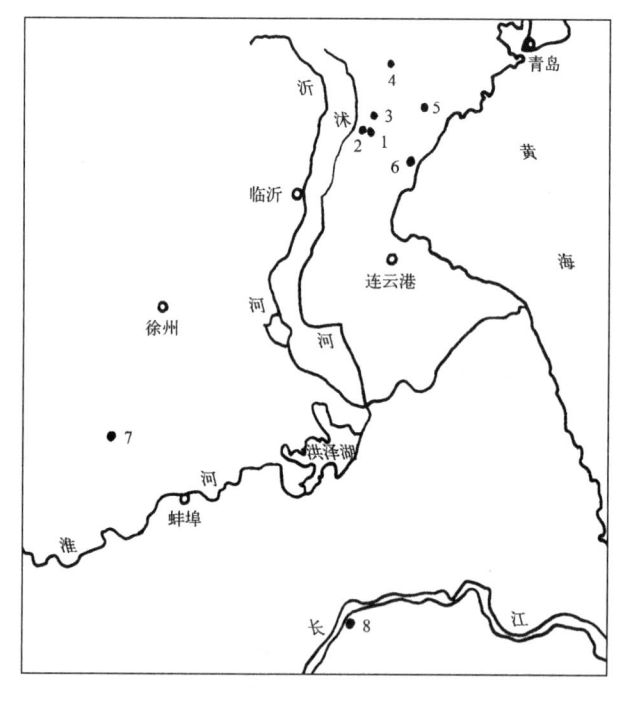

图二 大汶口文化图像文字分布图
1.陵阳河 2.杭头 3.大朱家村 4.前寨 5.丹土 6.尧王城 7.尉迟寺 8.北阴阳营

二、年代分析

图像文字年代的确定在其全面研究中的作用和重要性是不言而喻的。尽管学术界基本认同了图像文字属于大汶口文化晚期阶段的看法，但目前仍然存在着一些不应该存在的模糊认识。如在最近几年出版的论著中,关于大汶口文化图像文字的年代或认为在公元前2500—前2000年之间[1],或认为在距今5500—5000年之间[2]。

基于此,我认为有必要对大汶口文化图像文字的年代做一全面而细致的考察分析。大汶口文化刻画图像文字的年代可以通过两条途径来获得:一是对有明确层位关系和共存关系的图像文字逐一进行分析,以获得这部分图像文字较为准确的年代;二是对出土图像文字的遗址(包括发掘品和采集品)的大汶口文化遗存进行分析,获得一个目前所发现图像文字的最大可能年代范围。两者对照起来便可以解决大汶口文化图像文字的年代问题。

在具有层位关系和共存关系的20个标本中,有6个目前尚未发表资料,余下14个标本,分别出自11座墓葬、1座祭祀坑和1座灰坑,另有1件残片出自文化层中。

按学术界较为一致的看法,大汶口文化始于刘林早期墓葬、大汶口第4D层、野店第一期墓葬和王因第4层,而结束于东海峪下层之末。关于大汶口文化的分期,我曾将其划分为早中晚三个大的发展阶段、六期和十一段。早期阶段约在距今6100—5500年之间。中期阶段约在距今5500—5000年前后。晚期阶段又可细分为两期(即第五期、第六期)四段(即第8段至第11段),就目前资料而言,第11段还有早晚的差别,这里暂以第11段早晚别之,晚期阶段的年代约在距今5000—4600年之间[3],第五、第六两期的分界约在距今4800

---

[1] 王蕴智:《史前陶器符号的发现与汉字起源的探索》,《华夏考古》1994年第3期,第97页。
[2] 李学勤主编:《中国古代文明与国家形成研究》,云南人民出版社,1997年,第5页。
[3] 栾丰实:《海岱地区考古研究》,山东大学出版社,1997年,第69页。

年前后。

现有出土地点并确知地层单位的14个图像文字标本分别出自陵阳河、大朱家村、杭头、尉迟寺和北阴阳营等5处遗址。

陵阳河遗址的4个图像文字分别发现于M19、M25、M7和M17四座墓葬之中。M19和M25均随葬有大批陶器，其中M25简报中发表的数量较多，特征较为明显，属于大汶口文化晚期阶段第六期第10段。M19发表的器物较少，发掘简报将其与M25定为同一期，暂从其说。M7和M17的出土物较多且特征清楚，年代较为接近，简报将其定为一期，属于上述划分的大汶口文化晚期阶段第六期第11段偏早。此外，在M11的扰土中还发现一件图像文字残片，因为M11是一座遭受破坏的墓葬，这件标本也有可能是该墓所出。M11与M7、M17年代相若。这样陵阳河遗址有出土单位的图像文字，分属于大汶口文化晚期阶段第六期的前后段。其他采集品尽管失却了原生层位和单位，但就陵阳河遗址的具体情况而言，一般应在上述四件标本的年代范围之内。当然，也不排除有早到晚期阶段第五期的可能，由于陵阳河遗址没有发现更早的大汶口文化遗存，所以其不可能早到大汶口文化中期阶段。

大朱家村遗址的3个图像文字分别出自M17、M26和M04[①]。M17在该墓地中属于第3段，M26则属于第4段，分别相当于大汶口

---

① 大朱家村遗址1983年发现的一件有图像文字的标本的单位，在《山东莒县大朱村大汶口文化墓地复查清理简报》一文中，正文记述出自M04，而插图说明则注为M02，见《史前研究》（辑刊），1989年，第98、111和108页。这里以正文的记述为准。

文化晚期阶段第六期的第10段和第11段偏早①。M04出土了5件细长颈矮分裆白陶鬶和其他富有特征的一大批器物，组合及特征与陵阳河晚期墓、大朱家村晚期墓（1979年发掘）相同，故其亦属于大汶口文化晚期阶段第六期的第11段偏早。另外，1979年在大朱家村采集的1个图像文字，大口尊的形制与M17∶1（即刻有图像文字者）基本相同，两者时代应属于同一时期。如是，大朱家村遗址发现的5个图像文字标本，其中4个可以确定时代，即分属于大汶口文化晚期阶段第六期的第10段和第11段偏早。

杭头遗址共清理4座大汶口文化墓葬，发现的图像文字出自M8之内。杭头的4座墓葬，可以分为两小组。M3和M8为一组，分别出土19件和6件柄部密布小圆形镂孔的薄胎高柄杯。M4和M5为一组，不见前一种高柄杯，而只是各出一件柄部有细弦纹和稀疏的长条形镂孔的薄胎高柄杯，其他器形也与前一组既有联系又略有差别。因此，这两小组代表了前后紧密相连的两个小的时间段。前一组出土的器形，如细长颈矮分裆鬶、侈沿长颈盉、鼎、大口尊、盆、豆、单耳杯等，都可以与陵阳河、大朱家村晚期比较。后一组的组合和特征，则与日照东海峪M311②、诸城石河头M2③、苍山庄坞M1④等相同，从而表明将它们区分开来在鲁东南地区较大的范围内具有分

---

① 参见栾丰实：《大汶口文化的分期和类型》，《海岱地区考古研究》，山东大学出版社，1997年，第81页。
② 山东省博物馆东海峪发掘小组、日照县文化馆东海峪发掘小组：《一九七五年东海峪遗址的发掘》，《考古》1976年第6期。
③ 诸城县博物馆：《山东诸城史前文化遗址调查》，《海岱考古（第一辑）》，山东大学出版社，1989年。
④ 苍山县图书馆文物组：《山东苍山县新石器时代墓葬清理简报》，《考古》1988年第1期。

期意义。我们还注意到，M4、M5组不少器形与龙山文化早期有着十分密切的关系，如高柄杯上新出现的作风恰是龙山文化最早时期的典型特征等。故可以认为这一组已发展到了大汶口文化晚期阶段之末，即将进入龙山文化时期了。这样，就把大汶口文化和龙山文化自然地衔接起来，形成一个完整的连续发展过程。M8和它所出土的图像文字一起，属于大汶口文化晚期阶段第六期的第11段偏早。

尉迟寺遗址经过大规模发掘，不但发现数量可观的大汶口文化墓葬，还发现保存极佳的大汶口文化房址若干。据发掘报告分析，这里的大汶口文化遗存可以分为早中晚三期[①]，早期约当大汶口文化晚期阶段第五期偏晚，中晚期属于大汶口文化第六期。5个刻画图像中有3个刻于三座儿童瓮棺葬的葬具之上，均为晚期，亦即大汶口文化第六期第11段。1件出自T3828第⑤层，查这一探方邻近探方的地层介绍，知第④层至第⑨层为大汶口文化堆积，那么第⑤层出土的刻画图像陶尊残片，应与瓮棺葬的时代大致相同。另1件出自一个祭祀坑内（JS4），该坑开口于T2825第⑥层，与房址的层位相同，时代略早，但显然不是尉迟寺遗址最早时期，按发掘报告的分期，属于尉迟寺遗址的早期，其年代约在第五期偏晚或第六偏早阶段。因此，尉迟寺遗址发现的大汶口文化图像文字，时代肯定在大汶口文化晚期阶段之内，并且很可能属于大汶口文化第六期的第10至第11段。

北阴阳营H2出土4件可复原的陶器。盆为大口浅腹，具大汶口文化末期风格；大口尊为平折沿，无颈，亦为大汶口文化晚期之末的特征；鬶为粗颈弧裆，与东海峪M311：11基本相同，据此可定其

[①] 中国社会科学院考古研究所等：《蒙城尉迟寺——皖北新石器时代聚落遗存的发掘与研究》，科学出版社，2001年。

时代为大汶口文化晚期阶段第六期的第11段偏晚。另一件长颈陶鬶亦属于良渚文化晚期的形态[①]，可为佐证。因此，北阴阳营遗址的图像文字和海岱地区所出土者的年代基本相当而略晚。

其他尚未公布资料的遗址，可从各遗址的文化内涵来大致推定图像文字的年代。

前寨遗址经过数次调查，由发表的资料可知[②]，该遗址的大汶口文化遗存与陵阳河、大朱家村的大汶口文化特征相同，年代基本一致。其上限不超出大汶口文化晚期阶段第五期，下限可到第六期第11段偏早。因此，该遗址出土的图像文字标本应属于大汶口文化晚期阶段，很可能与陵阳河等遗址出土者为同一时期。

尧王城遗址的文化内涵以龙山文化为主，大汶口文化遗存甚少。该遗址与日照沿海地区的其他遗址（如东海峪、苏家村等）一样，均只有极少量的大汶口文化晚期阶段第六期第11段时期的遗存。因此，尧王城遗址刻画图像文字的时代不会超出陵阳河墓地的年代范围。

丹土遗址的情况与尧王城相似，文化内涵以龙山文化为主，但大汶口文化遗存相对较为丰富。从总体上分析，丹土的大汶口遗存仍属于大汶口文化晚期偏晚，即上述分期的第六期，其出土的刻画图像残片不会早于这一时期，也不会晚到龙山文化时期。

---

① 良渚文化的陶鬶主要有两种基本形式，即矮颈肥袋足和高颈瘦袋足。笔者以为前者早、后者晚，详见栾丰实：《良渚文化的分期与分区》，《东方文明之光——良渚文化发现60周年纪念文集（1936—1996）》，海南国际新闻出版中心，1996年。
② 任日新：《山东诸城县前寨遗址调查》，《文物》1974年第1期；诸城县博物馆：《山东诸城史前文化遗址调查》，《海岱考古（第一辑）》，山东大学出版社，1989年。

以上我们逐个分析了出土图像文字的遗址及其具体单位的时代，从大的年代范围讲，所有的图像文字皆出自大汶口文化晚期阶段，即距今5000—4600年之间。如果再细化一点，有明确出土单位的均限于大汶口文化晚期阶段第六期之内，即在距今4800—4600年之间。

三、图像文字的一般性特征

目前所知出自8个遗址的32个大汶口文化的图像文字标本，对其一般性特征可做以下归纳。

图像文字比较集中地出现于山东省的东南部，即沭河上游的莒县盆地及其周围地区，目前确知的8处遗址中有6处位于这一区域[①]。此区以外只是在皖北和南京个别地点有少量发现。从大汶口文化的遗址分布和发掘工作的开展情况分析，沂沭河流域其他地区和东部沿海一带，因为工作做得很少，今后在这些地区大汶口文化晚期阶段的大遗址中，极可能还会有新的发现，如日照的东海峪和临沂地区的一些大遗址。而其他地区，特别是大汶口文化的另一个更重要的中心分布区——汶泗流域，发现这类刻画图像文字的可能性比较小。因为这一区域经过正式发掘的遗址较多，其中不乏堪称一方中心的大遗址，如泰安大汶口、邹县野店等。在这些遗址中发现不

[①] 据说，1959年在莒县东北25千米处的仕阳遗址，曾采集到一件有刻画图像文字的大汶口文化的大口尊，后因"文化大革命"动乱而遗失，参见苏兆庆等：《莒县文物志·仕阳遗址》，齐鲁书社，1993年，第50页。如果加上此处，海岱地区发现刻画图像文字的大汶口文化遗址就达到了7处。

少与陵阳河同时期的大、中型墓葬，如大汶口M10、M25、M60、M117、M126和野店M51、M62等，但均没有出土陶器刻画图像文字。在大汶口M75出土的一件背壶上曾发现一例朱绘图像，唐兰先生认为是一个图像文字，并认为其"像花朵形"[①]。该图像与陵阳河等遗址出土的刻画图像在载体、写法等方面明显不同，并且时代属于大汶口文化中期阶段，早于陵阳河等遗址的刻画图像文字。

完全相同或基本相同的图像文字在不同的遗址中反复出现，这些遗址有的相距甚远。如"日、火、山"组合成的图像文字见于陵阳河、前寨和尉迟寺遗址，台形图像也见于陵阳河、大朱家村和尉迟寺遗址，前寨和尉迟寺两地之间的直线距离约370千米。而出土类似"羽冠"图像的有陵阳河、尧王城和北阴阳营三处遗址，从陵阳河到北阴阳营的直线距离则将近400千米。更有甚者，在一些良渚文化的玉器上也发现与大汶口文化相同的图像文字，如由"日、火"组成的图像、台形图像和高台上的植物图像等。从而表明对这些图像的含义，不同地区甚至不同文化的人们也是明白的。

图像文字存在和使用的时间并不很长。凡是有明确出土单位的图像文字均属于大汶口文化晚期阶段的后半段，绝对年代约在距今4800—4600年之间。另有近半数因没有具体的出土层位而难以确指其年代，但从这些遗址的文化内涵和载体的形制分析，肯定都不超出大汶口文化晚期阶段的范围，即距今5000—4600年之间。

除个别残片或残器发现于地层和灰坑之内外，多数图像文字系出自墓葬之中。据查，除尉迟寺遗址多为幼儿瓮棺葬的葬具之外，

[①] 唐兰：《从大汶口文化的陶器文字看我国最早文化的年代》《中国奴隶制社会的上限远在五六千年前》，均载于《大汶口文化讨论文集》，齐鲁书社，1979年。

其余凡使用有刻画图像文字的大口尊随葬的墓葬，均为大、中型墓，其墓室面积较大，有木质葬具，随葬品的数量多、品种全、质量优，一望便知是各自墓地中的佼佼者。如陵阳河的4座墓葬，在全部45座墓葬中属于最大的7座之内；大朱家村的3座墓葬，在全部35座墓葬中属于最大的5座之内；杭头的1座则是该遗址发现的4座墓葬中最大的，面积超过其他墓葬数倍。这些墓葬除了使用大量陶器和其他器具外，绝大多数还有多寡不一的作为财富的象征的猪下颌骨。从而昭示着他们的拥有者生前绝非一般的社会成员，而是当时社会中地位显赫、手握权力和拥有较多财富的上层人物。

在12座出土有刻画图像文字的大口尊的墓葬中，除3座为婴儿瓮棺、1座未做鉴定和2座因人骨保存不好而无法鉴定之外，其余6座的墓主皆为成年男性（表一）。未完成鉴定的是陵阳河M17、大朱家村M17和M04等3座。从墓葬的随葬品分析，大朱家村M17出有作为武器的穿孔石钺及锛等加工木料的工具，墓主为男性的可能性较大。其余2座：陵阳河M17在该墓地中，墓室面积和随葬品的数量与最大的M6不相上下，随葬品中有加工木料的工具石凿，墓主可能也是男性；大朱家村M04，墓室面积超过10平方米，为该墓地最大者，随葬品的数量也仅次于M02，查M02使用石钺、石矛等，其墓主以男性的可能性较大，而M04则有石纺轮而无武器和木工工具，其墓主有可能为女性[①]。尽管如此，说使用有图像文字的大口尊的墓主们基本上或绝大多数为男性，应该是没有什么疑问的。

[①] 这里只是作为一种分析和推测。陵阳河M42也出有石纺轮和坠饰等，但经鉴定墓主为男性。

表一　大汶口文化图像文字出土情况一览表

遗址	单位	性别	文字类型	部位	涂朱	墓葬规模	随葬品数量	备注	资料出处
陵阳河	M19	男	E	上半		3.3×1.76	陶66，其他10		史前87/3
陵阳河	M25	男	F	上半		3.4×1.45	陶73，其他11		同上
陵阳河	M7	男	Ba	?		3.9×2	陶43，其他6	墓残较甚	同上
陵阳河	M17	?	Ga	上半	涂朱	4.6×3.23	陶157，其他35		同上
陵阳河	M11	男	Ga	?		3.4×1.8	陶21，其他3	出自扰土	同上
陵阳河	采		Aa	上半				1960采	大汶口
陵阳河	采		Bb	上半				1962采	大汶口
陵阳河	采		Bc	?				1979采	大汶口
陵阳河	采		D	上半				1962采	大汶口
陵阳河	采		C	上半				1962采，两者为同一件	山东史前
陵阳河	采		Hb	上半	涂朱				
陵阳河	采		E	近底				1979采，两者为同一件	
陵阳河	采		Hb	上半	涂朱				
大朱家村	M17	?	Ha	上半	涂朱	3.3×1.95	陶64，其他9		学报91/2
大朱家村	M26	男	E	近底		3.85×1.73	陶52，其他11		同上
大朱家村	采		Ab	上半				1979采	同上
大朱家村	M04	?	Bb	上半		3.35×3.15	陶134，其他7		史前1989
大朱家村	采		Hb	上半	涂朱			1966采	莒县文物志
杭头	M8	男	D	上半		3.35×2.95	陶59，其他19	玉钺1、璧1	考古88/12
前寨	采		Aa	?				1973采	文物74/1
尧王城	地层		Ga	?				大口尊残片	文报94/4期
尧王城	地层		?	?				大口尊残片	文报94/4期

续 表

遗址	单位	性别	文字类型	部位	涂朱	墓葬规模	随葬品数量	备注	资料出处
丹土	灰坑		?	?					文报01/0877期
丹土	地层		?	?					文报01/0877期
尉迟寺	M96	2岁	Aa	上半				瓮棺葬具	蒙城尉迟寺
尉迟寺	M177	?	Ac	上半	涂朱			瓮棺葬具	蒙城尉迟寺
尉迟寺	M215	?	Ab	上半				瓮棺葬具	蒙城尉迟寺
尉迟寺	JS4		Aa	上半	涂朱			出自祭祀坑	蒙城尉迟寺
尉迟寺	5层		Hb	?				大口尊残片	蒙城尉迟寺
北阴阳营	H2		Gb	上半				出自灰坑	北阴阳营

说明：1. 墓葬规模的单位为米，随葬品数量为件。2. 资料出处：史前为《史前研究》；山东史前为《山东史前文化论文集》；学报为《考古学报》；文报为《中国文物报》。

全部图像文字均刻于一种形体硕大的陶器外表，习称大口尊（也有人称其为大口缸、大口瓮等）。其基本形制为大口、筒形，又有整体肥胖圜底、整体瘦削尖底和整体介于两者之间而底部甚小（矮圈足或假圈足）三型，外表全部或局部饰有粗篮纹。图像文字多数刻于器体外表的上半部即颈部或颈部以下最显眼的部位，只有两例刻于器物的近底部，并且图像也相同，一例为大朱家村M26，另一例为陵阳河采集品（其上刻有2个图像，另一个图像位于颈下）。大口尊在墓葬内的位置比较固定，陈放于北侧、西北侧和西侧，亦即下肢前或下肢右侧。

所有图像均系在陶器未入窑之前刻画而成。绝大多数为一器一个图像，仅有两例为一器两个图像，且均出自陵阳河遗址，系采集品。部分图像有烧后涂朱的现象。如陵阳河M17出土的大口尊，在刻画图像文字的范围内涂以朱彩；陵阳河的其他几件采集品、大朱家村1966年采集品和尉迟寺祭祀坑的一件也有涂朱的现象。这些涂朱的图像除了陵阳河M17的一件为G类（羽冠形）之外，其余几件均为H类图像。

图像文字基本上都是以实物为原型摹画的，但又因为进行了不同程度的省减和抽象化，故与实物并不完全相同。某些图像之间具有明显的联系，这种联系显然是约定俗成的。如A、B两类图像，其上部完全相同；G、H两类图像，后者只是前者的一部分。因此，从可以记事和传递信息的角度看，其无疑是文字而非为狭义的符号。

图像文字与商代的甲骨文和商周金文的结构相近，特别是与商周金文中族徽一类文字更为接近，一望便使人产生两者之间有渊源关系的感觉。

四、图像文字的分类

已发现的32个图像文字标本，就比较完整的27个图像而言[①]，可以根据其形态分为八类，有的类别又有不同的变化形式。

A类，共7个。上、中、下由圆圈和其他图形组合成的图像。依其构成要素的繁简和差异，又可分为三小类。

（1）Aa，共4个。自上而下由圆圈、火的图形和平底五峰山

---

① 本节图三、四、五为其中的24个图像文字标本。

图形等三部分组成。陵阳河（图三，4）、前寨（图三，7）各见一例，尉迟寺遗址发现二例（M96、JS4）。前寨的图像底部完整，缺失上方的圆圈和左侧的山峰、火形，应与陵阳河的同类图像相同。尉迟寺的图像下部图形多少有些变形，形态似介于"山"和"火"之间（图三，1、2）。

（2）Ab，共2个。自上而下由圆圈、月牙和火焰图形等三部分组成。尉迟寺M215出土一例，大朱家村遗址采集1件（图三，5、6）。

（3）Ac，1个。出自尉迟寺M177，自上而由圆圈、火的图形和H类图形三部分构成。下部图形发掘报告认为是"三叉形器"。细审之，其实仍然是高台的摹画，只不过上部两侧各有一个椭圆形长孔，与大朱村M17的同类图像基本一致（图三，3）。此类复合图像是首次发现，它的存在表明B类图像不是A类图像的简体或简化。

B类，共4个。上、下由圆圈和火的图形（或月牙）两部分组成。据下部图形的异同，又可分为三小类①。

（1）Ba，1个。上为圆圈，下似为月牙，月牙的两侧缺失。出自陵阳河M7（图三，9）。

（2）Bb，共2个。上为圆圈，下为火的图形。与Ba小类的区别在于月牙内弧边的中部上凸。见于陵阳河采集品（图三，10）和大朱家村M04。

（3）Bc，1个。上为圆圈，下为左右排列的两股状似飘带的图形。此图像为陵阳河采集，局部缺失（图三，8）。

---

① 4个B类图像中有2个是陶尊残片，不排除其下部还刻画有其他图形的可能（即下有山或火的图形），因此，这里只是根据目前所能见到的部分加以归类。

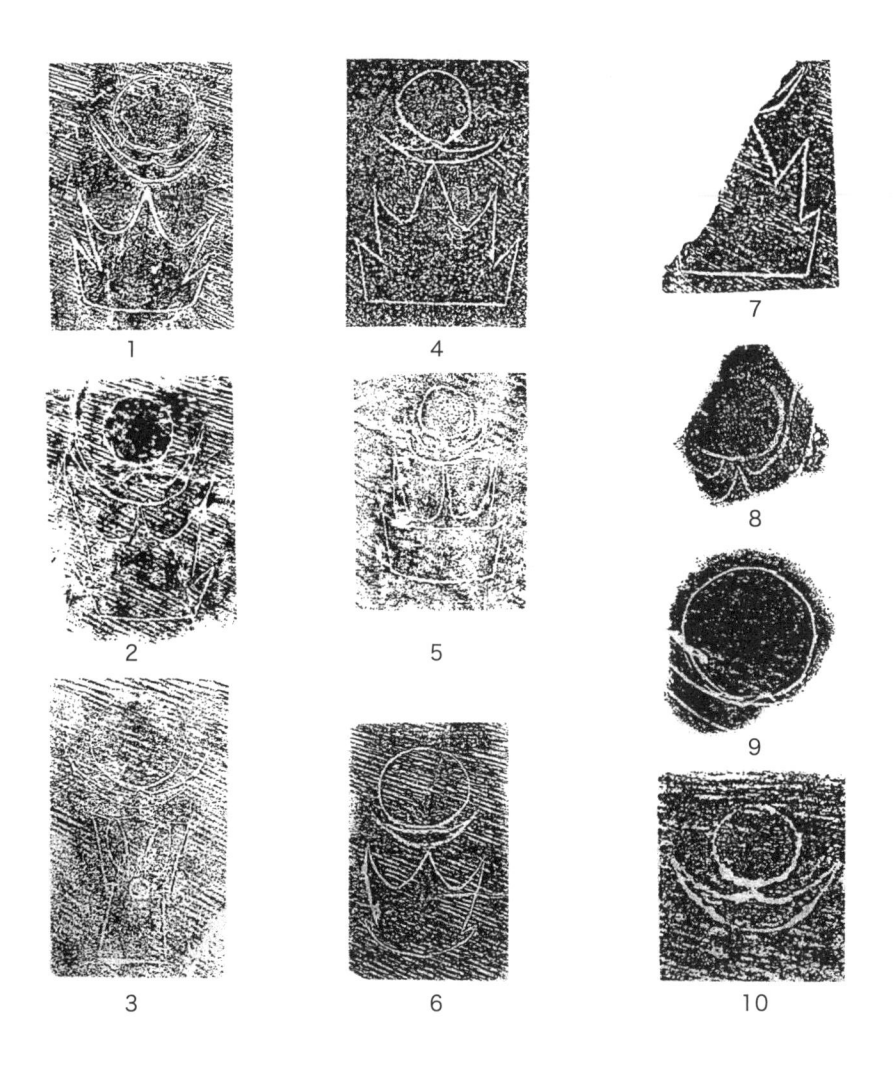

图三 A、B类图像
1～3、5.尉迟寺（M96：2、JS4：1、M177：1、M215：1）
4、8、10.陵阳河采集 6.大朱家村采集 7.前寨采集 9.陵阳河M7

A、B两类图像之间具有共性，即上部均为圆圈，中部图形基本相同，B类没有下部的山或火形图形。这两类图像可能表示着既有联系又有区别的含义。

C类，1个。带柲玉石钺的摹画。钺为长方形，有孔，直柲，尾端有方形凸起。采集于陵阳河遗址（图四，1）。完整的同类实物标本曾见于江苏海安青墩遗址[①]。与图像完全相同的玉石钺在陵阳河、大朱家村、杭头等遗址多有发现，多数报告称其为铲，不确，应为钺。

D类，共2个。带柄锛的摹画。锛身较厚，单面刃（偏锋），柄略弯曲，后端有圆形或半圆形饰物。见于陵阳河采集品和杭头M8（图四，2、3）。

C、D两类图像均为具体器物的摹画，钺为武器，锛为加工用具，两者之间既有联系又有区别。

E类，共3个。内弧边四边形。一侧连接处线条衔接不严密。2件采集于陵阳河遗址（其中1件为图五，3），1件出自大朱家村M26（图五，6）。

F类，1个。高台正中有一植物。从上、下两部分的比例看，植物与台子的高度相若而略高，植物应是树木。出自陵阳河M25（图五，8）。

G类，共4个。羽冠状图像。两侧各插两片向外弯曲的羽毛，正中有一呈阶形内收的高台状饰物，顶端正中上凸。也可分为两小类。

（1）Ga，共3个。像羽毛插于阶状扁座两侧之形，外伸部分状似勾叶。分别出自陵阳河M17、M11扰土（图四，4、5）和尧王城

---

① 南京博物院：《江苏海安青墩遗址》，《考古学报》1983年第2期。

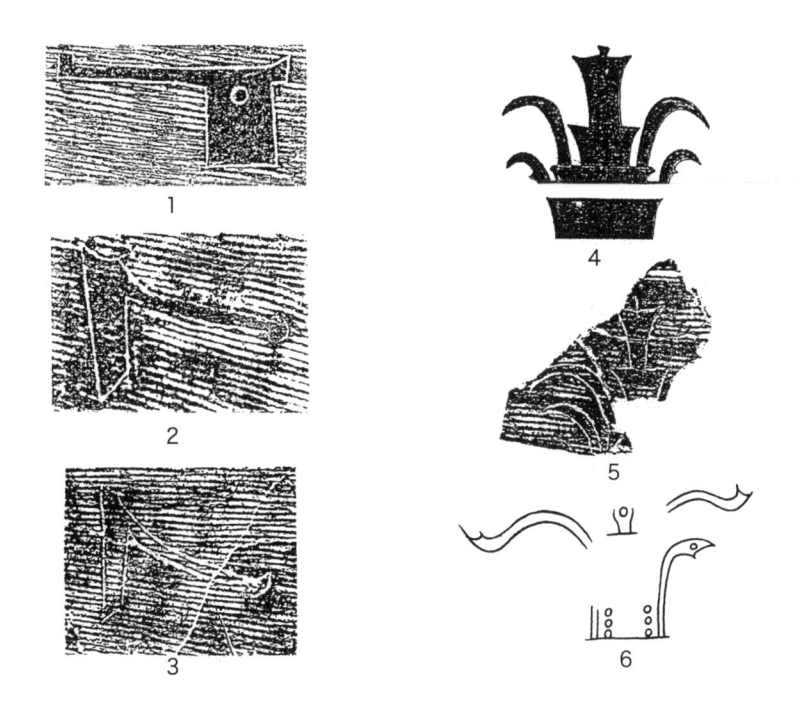

图四　C、D、G类图像
1、2.陵阳河采集 3.杭头（M8：49）
4、5.陵阳河（M17：1、M11）6.北阴阳营（H2：1）

地层之中。陵阳河M11扰土和尧王城地层所出均已残破不全。陵阳河M17出土者最为完整，上部刻画并涂朱，下部再朱绘出一个略似倒梯形的长方形。

（2）Gb，1个。见于北阴阳营H2，图像的中左部有缺失，两侧外伸的图形呈飘带状（左侧缺失一片），底部内中刻画有两竖排六个小圆圈（图四，6）。

H类，共5个。台形图像。形似有肩铲，呈阶状内收，顶端中部向上尖凸。此类图像多半涂朱，且其内刻画有数量不等的圆圈。又

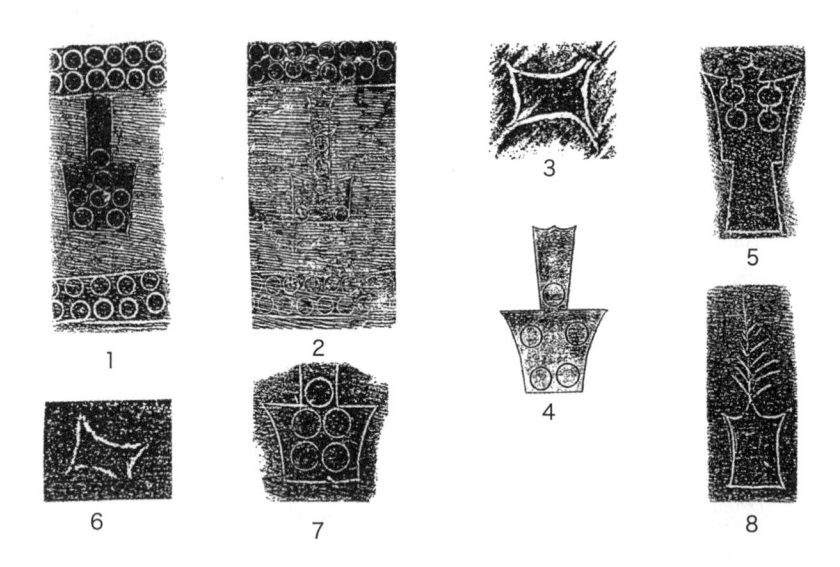

图五　E、F、H类图像
1、4.陵阳河采集　2.尉迟寺（T3828⑤∶1）
3、8.陵阳河（M19∶40、M25∶1）
5~7.大朱家村（M17∶1、M26∶3、采集）

可分为两小类。

（1）Ha，1个。台形下部又加出内收的一节，中部内刻画有两串两两相连的圆圈。出自大朱家村M17（图五，5）。

（2）Hb，共4个。下部为倒梯形，上部作圭首形，内刻画有数量不一的圆圈。陵阳河采集两例（图五，1、4）、大朱家村采集一例（图五，7）、尉迟寺地层内出土一例（图五，2）。

G、H两类图像之间有着密切联系。主要表现在H类图像与G类图像正中部分相同（区别仅在于是否内置圆圈）。H类图像在G类羽冠图像中位居显要而突出的部位，应是其核心部分。

以上我们将大汶口文化发现的图像文字分为八类，如按图像形态和内容还可进一步归并为五大类，即AB、CD、GH各自之间具有较密切的联系。

五、图像文字释义

自20世纪70年代初以来，学术界就开始了关于大汶口文化图像文字的讨论。特别是1979年陵阳河和大朱家村大汶口文化墓地的发掘，发现了一批有具体出土单位的图像文字资料，不少学者把图像文字的研究和大汶口文化社会性质的探讨结合起来，从而使这些图像文字的含义得到了进一步的阐释。

1973年，于省吾先生首先对大汶口文化的"日、火、山"图像进行考释，并采用了将图像文字与甲骨文、商周金文相比较的研究方法。于先生认为半坡类型的刻划符号是"文字起源阶段所产生的一些简单文字"，而大汶口文化的图像文字则"是原始文字由发生而日趋发展的时期"[①]。

1975—1978年，唐兰先生除了对已发现的大汶口文化图像文字进行隶定和考释之外，更重要的是把这一研究延伸到大汶口文化的社会性质、族属，并由此来探讨中国文明社会的形成问题，提出了一系列新颖的见解[②]。

---

① 于省吾：《关于古文字研究的若干问题》，《文物》1973年第2期，第32页。
② 唐兰：《关于江西吴城文化遗址与文字的初步探索》，《文物》1975年第7期；唐兰：《从大汶口文化的陶器文字看我国最早文化的年代》《再论大汶口文化的社会性质和大汶口陶器文字》《中国奴隶制社会的上限远在五六千年前》，均载于《大汶口文化讨论文集》，齐鲁书社，1979年。

1979年以来，林巳奈夫先生将大汶口文化的陶尊图像文字与北阴阳营陶尊及良渚文化玉器上的图像进行比较，开阔了视野，拓宽了研究的领域[①]。1982—1987年，李学勤先生在大汶口文化图像文字的研究中，进一步将其与太湖地区良渚文化玉器上的图像文字、纹样结合起来，从而得出了许多崭新的认识[②]。后来，杜金鹏先生在这一基础上，又多有阐发[③]。

1986年，陵阳河大汶口文化墓地的发掘者王树明先生，对陵阳河及周围地区新出土和以前发现的图像文字进行了全面而深入的研究。在研究中，除了结合考古资料及甲骨文、金文资料进行分析之外，还特别注意相关的古代文献记载，从而形成了自己对大汶口文化图像文字的系统看法[④]。

此外，还有不少学者在探索和研究大汶口文化图像文字的基础上，对大汶口文化图像文字在汉字的产生发展过程中的作用和地位给予了充分肯定。例如，裘锡圭先生比较早地指出大汶口文化的图像文字"不是非文字的图形，而是原始文字"，它和甲骨文、金文

---

① ［日］林巳奈夫：《中国古代の酒瓮》，《考古学杂志》（日）第65卷第2号，1979年；［日］林巳奈夫著，黎忠义译：《关于良渚文化玉器的若干问题》，《史前研究》1987年第1期。
② 李学勤：《重新估价中国古代文明》，《先秦史论文集》，《人文杂志》1982年增刊；李学勤：《考古发现与中国文字起源》，《中国文化研究集刊》第2辑，复旦大学出版社，1985年；李学勤：《论新出大汶口文化陶器符号》，《文物》1987年第12期。
③ 杜金鹏：《关于大汶口文化与良渚文化的几个问题》，《考古》1992年第10期；杜金鹏：《说皇》，《文物》1994年第7期，第56页。
④ 王树明：《谈陵阳河与大朱村出土的陶尊"文字"》，《山东史前文化论文集》，齐鲁书社，1986年。

之间"存在着一脉相承的关系"①；张光裕先生认为大汶口文化的图像文字是"一种成熟的陶文"，而陶文的来源，除了大汶口文化本身的发展之外，还与受到"仰韶文化的影响"有关②；高明先生认为陵阳河等遗址出土的陶文是时代"最早的陶文"，"它已具备了汉字应有的各种因素"，"故将其列入汉字的系统"③。当然，也有少数学者对大汶口文化的图像文字持非文字论的观点，可以汪宁生先生为代表。他将是否具备记录语言的功能作为文字形成的必备条件，认为只有"表音的象形文字才算是最早的文字"，所以，"不仅半坡陶器上的刻符根本不算文字，即大汶口陶器上的四种图形，也还不能认为就是文字的开端"④。

以下我们来讨论各类图像的释读和含义。

（一）A类图像

关于图像上部的圆圈是日的象形，学术界的看法比较一致。Aa小类下部是五峰山形，分歧也不大⑤。关键是中部的图形，由于其

---

① 裘锡圭：《汉字形成问题的初步探索》，《中国语文》1978年第3期，第166页。
② 张光裕：《从新出土材料重新探索中国文字的起源及其相关问题》，《香港中文大学中国文化研究所学报》第12卷，1981年，第131~133页。
③ 高明：《论陶符兼谈汉字的起源》，《北京大学学报（哲学社会科学版）》1984年第6期，第52页。
④ 汪宁生：《从原始记事到文字发明》，《考古学报》1981年第1期。此外还有一些学者持大汶口文化图像文字非文字论观点，如李先登：《试论中国文字之起源》，《天津师范大学学报》1985年第4期；王恒杰：《从民族学发现的新材料看大汶口文化陶尊的"文字"》，《考古》1991年第12期。
⑤ 也有个别不同看法，如何新认为"可能是海波之形"，安立华也说"是海浪四溅的符号化表现"。参见何新：《诸神的起源》，生活·读书·新知三联书店，1986年，第111页；安立华：《"金乌负日"探源》，《史前研究》（辑刊），1990—1991年，第140页。

内弧边中部上凸而导致了一些不同看法：或认为是云气；或认为是火；或认为是新月；或认为是飞鸟；或认为是三峰的山，等等。基于上述分歧，对Aa类图像的释读自然就产生出多种意见。

于省吾先生释为"旦"，认为是"用三个偏旁构成的会意字"[①]。裘锡圭先生从于说释旦，并认为"是表示器物主人的族氏的"，A、B两类"是同一族名的繁简两体"[②]。邵望平先生亦认为"以释旦为是"，其意为祭日出、祈丰收[③]。王树明先生释为"烉"即"炟"，是"旦"的繁体。认为其表示"春秋两季，早晨八九点钟，太阳从正东升起，高悬于主峰之上"，"寓义为春季日出正东"。并认为A、B类图像"应是大汶口人用火或即'燔柴'祭天这一事实的摹写"[④]。

唐兰先生释为"炅"的繁体，认为"上面是日，中间是火，下面是山，像在太阳光照下，山上起了火"[⑤]。李孝定先生认为A类图像"是由日、火、山三个象形字所组成的会意字，是毫无疑问的"。但对唐兰先生关于读音为热的看法，认为没有证据[⑥]。李学勤

---

① 于省吾：《关于古文字研究的若干问题》，《文物》1973年第2期，第32页。
② 裘锡圭：《汉字形成问题的初步探索》，《中国语文》1978年第3期，第165、166页。
③ 邵望平：《远古文明的火花——陶尊上的文字》，《文物》1978年第9期。
④ 王树明：《谈陵阳河与大朱村出土的陶尊"文字"》，《山东史前文化论文集》，齐鲁书社，1986年，第250、256页。
⑤ 唐兰：《关于江西吴城文化遗址与文字的初步探索》，《文物》1975年第7期，第72页；唐兰：《从大汶口文化的陶器文字看我国最早文化的年代》，《光明日报》1977年7月14日，又见于《大汶口文化讨论文集》，齐鲁书社，1979年，第80页。
⑥ 李孝定：《再论史前陶文和汉字起源问题》，《"中央研究院"历史语言研究所集刊》第50本，1979年，第447页。

先生认为是两个字，释为"炅山"①。

此外，还有众多的不同看法和见解，例如：或认为是"作器者的一种氏族标记"②；或认为是"记录时辰的会意字"③；或将其释为"日、月、山"图符或纹饰，其意是日月山川崇拜④；或认为是"日出旸谷""皆载于鸟"神话的缩写⑤，其"真正内涵，应仍为'负日神鸟'或'有翼太阳'"⑥；或认为其有"代表天下和宇宙"，"表示匠人所在地望"，"祭日出"，"祈日月山川之佑"等含义⑦。

Ab小类与Aa小类的区别有二。一是中间的图形为月牙状，内弧边不上凸；二是下部图形为圜底，两侧的尖峰小而外伸，中部三峰间用圆滑的弧线相连，极像火焰升腾之状而与Aa类的五峰山相去较远。这一图像李学勤先生仍释为"炅山"，王树明先生则释为"炅"的繁体，隶定为"㬒"。

---

① 李学勤：《重新估价中国古代文明》，《先秦史论文集》，《人文杂志》1982年增刊；李学勤：《考古发现与中国文字起源》，《中国文化研究集刊》第2辑，复旦大学出版社，1985年；李学勤：《论新出大汶口文化陶器符号》，《文物》1987年第12期，第72页。
② 汪宁生：《从原始记事到文字发明》，《考古学报》1981年第1期。
③ 杨文山：《释👁、👁》，《河北师范大学学报》1982年第1期。
④ 李茂荪：《从文字和神话看大汶口文化"日月（山）"纹饰》，《史前研究》（辑刊），1990—1991年，第137页；苑胜龙：《试释"👁"》，《泰山研究论丛》（第五辑）》，青岛海洋大学出版社，1992年，第199页。
⑤ 安立华：《"金乌负日"探源》，《史前研究》（辑刊），1990—1991年。
⑥ 邓淑苹：《中国新石器时代玉器上的神秘符号》，《故宫学术季刊》第10卷第3期，1993年；邓淑苹：《由考古实例论中国崇玉文化的形成与演变》，《中国考古学与历史学之整合研究》，"中央研究院"历史语言研究所，1997年，第800页。
⑦ 王恒杰：《从民族学发现的新材料看大汶口文化陶尊的"文字"》，《考古》1991年第12期。

（二）B类图像

此类图像与A类相似而简单，即缺少下部的图形，在释读上主要有四种基本意见。于省吾、裘锡圭等先生释为"旦"，并认为是A类图像的简体。

唐兰先生释为"炅"，并认为是A类图像的简体。李学勤先生亦认为是"炅"字。王树明先生在释为"炅"的基础上，进一步认为是"太阳高照于南天，表示炽热季节或夏季之义"[①]，以与A类图像相区别。

田昌五先生释为"昊"，认为A、B两类图像"是一个氏族部落标志，完整地作日月山，山上有明月，月上有太阳；简单地作日月而省去山，其意应是太皞和少皞之皞字，有如后来的族徽"[②]。杜金鹏先生也持"族徽"说，并认为以"释昊为宜"[③]。

认为B类图像是像"日月"之形。持此种看法的学者中又有不同的解释。或认为反映了"日月婚媾的神话"，"是祭祀求育的产物"[④]；或认为是"明"[⑤]。此外，还有一些其他的不同解释[⑥]。

[①] 王树明：《谈陵阳河与大朱村出土的陶尊"文字"》，《山东史前文化论文集》，齐鲁书社，1986年，第256页。
[②] 田昌五：《古代社会断代新论》，人民出版社，1982年，第53、54页。
[③] 杜金鹏：《关于大汶口文化与良渚文化的几个问题》，《考古》1992年第10期，第921页。
[④] 宋兆麟先生认为A、B两类图像含义是相同的，参见《巫与民间信仰》，中国华侨出版公司，1990年，第18~26页。
[⑤] 李茂荪：《从文字和神话看大汶口文化"日月（山）"纹饰》，《史前研究》（辑刊），1990—1991年，第135页。
[⑥] 何新：《诸神的起源》，生活·读书·新知三联书店，1986年，第111页；萧兵：《楚辞与神话》，江苏古籍出版社，1987年，第120、144页；周谦、吕继祥：《大汶口文化陶文浅释》，《中国文物报》1998年9月30日第3版。

关于A、B两类图像的释读，尽管众说纷纭，但都是围绕着"天空中的太阳"这一要素而展开的。从时间、空间及文化的背景、发展水平诸方面综合分析古史传说，并与目前所知的考古学文化进行比较，可以清楚地发现大汶口文化与两昊族系有着密不可分的关系[①]。因此，我认为这类图像应是大汶口人将自己的祖先和太阳紧密地结合起来的具体体现。从这一意义上讲，B类图像以释"昊"为是，而A类图像则与B类图像既有联系，也存在区别。

最近公布的Ac小类图像，上、中部分与B类相同，下部则为高台形图像（H类），其意应是在高台之上举行祭祀祖先的活动。由此看来，A类图像的含义也是如此，只不过举行活动的地点是在山上。与莒县相邻的沂南县，曾在罗圈峪西北山上发现了一组包括4件牙璋和玉镯、玉锛在内的玉石器，由于山上并无聚落遗址，所以报告者认为这是一处祭祀遗迹[②]。如果此说成立，这种祭祀活动与Aa小类图像的含义应是相同的。因此，A类图像表现的是一种祭祀祖先和天神的活动或仪式，应释读为两个字。Ac小类图像的发现，使A、B两类图像是同一字的繁简两体的说法不能成立。

---

① 唐兰：《中国奴隶制社会的上限远在五六千年前》，《大汶口文化讨论文集》，齐鲁书社，1979年；栾丰实：《太昊和少昊传说的考古学研究》，《中国史研究》2000年第2期。
② 于秋苇、赵文俊：《山东沂南县发现一组玉、石器》，《考古》1998年第3期。报告者把这组玉、石器的时代定为龙山文化。不过其中一件玉镯（YL：1）的形制与胶州三里河大汶口文化晚期墓葬出土的一件相同，而龙山文化中目前尚未发现同类玉镯。所以，我认为这组玉、石器的时代很可能属于大汶口文化晚期。如是，则与图像文字的时代相同。

（三）C类图像

象带柲玉、石钺之形，唐兰先生释为"戌"，亦即"钺"，学术界均从此说，无异议。

钺是从工具中分化出来的兵器，其功能与斧、铲截然不同[1]。从刻画图像和发现的实物的比例看，钺为一种短柄武器。刻画图像的柄长（特指钺以后部分，下同）是钺宽的2.2倍。陵阳河大墓中出土的玉石钺，一般长14厘米、宽10厘米左右。在莒县仕阳遗址采集的一件大石钺，长28.8厘米、宽约16厘米[2]。以此度之，图像钺的全长不足40厘米。时代略早的浙江反山M14和瑶山M7（两者均属良渚文化早期偏晚），曾各发现一件带柄玉钺的实物，全长（加两端饰件）分别为70余厘米和80厘米。柄长分别为钺宽的6倍和5倍强[3]（图六，3、4）。时代再早一些的江苏海安青墩遗址，在T10的中层发现一件陶质带柄钺模型，全长18.3厘米，柄长约是钺宽的3.5倍[4]（图六，2）。与青墩中层时代相若或略早的河南临汝阎村仰韶文化遗存中发现的"鹳鱼石斧图"，石斧的装柄方法、柄端饰物及柄和斧的长短比例与青墩陶钺基本一致[5]（图六，1）。

---

[1] 栾丰实：《试论新石器时代石器的定名及其用途》，《纪念山东大学考古专业创建20周年文集》，山东大学出版社，1992年。
[2] 现藏于莒县博物馆，参见苏兆庆等：《莒县文物志》，齐鲁书社，1993年，第166页。
[3] 浙江省文物考古研究所反山考古队：《浙江余杭反山良渚墓地发掘简报》，《文物》1988年第1期，第15页；浙江省文物考古研究所：《余杭瑶山良渚文化祭坛遗址发掘简报》，《文物》1988年第1期，第43页。
[4] 南京博物院：《江苏海安青墩遗址》，《考古学报》1983年第2期。
[5] 临汝县文化馆：《临汝阎村新石器时代遗址调查》，《中原文物》1981年第1期。

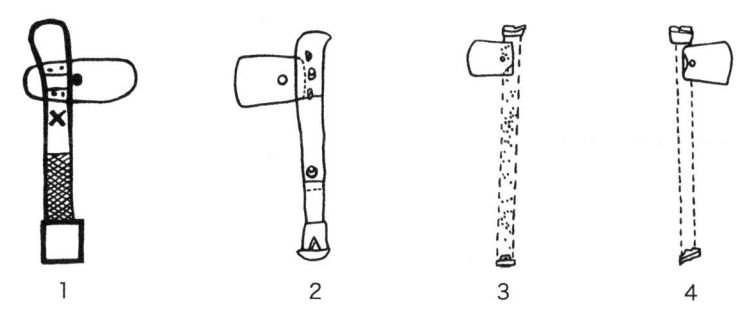

图六　带柄玉、石钺
1. 阎村采集　2. 青墩（T10∶30）　3. 反山（M14）　4. 瑶山（M7∶32）

在海岱地区，钺产生于北辛文化晚期，以后渐多。小型石钺是一般的常用兵器，而那些制作精良并且没有使用痕迹的玉钺和大型石钺，如陵阳河大墓出土者和仕阳、大朱家村等遗址的采集者则应为权杖，是拥有军事权力和尊贵身份的象征。林沄先生曾据甲骨文、金文资料论证"王字之本形是像不纳柲之斧钺"[①]，已成为不易之论。我们注意到，在甲骨、金文中，除了表示族徽者之外，带柲的斧钺均为竖置，与大汶口文化横置者略有区别。因此，我认为大汶口文化的C类图像应是"王"和"戉"字的共同初文，甲骨文中较早的王字是将柲的两端截去，而只保留着靠近钺的部分，从中还可以看到由带柲钺演变而来的痕迹。诚如是，则表明至迟到大汶口文化晚期阶段，已经出现了掌握军事统率权的核心人物——"王"。

---

① 林沄：《说"王"》，《考古》1965年第6期。

（四）D类图像

象带柄锛之形，唐兰先生释为"斤"，是一种工具。认为其功能"可以砍树木，也可以砍人"，"兵"在古文字里"就是两只手捧一个斤"。所以斤也"是最早的兵器"[①]。邵望平先生则认为D类图像是"锄的象形字"，是一种农具[②]。从发现的两例图像看，前端的锋刃为偏锋，且单面刃位于内侧，可知其不是用来入土的工具，锛的功能主要是用来加工木头，也可能和军事活动有关。从发现此类图像的遗址等级分析，D类图像的拥有者较之C类图像的主人应低一个层次。

（五）E类图像

李学勤先生认为这类图像也见于商代的甲骨、金文，是人名或族名[③]。王树明先生认为其"字形与甲骨文、金文中的凡字相同"，所摹画的是"用于军事方面的吹奏乐器"[④]。杜金鹏先生则认为其与陵阳河M17出土图像"下部的方框有关"[⑤]。

此类图像在两个遗址重复出现，其中有2个是刻画于器物的近底部位置，显然应有特殊的含义。按王树明先生所说，此图像与甲骨文、金文中的"凡"字相同，"凡"又可假为"风"。我认为鲁东南

---

① 唐兰：《中国奴隶社会的上限远在五六千年前》，《大汶口文化讨论文集》，齐鲁书社，1979年，第13页。
② 邵望平：《远古文明的火花——陶尊上的文字》，《文物》1978年第9期。
③ 李学勤：《论新出大汶口文化陶器符号》，《文物》1987年第12期，第78页。
④ 王树明：《谈陵阳河与大朱村出土的陶尊"文字"》，《山东史前文化论文集》，齐鲁书社，1986年，第261、262页。
⑤ 杜金鹏：《关于大汶口文化与良渚文化的几个问题》，《考古》1992年第10期，第920页。

地区曾是东夷太昊部族的主要分布区域之一[1]，而太昊族为"风"姓，如王说可信，那么，E类图像就是这一区域大汶口文化居民的族姓。

（六）F类图像

王树明先生释为"南"，认为"是陵阳河人社坛植树的图像文字，或称为社祭图像"[2]。严文明先生持相似的意见，认为"或是古代的社主"[3]。李学勤先生认为此图像从丰从土，释为"封"[4]。杜金鹏先生则认为"可能也是羽冠的摹画"[5]。

此类图像较为直观，下部为封土高台，正中植一植物，显然是一种具体场合的摹画。在陵阳河遗址曾采集到数件与下部图形相似的玉片（图七），可能两者间有联系。自新石器时代之初产生农业以来，经过数千年的发展，人们对农业、对土地已形成了一种不可分离的依赖关系，从某种意义上说，土地已成为维系居民生存的主要生产要素和社会生活的基本保障。随着人口的增殖，土地所有权可能和财富等一起成为导致战争的诱因。人们为了生存而争夺土地并祈求农业丰收，祭祀土地神和五谷神的仪式逐渐产生。F类图像所描绘的场景，大约就是《周礼·地官》"设其社稷之壝，而树之田主"之"社稷"。如是，则陵阳河地区的大汶口人祭祀"社稷"的活动和仪式已经基本具备。

---

[1] 栾丰实：《太昊和少昊传说的考古学研究》，《中国史研究》2000年第2期。
[2] 王树明：《陵阳河墓地刍议》，《史前研究》1987年第3期，第55页。
[3] 苏秉琦主编：《中国通史·第二卷：远古时代》，上海人民出版社，1994年，第279页。
[4] 李学勤：《论新出大汶口文化陶器符号》，《文物》1987年第12期，第78页。
[5] 杜金鹏：《关于大汶口文化与良渚文化的几个问题》，《考古》1992年第10期，第920页。

图七　陵阳河遗址采集的玉片

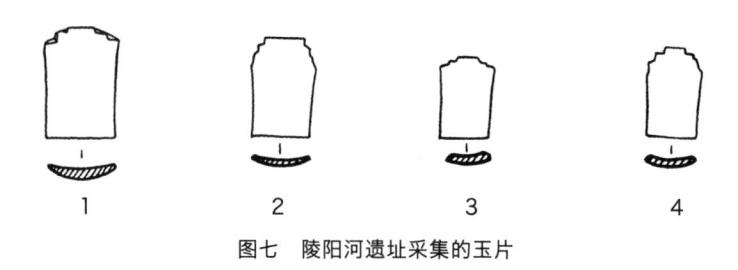

（七）G、H类

G、H两类图像有内在联系，故放在一起讨论。李学勤先生认为G类图像"可能是一种饰有羽毛的冠"，而H类图像"可能是不加羽饰的冠"，并认为"原始的'皇'或许就是一种用羽毛装饰的冠"[1]。杜金鹏先生在此基础上做了进一步阐发，认为G类图像是"以鸟羽为饰的皇王冠冕"，陵阳河M17图像下方的朱绘倒梯形为"神人面庞的轮廓"，H类图像则是冠徽[2]。牟永抗先生曾将G类图像与河姆渡文化的象牙蝶形器、陶片上的刻画图形、良渚文化的玉器神徽中神人冠戴等联系起来分析，认为它们具有相似的社会功能，是信仰或崇拜对象的头部饰物[3]。刘斌先生认为H类图像是台形"祭祀场所的一种摹画"[4]。王树明先生在解释这两类图像时则走向了另一个方向。他释H类图像为"享"，并认为是耒耜一类工具的象

---

[1] 李学勤：《论新出大汶口文化陶器符号》，《文物》1987年第12期，第79、80页。
[2] 杜金鹏：《说皇》，《文物》1994年第7期，第56页。关于M17图像下部的朱绘倒梯形图形为人面的轮廓，笔者数年前就有此看法，可谓与杜金鹏先生不谋而合。
[3] 牟永抗：《试论良渚文化和大汶口文化的关系》，《中国考古学会第七次年会论文集》，文物出版社，1992年，第54页。
[4] 刘斌：《大汶口文化陶尊上的符号及与良渚文化的关系》，《青果集——吉林大学考古专业成立二十周年考古论文集》，知识出版社，1993年，第118页。

形，"是大汶口人祭祀、崇拜的酒神"。他释G类为"滤酒图像"，并认为M17下部的朱绘倒梯形为接酒的盆类器物[①]。王震中先生认为Hb类图像可从王说"释为享"，而Ha类图像则是圈足的杯、尊、豆类器皿中挂有两串玉，是最早的"礼"字[②]。

从图形上看，H类图像是G类图像核心部分——冠徽的放大。H类图像为内收的阶状台形，相似形状的实物曾有发现。在莒县博物馆的陈列品中，有四件器体扁薄、高2.1厘米~2.7厘米、宽1.3厘米~1.8厘米、厚约0.15厘米的呈阶状内收的台形玉片（图七，1~4），据苏兆庆先生介绍系采自陵阳河遗址。这种玉片形制特殊，制作精致，应包含有特定含义。完全相同的玉片则见于浙江遂昌好川良渚墓葬。如果将其与良渚文化发现的阶状祭坛、玉璧玉琮上的同类图像（即被一些学者释为"岛"字的下半部分）联系起来考虑，其意义就比较清楚了。因此，我赞成这类图像是摹画自阶状高台形祭祀场所的意见。

G类图像的基本形制相同，下部为阶状内收的扁冠体，两侧各有两支羽毛，正中显赫位置是H类图像，总体应是插有羽毛的冠冕的摹画。特别是陵阳河M17出土的一件十分完整，下部还朱绘出一个倒梯形，与良渚文化"神徽"图案中神人的面部轮廓基本一致。所以，其为人面部轮廓的看法是正确的。如是，这就是一幅形象的人戴羽冠的图像。《礼记·王制》："有虞氏皇而祭。"郑玄注："皇，冕属也，画羽饰焉。"郭沫若先生也认为"皇字的本义原为

[①] 王树明：《谈陵阳河与大朱村出土的陶尊"文字"》，《山东史前文化论文集》，齐鲁书社，1986年，第268~281页。
[②] 李学勤主编：《中国古代文明与国家形成研究》，云南人民出版社，1997年，第161页。

插有五彩羽的王冠"①。由此看来，G类图像为皇字初文可定，"是身份与地位的标志"。最近在安徽省尉迟寺遗址大汶口文化晚期堆积中发现一件奇特的陶制品，器形由三部分组成：下部为圆筒形，平底，圆筒的顶端外侈，有四个两两相对的圆孔，外表饰浅篮纹；中部为内空的高圆锥体，两侧下部各有两片外伸的弯叶（状似羽毛），根部有一圆孔；顶端立一鸟②。这一造型的整体与G类图像基本相同，应有同种寓义。

六、陵阳河地区大汶口文化的社会形态

以上比较系统地分析了目前所发现的大汶口文化的图像文字。研究这些图像文字无疑具有多方面的价值和意义，除了研究汉字的起源之外，最重要的莫过于通过它们进而探讨当时的社会结构和社会形态。

经由图像文字来探讨社会结构和社会形态，我想应从三个方面展开。即探讨图像文字的含义，除了将其与商周时期甲骨文、金文中的相关文字结合起来分析之外，还应通过与同时期或不同时期相关遗存的比较研究等途径来进行；分析图像文字所依存的具体单位及其与其他单位之间的关系；研究图像文字中心分布区（即陵阳河地区）的社会文化背景。

关于第一个方面已在上节中做过一些论述，现予以归纳。

---

① 郭沫若：《长安县张家坡铜器群铭文汇释》，《考古学报》1962年第1期。
② 王吉怀、陶威娜：《大汶口文化惊现罕见器物》，《中国文物报》2002年5月1日第1版。

G类图像是羽冠（或称皇冠、王冠）的摹画，可确知其为"皇"字初文。以羽冠来表示身份和地位，应是经过相当一段时间的发展之后才形成的。我认为这个过程大致包括了三个阶段，即由部落酋长到初期古国的皇王进而逐渐演变为商周时期及其以后的王和皇帝。郭沫若先生在解释郑玄之注时认为，"画羽饰之冕亦是后起之事，古人当即插羽于头上而谓之皇。原始民族之酋长头饰亦多如此。故于此可得皇字之初义，即是有羽饰的王冠"[1]。从考古资料上看，在宁绍平原的河姆渡文化中曾发现过刻划有类似图像的陶片，或认为与羽冠有关。分析河姆渡文化的社会发展水平及其刻划陶片与大汶口文化陶尊上图像的异同，可知两者之间既有内在联系又有质的区别。

C类图像是带柲钺的摹画，是为"戌"字，同时也是"王"字的初文。在河南临汝阎村遗址出土的一件陶缸上，画有著名的"鹳鱼石斧图"[2]。石斧的图形与大汶口文化C类图像基本相同，唯石斧的形状窄长，两端呈弧形，与大汶口文化有所不同。严文明先生曾推测葬于这个硕大陶缸内的主人，可能就是建立仰韶文化庙底沟期伊洛－郑州部落联盟（阎村类型的分布区内）的第一任酋长，而绘画的石斧是"作为权力标志"，并代表其"身分和权威的"[3]。不容否认，这时的石斧图与商周时期甲骨金文上的"王"字，在核心含义上是有联系的，两者之间存在着源流关系。阎村陶缸的年代相当于仰韶文化庙底沟期，较之陵阳河大汶口文化墓地至少要早500年以

---

[1] 郭沫若：《长安县张家坡铜器群铭文汇释》，《考古学报》1962年第1期。
[2] 临汝县文化馆：《临汝阎村新石器时代遗址调查》，《中原文物》1981年第1期。
[3] 严文明：《鹳鱼石斧图跋》，《文物》1981年第12期。

上。无论是生产力水平还是墓葬之间的两极分化程度，两者都不可同日而语。因此，和"皇"字一样，"王"字的含义也经历了三个阶段，即原始部落酋长、初期古国的军事首领和商周时期的王。大汶口文化C类图像所代表的阶段正好相当于中间阶段。

F类图像已如前述，其下的高台形物应是用土堆起来的祭坛，其上的植物形物是社树，整体图像表示"社祭"的场所，或许"社稷"的概念已经产生。H类图像呈阶状内收，其上部与F类图像有相似之处，如中间位置都上凸，有的H类图像也似插有一物。如果将其与良渚文化玉器上的同类纹样和阶状内收的祭坛联系起来考虑，两者的内在含义应是相同的。只不过目前我们还没有发现大汶口文化的这一类祭祀遗迹。

A、B两类图像有多家释读意见，以"族徽说"更为可信，可释为"昊"字。从传说地望、文化特征等方面考虑，我进一步认为鲁东南地区应是太昊族文化的分布区。如果E类图像确像有的学者所认为的那样是"风"字，则又为太昊族系说增加了一项证据。A、B两类图像的核心是太阳，而古文献中记载的太昊氏是崇拜太阳的。对此，杜金鹏先生曾做过论证[①]。据此可以认为，A、B两类图像既可以看作是大汶口人的族徽，也可以认为是大汶口人所崇拜的天神。那么，如果将其作为祭祀对象，就有祭祖和祭天两重含义。

综上所述，陵阳河地区发现的大汶口文化图像文字又可以归并为两套。一套是身份、地位和权力的标志，如G、C、D三类；另一套是用于祭祀的，也有表示身份、地位的作用，如A、B、E、F、H

---

① 杜金鹏：《关于大汶口文化与良渚文化的几个问题》，《考古》1992年第10期，第921、922页。

五类。下面再结合具体的墓葬进行分析。

G类图像仅见于陵阳河和尧王城。尧王城遗址的主要遗存属于龙山文化,面积达50余万平方米,并有城墙[①],是东部沿海一个范围不小的区域的中心,虽然刻有图像的残片出自文化层内,但说明该遗址在大汶口文化末期或龙山文化早期已粗具规模和等级。陵阳河遗址初步调查面积约15万平方米,三次发掘共清理墓葬45座,以部分墓葬规格较高和墓葬之间的差别十分显著而引人注目。该遗址发现的图像文字多数为采集品,表明还有相当多的高规格墓葬或被破坏或尚未发掘。一件G类图像出自M17,该墓属于陵阳河墓地的晚期,墓室面积达14.86平方米,20倍于同期最小的墓葬,随葬品多达192件,其中包括33件猪下颌骨,随葬品总数和猪下颌骨的数量在全墓地中是最多的。此外还使用了具有礼器性质的高柄杯80余件。墓主因骨骼不全而未做鉴定,不过从出石凿而无坠饰看,以男性的可能性较大。另外,也未使用石或玉钺,当非专门的军事首领。从整体上权衡,把该墓主定为陵阳河地区最高一级的统治者应无问题。这样,M17墓主的身份与其所使用的羽冠图像是十分相称的。因此,可以认定该墓主生前是头戴羽(皇)冠、大权在握的陵阳河古国的一代国王。M11扰土内出土了一件G类图像残片,图像的尚存部分与M17出土者相同,但我们无法确定其原本是否属于M11。就墓室面积而言M11也算是一座中型墓葬,但随葬品仅20余件,显然比M17低一个层次。

与M17规格相当的是与其相隔一排的M6。该墓的墓室面积为

[①] 笔者1995年12月对尧王城遗址进行过调查,在遗址西北角的一条深沟内,从西、北两壁的剖面上发现夯土堆积,据其范围、宽度和走向,判定其为城墙的西北部。1998年经日照市博物馆的钻探,这一看法得到确认。

17.29平方米，随葬品多达190件，其中包括21件猪下颌骨和石钺、石璧、骨雕筒等。M6没有出土图像文字资料。查发掘简报知，M6墓坑深只有23厘米，该墓出土的2件大口尊均残。因此，我们不知道该墓葬是原来就没有使用带图像文字的陶尊，拟或是有图像文字而被后来所破坏了。M6随葬的石钺制作精致，并且没有使用痕迹，可确知不是实用器，应作为权杖之用；随葬的乳白色石璧，直径16.5厘米，应是祭祀的重器；雕有凸弦纹的骨雕筒1枚，或认为是旄柄饰物，或认为是宗教法器。综上，M6与M17等级相当，为陵阳河墓地最大最富的2座墓葬之一，并且是掌握军事权力的最高统治者。据简报发表的少量器物，可初步判定M6和M17是时代略有差别的两代"皇""王"一级的墓葬。

出土D类图像的杭头遗址M8，墓室面积9.9平方米，使用一椁一棺，随葬品共78件，其中包括7件猪下颌骨及小型玉钺、方形石璧、7块鳄鱼骨板等。鳄鱼骨板在个别同时期或略晚的重要遗址的大型墓葬中有所发现，如大汶口M10、陶寺大墓和尹家城M15等，其作用应是蒙鼓。杭头遗址东距陵阳河遗址不足2千米，其性质或是陵阳河的一个卫星遗址，也可能就是陵阳河遗址的一部分。杭头M8的时代相当于陵阳河墓地的晚期，其规格较之陵阳河M6、M17要低一个层次，随葬品表明该墓主有浓厚的军事色彩，身份应是二级聚落的首领或陵阳河古国级别较高的官员。

陵阳河M19、M25和M7三座墓葬分别出土E、F、B类图像文字。这三座墓葬的墓室面积约在5平方米~8平方米之间，有木质葬具，墓主均为男性，随葬品大致在50~80件之内，都有为数不多的猪下颌骨。M19还使用了没有使用痕迹的石钺、陶质牛角号和骨雕筒等，墓主生前应是领军人物。这三座墓葬，M7为晚期，另两座为中期（相当于大汶口文化晚期阶段第六期前段）。全面衡量可以确认，以上三座墓葬的规格大致相当，较之M6、M17低一个层次，属于古国内级别较高的官员。基于此，我们推测中期的"皇""王"之墓尚未发现。

大朱家村M17、M26和M04三座墓葬分别出土H、E、B类图像文字。除M04的墓室较大（10.5平方米）、随葬品较多（共141件）之外，其余两座与陵阳河M7等相若。综合平衡他们的身份，应与杭头M8、陵阳河M19等大致相当，而明显低于陵阳河M17，属二级聚落首领和一级聚落高级官吏的层次。

大朱家村遗址西南距陵阳河遗址约7千米，面积约6万平方米，属中等规模的遗址。该遗址共发现大汶口文化墓葬35座，墓室面积在6平方米以上的共有五座，分属中（2座）、晚期（3座），三座出土图像文字的均在这五座之内。其中属于晚期偏晚的两座墓葬（M04、M02）面积在10平方米左右，随葬品也多达140余件。这一现象表明作为次级中心的二级聚落，随着财富的集中，社会分化也呈现日益加剧的趋向。

以上分析表明，"皇""王"两类图像文字，只见于陵阳河和尧王城这样少数几个地区性的中心聚落遗址，并且出土这类图像文字的墓葬规格最高，应是当时的"王"墓，在社会分层中属于最高的一级。而其他类的图像文字，或见于地区性中心遗址的第二等级墓葬之内，或见于作为次级中心的第二级聚落的最高等级的墓葬之内，属于社会分层的第二级。

沭河上游的莒县地区，四面有低山丘陵环绕，形成一个河谷盆地的地貌，陵阳河遗址大约在莒县盆地的中心位置。历年考古调查成果显示，仅在莒县就发现大汶口文化晚期遗址42处[①]（图八）。这42处遗址可以划分为三个层次或等级。

第一级，1处，即陵阳河遗址。遗址西距沭河约5千米，地势平坦而开阔，向东不远即进入丘陵地区。陵阳河遗址的范围东西约500米、南北约300米，面积约15万平方米。因为陵阳河遗址没有进行过系统的钻探，也没有对居住区进行发掘，所以我们对于陵阳河遗址的了解是很不全面的。此外，在以陵阳河遗址为中心的半径5千米的范围内，就有大汶口文化遗址11处，如果将半径扩大到10千米，遗址的数量就增加到25处。这显然是一个以陵阳河遗址为中心的遗址群。对陵阳河遗址的了解主要是通过部分墓葬的发掘而获得的。发掘的墓地位于遗址的东、北部边缘，主要部分处于现今陵阳河河道之内。已发掘的45座墓葬均属大汶口文化晚期阶段，在空间分布上，除单独分布的1座外，可以划分为四组。

第一组位于遗址北部，在陵阳河河道偏南的河滩之内。此组共有25座墓葬，排列比较整齐，可以分为九排，每排最多4座，最少1座，一般为2—3座。从年代上看，中部以西的墓葬较早，中部以东的墓葬较晚，除了个别墓葬微有打破关系外，多数间隔距离较为适中。陵阳河遗址已发现的长度在3米以上的19座大、中型墓葬均属于此组。第二组东南距第一组50余米，共10座。第三组位于遗址的东北部，西北距第一组60余米，共6座。第四组分布于遗址的东部偏南，西北距第一组150余米，共3座。第二、三、四组均为小型墓葬。陵阳河的大汶口文化墓葬属家族墓地性质，从墓葬规模、葬

---

① 这里采用了莒县博物馆的调查资料，详见苏兆庆等：《莒县文物志》，齐鲁书社，1993年，第39～62页。图八中标出了41处，另一处在图范围外的东莞乡。

具、猪下颌骨的有无和多少以及随葬品数量、质量等方面分析，这一时期的社会成员占有财富的急剧分化，不仅表现在家族与家族之间，而且也出现在家族之内。

陵阳河遗址周围（大约半径5千米范围）还分布着11处同时期的大汶口文化遗址。其中北侧的略庄、西侧的杭头和西南方向的张家葛湖3处遗址，面积在6万平方米~9万平方米之间，它们的规格和等级应在陵阳河之下，而又高于其他小聚落。因为这些遗址距离陵阳河遗址甚近，可能是在陵阳河的直接控制之下。

第二级，6处，分别是大朱家村、八里庄、仕阳、前牛店、古迹崖和后果庄。这些遗址分布于陵阳河遗址的周围，距离在30千米之内，面积在6万平方米~10万平方米之间。同时，这些遗址的周围还有多少不一的面积更小的遗址，可划分为六个小区。因此，我们把这一类遗址称为第二级的小中心。这六个小区都围绕着陵阳河遗址，即使中心遗址的规模和等级也都明显低于陵阳河遗址。因此，我认为陵阳河遗址与这六个小区之间存在着主从关系，这种关系具有统治与被统治的性质。除以上六个小区之外，我推测在陵阳河的东西两侧还应有数个这种性质的小区，这需要通过今后有针对性的考古调查工作来加以证实。

陵阳河地区，是指以莒县盆地为主并包括东、西、南侧邻近区域的地区，总面积估计在2000平方千米左右。大汶口文化时期的陵阳河地区存在着三个等级的聚落。属于第一级的聚落仅有陵阳河一处，其面积在15万平方米左右。从墓地显示的贫富分化和等级差别，特别是发现了相当于"皇""王"一级的墓葬，并且创造和使用了反映不同身份、地位及包含不同内容的图像文字，我们有理由认为陵阳河遗址是一个地区性的中心聚落，如果说得更直接一点的

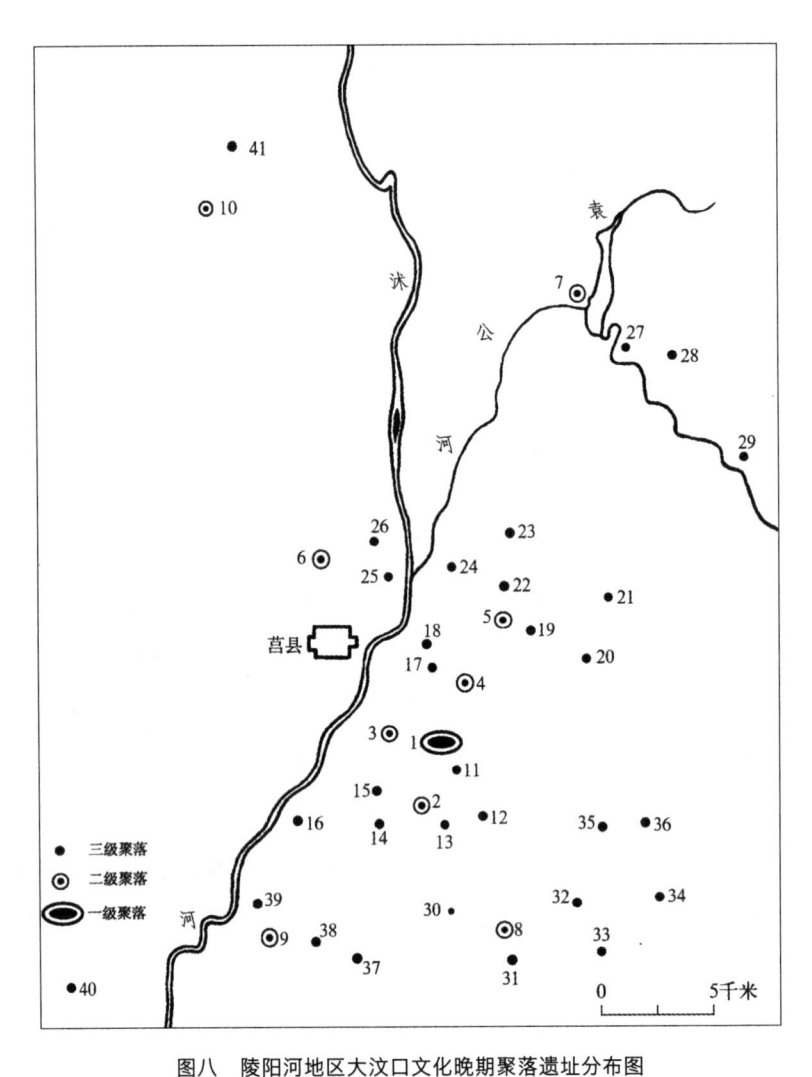

图八　陵阳河地区大汶口文化晚期聚落遗址分布图
1.陵阳河 2.张家葛湖 3.杭头 4.略庄 5.大朱村 6.八里庄 7.仕阳
8.前牛店 9.古迹崖 10.后果庄 11.西山河 12.王标大前 13.项家官庄 14.北台子
15.孙家葛湖 16.前夏庄 17.张家围子 18.大宋家村 19.小朱村 20.周家庄 21.徐家村
22.东沟头 23.前集 24.李家城子 25.魏家村
26.沈家村 27.桑庄 28.三角山 29.寨村 30.春报沟 31.陡崖 32.小窑
33.孙由 34.河峪 35.南楼 36.西涝坡 37.杨家崮西 38.公家庄
39.前李官庄 40.刘家苗蒋 41.官家林

话，那它就是最初的"国都"遗址。第二级聚落有9个甚至更多，分属两种情况，邻近陵阳河遗址的3个，可能与陵阳河是一个群体，合成一个大的聚落群。而分布于外围的6个（或许可能再加上几个），各为一个小区的中心，其性质约略相当于后来的"邑"。这种小区的范围相差不会太大，一般统辖有5至10个小聚落，其面积可能与现在的大乡镇相当或略大。第三级聚落的数量较多，现在已经调查到的遗址，陵阳河地区有30余个，实际上要超过此数。按我们近年来在日照地区的调查经验，估计陵阳河地区第三级聚落的数量当在60处以上，甚至更多。

陵阳河地区的晚期大汶口文化，已经形成了以家族为核心，以家庭、家族和宗族为基本社会结构的新型社会形态。而不同的宗族又结合成大小不一的宗族联盟网络体系，陵阳河聚落就是居于网络顶端的权力中心。表现在聚落空间分布形态方面的特点，就是不同级别聚落的数量结构呈金字塔状排列，大、小中心聚落似乎都占据着交通便利、地势相对开阔、资源较为丰富的有利位置。这样一种社会结构的地区，较之以往的平等社会发生了质的变化，我认为它已经建立了早期国家并进入了文明时代。有鉴于此，我们可以将这一地区称之为"陵阳河古国"。

（原载《桃李成蹊集——庆祝安志敏先生八十寿辰》，香港中文大学中国考古艺术研究中心，2004年）

海岱地区史前时期稻作农业的产生、发展和扩散

一、海岱地区史前文化的变迁

海岱地区新石器文化的起源和形成尚不清楚，迄今为止，考古发现的最早的新石器时代遗存为距今8000年前后的后李文化。后李文化只发现了十余处遗址，主要分布于泰沂山系以北地区，东起潍河流域，西至济南以西的大沙河流域，东西长200多千米。泰沂山系以南地区，前几年在安徽省东北隅的宿州小山口和古台寺两处相距不远的遗址下层，发现了与后李文化相似的文化遗存，而其他地区目前尚无线索。

后李文化之后是距今7000—6100年的北辛文化，这一时期的考古发现比较丰富。遗址的数量达到100多处，空间分布也基本上遍及大运河和南四湖以东的山东省及江苏省的淮河故道以北地区。尽管各个地区的文化面貌有所差异，但在总体上呈现出较为一致的特征。

继北辛文化而起的是大汶口文化，其存续时间为距今6100—4600年前后。大汶口文化是海岱地区史前文化一个大的发展时期，随着社会经济的全面发展，社会组织和社会结构也由平等社会开始走向分层社会，最终促成了早期国家的诞生。

距今4600—4000年的龙山文化是海岱地区史前文化的一个重

要历史阶段。这一时期的海岱地区方国林立,社会矛盾空前激化,战争频繁,催化和刺激了社会的迅速发展。作为社会经济基础的农业,也出现了一些重大的变化,如稻作农业的广为扩散等[①]。

龙山文化之后是岳石文化,其存续时间大约为距今3900—3400年。岳石文化已经进入青铜时代,年代也与历史上的夏代和早商大体相当。但其一直保持着较为单纯的东方文化的特色。故可以认为是东方史前文化的最后一个重要阶段。

岳石文化之后,东方大地发生了重大分化,中西部地区开始与中原商周文化融合,东部则又保持了一段时间,主要表现为分布于胶东半岛及其沿海岛屿地区的珍珠门文化。东周以后,最终全部融入了中华远古文化的洪流之中。

二、稻作遗存的考古发现

稻作遗存包括炭化稻米、红烧土中遗留下来的稻壳及茎叶等印痕、土壤和陶片等遗存中的水稻植硅体以及种植水稻的农田等。下面我们按时代来考察海岱地区稻作遗存的考古发现。

(一)北辛文化时期

就目前公布的资料,海岱地区最早的稻作遗存发现于北辛文化,江苏省东北部的连云港市郊区二涧村遗址,在红烧土中发现有

---

① 靳桂云:《海岱地区史前稻作农业初步研究》,《农业考古》2001年第3期,第91~96页。

稻壳印痕①，按该遗址发现的墓葬推断，其时代可以早到北辛文化中期，即距今6500年前后。

（二）大汶口文化时期

大汶口文化时期海岱地区的稻作遗存在数量上虽然有所增加，但仍然不多，目前发现的有以下几处（图一；表一）：

1. 王因遗址

兖州王因遗址的发掘和研究中，只是对属于大汶口文化早期的T4016采集的6个样本进行了孢粉分析，发现了"可能属于稻"的禾本科植物花粉②。

2. 大仲家遗址

位于胶东半岛北部的蓬莱市，通过对该遗址第2层土壤样品的检测，确认了1个水稻的植硅体③，时代为大汶口文化早期。

3. 集西头和段家河遗址

位于沭河上游的莒县盆地，1999年，中国社会科学院考古研究所在这两处大汶口文化晚期遗址中，检测出水稻的植硅体④。

4. 陵阳河和小朱家村遗址

这两处遗址未发现直接的水稻遗存，但经人骨的食性检测分

---

① 李洪甫：《连云港地区农业考古概述》，《农业考古》1985年第2期，第96～107页。
② 中国社会科学院考古研究所：《山东王因——新石器时代遗址发掘报告》，科学出版社，2000年，第452、453页。
③ 中国社会科学院考古研究所：《胶东半岛贝丘遗址环境考古》，社会科学文献出版社，1999年，第152页。
④ 齐乌云等：《山东沭河上游出土人骨的食性分析研究》，《华夏考古》2004年第2期，第41～47页。

析，发现属于大汶口文化晚期的陵阳河人（材料仅是M12的人骨）和小朱家村人（一成年男性人骨），食谱均主要为C3和C4，但在数量结构和比例上则相反，即陵阳河人以稻米为主的C3类最多（占66.4%），以小米为主C4类较少（占33.6%）；小朱家村人以C4类最多（占65.1%），C3类较少（占34.9%）[①]。

5. 朝阳遗址

位于江苏省新浦和连云港之间，南京博物院和日本宫崎大学农学部联合对该遗址出土的陶片进行了分析，检测出水稻的植硅体。据报道，陶片的时代为距今6000—5000年，文化属性不详，若依上述年代分析，应该属于大汶口文化时期[②]。

6. 尉迟寺遗址

1990年以来，中国社会科学院考古研究所安徽队多次发掘安徽蒙城尉迟寺遗址，在属于大汶口文化晚期房屋墙壁的草拌泥烧土中，发现有稻壳等印痕，同时对两个探方的系列土样进行了植硅体分析，检测出水稻的植硅体[③]。

---

① 蔡莲珍、仇士华：《碳十三测定和古代食谱研究》，《考古》1984年第10期，第949~955页；齐乌云等：《山东沭河上游出土人骨的食性分析研究》，《华夏考古》2004年第2期，第41~47页。
② ［日］宇田津彻朗等：《江苏省新石器时代遗址出土陶器的植物蛋白石分析》，《农业考古》1999年第1期，第36~45页。
③ 王增林、吴加安：《尉迟寺遗址硅酸体分析——兼论尉迟寺遗址史前农业经济特点》，《考古》1998年第4期，第87~93页。

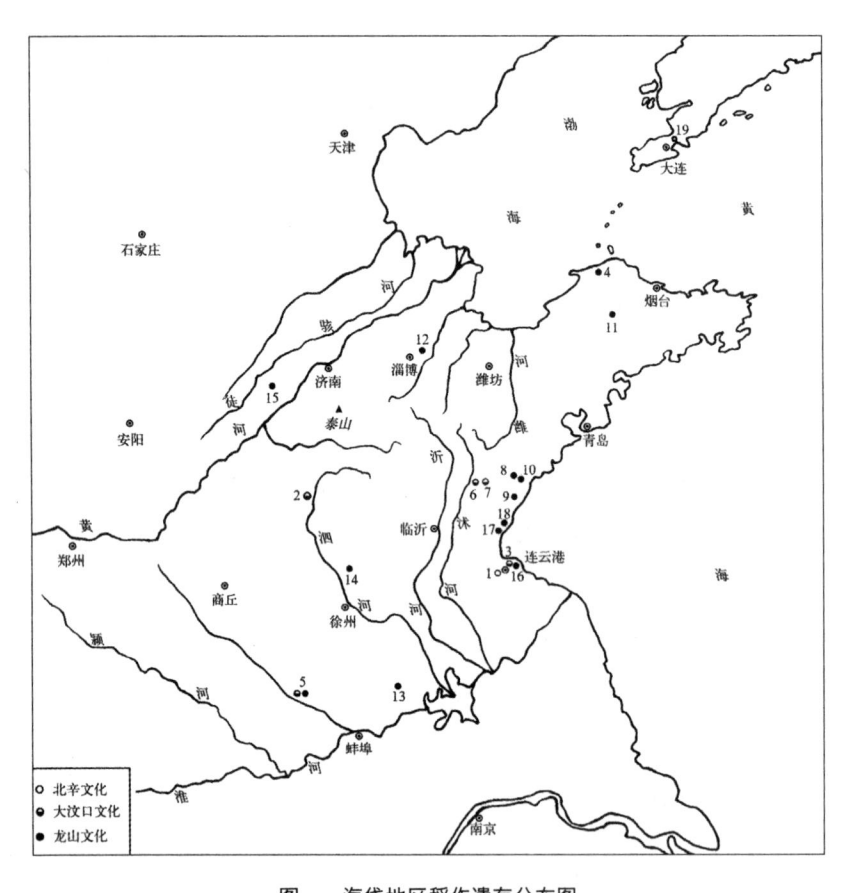

图一　海岱地区稻作遗存分布图
1.二涧 2.王因 3.朝阳 4.大仲家 5.尉迟寺 6.集西头 7.段家河 8.丹土 9.尧王城 10.两城镇 11.杨家圈 12.桐林 13.濠城镇 14.庄里西 15.教场铺 16.藤花落 17.盐仓城 18.后大堂 19.大嘴子

此外，在辽东半岛南部的大连市西部沿海的文家屯遗址出土的红烧土中，也检测出水稻的植硅体，这一新的发现已被作为稻作农业东传过程中途经辽东半岛的一项证据[①]。对此，我认为有必要加以

---

① ［日］澄田正一、冈村秀典等：《文家屯——1942年辽东先史遗迹发掘调查报告书》，京都大学，2002年，第94~106页。

检讨。发现水稻遗存的文家屯遗址第3层，出土遗物与相距不远的郭家村遗址第4层相近，其文化性质属于小珠山二期文化。而小珠山二期文化在年代上与大汶口文化是平行的。郭家村第4层属于小珠山二期文化的中期或略晚，所以，它的时代与大汶口文化中期（至迟与晚期）相当，显然早于龙山文化。考虑文家屯遗址的发掘工作是在60年以前进行的，并且在经过检测的24个样本中，只有1个样本发现了水稻的植硅体。因此，我们应该谨慎对待这一资料。但考虑在隔海相望的胶东半岛北部大仲家遗址也发现了一个同时期或略早的水稻植硅体，这一发现不失为辽东半岛南部地区早期稻作遗存的一个重要线索，值得学术界今后加以关注。

表一　海岱地区东部发现稻作遗存一览表

遗址	所在地区	发现遗存	大体年代
二涧村	连云港市郊区	稻壳印痕	BP6600—6100
朝阳	连云港市郊区	水稻植硅体	BP6000—5500
藤花落	连云港市郊区	稻田、炭化稻等	BP4600—4300
盐仓城	江苏省赣榆县	炭化稻米	BP4600—4000
后大堂	江苏省赣榆县	炭化稻米	BP4600—4000
尧王城	山东省日照市	炭化稻米	BP4700—4300
两城镇	山东省日照市	炭化稻米和水稻植硅体	BP4600—4000
丹土	山东省日照市	水稻植硅体	BP4700—4300
赵家庄	山东省胶州市	稻田、炭化稻米等	BP4700—4300
桐林	山东省淄博市	炭化稻米和水稻植硅体	BP4600—4000
杨家圈	山东省栖霞市	稻壳和水稻植硅体等	BP4600—4300
大仲家	山东省蓬莱市	水稻植硅体	BP6000—5500

(三)龙山文化时期

龙山文化时期,海岱地区发现稻作遗存的地点迅速增多,它们在分布上遍及了海岱地区的各个小区(图一)。

1. 尉迟寺遗址

在文化层的土壤中检测出水稻的植硅体,并且其数量较之大汶口文化晚期阶段明显增多。

2. 濠城镇遗址

位于安徽省淮河以北的五河县,早年在遗址的灰土层中发现炭化稻粒[1]。

3. 藤花落遗址

位于连云港市开发区,1998年以来南京博物院数次发掘该遗址,发现了内外两圈龙山文化早中期的城址。同时,发掘时浮选出炭化稻粒遗存,在城外还发现了稻作的水田遗迹[2]。

4. 后大堂遗址

位于赣榆县北部沿海,南京博物院在该遗址的发掘中浮选出龙山文化炭化稻粒[3]。

5. 盐仓城遗址

位于赣榆县北部沿海,在属于龙山文化的下文化层中曾采集到

---

[1] 修燕山、白侠:《安徽寿县牛尾岗的古墓和五河濠城镇新石器时代遗址》,《文物》1959年第7期,第371、372页。
[2] 林留根:《江苏连云港藤花落遗址》,《2000中国重要考古发现》,文物出版社,2001年。
[3] 林留根、张文绪:《黄淮地区藤花落、后大堂龙山文化遗址古稻的研究》,《东南文化》2005年第1期。

炭化稻粒①。

6. 尧王城遗址

位于日照市南部沿海，1992—1993年，中国社会科学院考古研究所山东队在发掘中浮选出龙山文化时期的炭化稻粒，经鉴定为粳米②。

7. 两城镇遗址

1998—2001年，山东大学和美国芝加哥自然历史博物馆对这一遗址进行了联合发掘，发现大量农作物遗存，其中有数量较多的炭化稻粒。同时，还检测出大量的水稻植硅体③。

8. 丹土遗址

2000年，山东省文物考古研究所对丹土遗址进行了两次发掘，在一些遗迹的土样中检测出水稻的植硅体④。

9. 庄里西遗址

位于鲁南的滕州市，山东省文物考古研究所在该遗址的发掘中，对5个灰坑的土样进行了浮选，发现炭化稻280余粒，多数保存较好，经鉴定为粳米⑤。

---

① 李洪甫：《连云港地区农业考古概述》，《农业考古》1985年第2期，第96~107页。
② 中国社会科学院考古研究所：《尧王城遗址第二次发掘有重要发现》，《中国文物报》1994年1月23日第1版。
③ ［加］凯利·克劳福德、赵志军、栾丰实等：《山东日照市两城镇遗址龙山文化植物遗存的初步分析》，《考古》2004年第9期；靳桂云等：《山东日照市两城镇遗址土壤样品植硅体研究》，《考古》2004年第9期，第81~86页。
④ 刘延常、王学良：《五莲县丹土大汶口文化、龙山文化城址和东周时期墓葬》，《中国考古学年鉴·2001》，文物出版社，2002年，第182~184页。
⑤ 孔昭宸、刘长江、何德亮：《山东滕州市庄里西遗址植物遗存及其在环境考古学上的意义》，《考古》1999年第7期，第59~62页。

10. 桐林遗址

位于泰沂山北侧的淄河流域，1997年从路沟断崖上的10个灰坑中采样，并对其中8个灰坑的土样进行了植硅体分析，从7个灰坑的土样中检测出水稻植硅体。研究者认为这些集中出土水稻植硅体的灰坑，可能是贮存或加工稻谷的场所[①]。

11. 教场铺遗址

位于鲁西的茌平县，2000年以来，中国社会科学院考古研究所山东队多次发掘该遗址，经系统浮选发现大量植物遗存，其中有少量的炭化稻粒[②]。

12. 杨家圈遗址

位于胶东半岛中部，1981年，北京大学和山东省文物考古研究所等单位联合发掘该遗址，在草拌泥红烧土中发现许多谷物草叶和少量谷壳，经鉴定有稻壳、稻茎、稻叶的印痕[③]。

三、稻作遗存的产生、发展及其特点

由于海岱地区东南部的连云港发现了时代较早的稻作遗存，而且这一地区近年来也发现有野生稻生存。所以，有人认为这一地区

---

① 靳桂云、吕厚远、魏成敏：《山东临淄田旺龙山文化遗址植物硅酸体研究》，《考古》1999年第2期，第82~87页。
② 赵志军：《两城镇与教场铺龙山时代农业生产特点的对比分析》，《东方考古（第1集）》，科学出版社，2004年。
③ 严文明：《杨家圈农作物遗存发现的意义》，《农业发生与文明起源》，科学出版社，2000年，第32~34页；北京大学考古实习队：《栖霞杨家圈遗址发掘报告》，《胶东考古》，文物出版社，2000年，第151~206页。

的稻作是在当地发明的,进而把连云港一带作为中国早期稻作农业的起源地区之一来看待[①]。

海岱地区的稻作农业产生于北辛文化时期,即距今7000—6100年之间。从分布地域上看,稻作的分布只是局限于海岱地区南部的个别地点。从中国早期稻作农业的分布和出现时间来看,海岱地区的稻作农业不仅出现的时间晚(长江中下游地区都在距今10000年前后),而且发现的地点也极少,缺乏系统的考察和研究。所以,就目前发现的情况而言,不宜把海岱地区作为中国稻作农业的起源地区来对待。至于海岱地区稻作农业的来源,我们认为应该是外来的,即由长江和淮河中下游地区传播过来。在苏北地区的北辛文化中,发现了浓厚的来自南方龙虬庄文化和马家浜文化的文化因素。如典型的南方系统的腰檐陶器、小型玉器装饰等,而使用陶钵盖头的习俗,也共见于苏北和苏中南地区,尽管目前我们还不能准确地判定这一文化习俗的原生地,但两地之间存在着文化上的联系则是毋庸置疑的。因此,南方地区出现较早的稻作农业,随着两地的文化交流甚至人口迁徙而传播到海岱地区,是顺理成章的事情。

大汶口文化时期,海岱地区的稻作农业有所发展。这一时期的稻作遗存发现不多,加上王因遗址的水稻花粉资料和陵阳河、小朱家村的人骨碳-13食谱检测结果,达到了8处,当然,这一数量仍然偏少,当与工作开展得不充分相关。水稻遗存的分布地域包括了除鲁北以外的整个海岱地区,比较集中的则是在鲁东南、苏东北沿海和皖北地区。由于在胶东半岛和辽东半岛发现了这一时期偏晚阶段的水稻植硅

[①] 鲁金武、李洪甫:《连云港的古代农业与稻作文化起源》,《农业考古》2002年第3期,第42~54页。

体的线索，所以，今后在海岱地区的北半部发现大汶口文化水稻遗存的可能性是很大的，这需要以后的考古工作给予重视。

龙山文化时期，是海岱地区水稻的大发展时期，并呈现出以下几个特点：首先是发现水稻遗存的地点数量明显增多；其次是出土稻作遗存的地点遍及到海岱地区的大部分地区，其分布不再局限于南部地区和东南沿海，鲁西北、鲁北和胶东半岛一带都有发现；第三是不仅发现了炭化稻和稻壳、稻茎、稻叶的印痕等遗存，还发现了水田遗迹，这可以说是北方地区稻作农业研究的一项突破性进展。

龙山文化时期海岱地区的农业经济结构、类型和布局也产生了巨大变化。近几年来，在部分遗址的发掘中开始采用系统采样进行浮选的方法。所谓系统采样，就是在田野发掘过程中，从所有编号单位中普遍采集一定量的土壤样品进行浮选，然后进行分析统计，从而为我们认识当时农业经济的结构和类型提供了较为可靠的依据。

经过系统采样浮选的遗址，目前主要有日照两城镇和茌平教场铺两处。两城镇遗址位于东南部沿海地区，教场铺遗址则在西部的内陆平原一带，两者所在地区的生态环境、气候、地理地貌等均不相同，代表了两个不同的地理气候小区。两处遗址都浮选出大量的植物遗存，其中农作物占有相当数量。据初步统计，两城镇遗址稻谷的出土概率为49%（据2001年的144份土样统计），即约有一半的浮选土样中包含有稻谷遗存，而两城镇植硅体的检测结果为，包含水稻植硅体的样品比例达70%[1]。教场铺遗址的稻谷出土概率非

---

[1] 靳桂云等：《山东日照市两城镇遗址土壤样品植硅体研究》，《考古》2004年第9期，第81~86页。

常低，仅有3%（据276份土样的统计）。相反，两城镇遗址粟的出土概率为36%，而教场铺遗址的粟的出土概率达到了92%[①]。由此可知，两城镇水稻较多，而教场铺则是以粟类作物为主，两者在农业的结构和类型上存在着明显差别。

其他一些遗址虽然没有做过系统浮选，但也可以发现一些相似的迹象。如位于鲁南南部的滕州庄里西遗址，5个灰坑土样的浮选结果表明，水稻的出土数量达280余粒之多，占绝对优势，而粟类旱作农业的作物较少，只发现了2粒炭化粟和类似高粱穗的颖片及野大豆等。再如位置更偏南部的蒙城尉迟寺遗址，龙山文化时期水稻的植硅体较之大汶口文化晚期明显增多，成为主要的栽培作物，而粟类作物的植硅体，从大汶口文化晚期到龙山文化时期，则呈现出逐渐减少的趋势。由此看来，海岱地区龙山文化时期出土稻谷的概率，总体上说是东南部沿海高于西部的内陆，南部高于北部。据此我们推测，龙山文化时期的农业经济结构已经开始产生重大变化，即除了保持以传统的旱作粟类作物为主的农业区（如西部和北部地区）之外，出现了新的以种植水稻为主的稻作农业区（如东南部和南部地区），并且在与以上两区邻近的胶东半岛地区还可能存在着粟作、稻作混合的农业区（图二）。

---

① 赵志军：《两城镇与教场铺龙山时代农业生产特点的对比分析》，《东方考古（第1集）》，科学出版社，2004年。

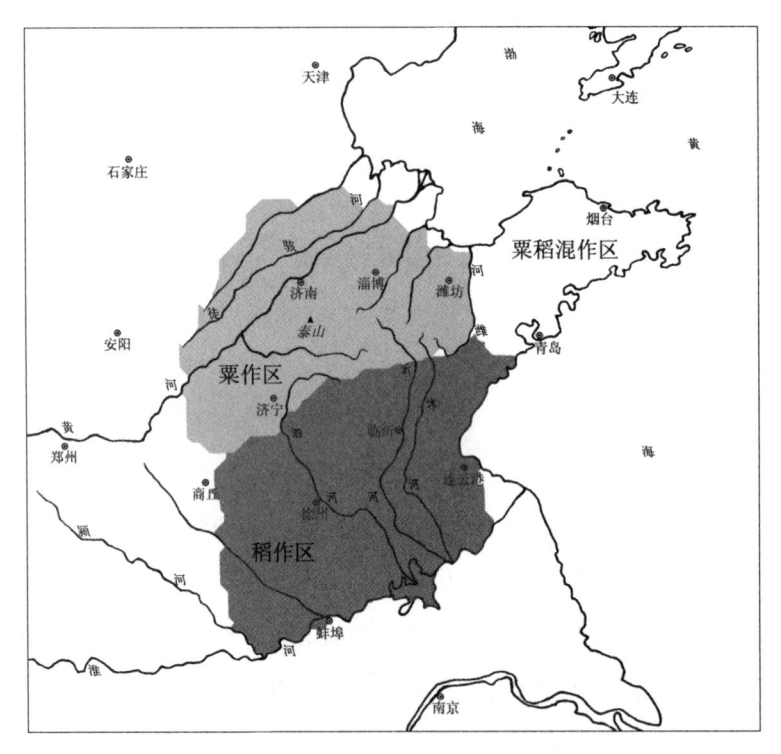

图二　龙山文化稻作和粟作农业区分布图

四、稻作农业的扩散和传播

关于稻作农业的扩散和传播问题，指的是稻作在海岱地区内部的扩散和向海岱地区以外区域的传播（图三），这实际上是两个既有区别又有联系的问题。对于海岱地区来说，稻作技术和文化是一种外来的因素，所以从接受的角度讲它是受体；对于海岱地区以外的区域（这里特指包括中国东北、俄罗斯远东、朝鲜半岛和日本列岛在内的东北亚地区）来说，海岱地区又是传播的主体或者起点。因此，应该分为两个层面来讨论。

（一）关于稻作农业在海岱地区内部的扩散

就目前公布的资料，海岱地区的稻作农业始见于北辛文化时期，分布范围只限于南部的少数地区，并且数量也不多。如前所述，这一时期稻作在海岱地区的出现，应该是随着北辛文化与南方地区诸文化之间有了文化上的交流而引进来的。

大汶口文化时期，稻作遗存的数量有所增加，分布的区域向北有所推进，可能越过苏北扩散到了鲁南一带。早期发现不多，如鲁南地区仅在王因遗址发现一例，而且还是水稻花粉，存在一定的不确定性。到晚期，这种情况有所改变，鲁东南的莒县盆地，不仅在数处遗址发现了水稻的植硅体，而且还出现了不同等级聚落的人们食性方面的差别。当然，由于以往的田野考古中对植物遗存的收集重视不够，收集此类资料的手段比较落后而不易发现，所以，植物类资料总体上过少。随着浮选法的推广和植硅体分析方法的广泛使用，相信有关农作物方面的资料和信息会大量增加。所以，这里所得到的结论还只是根据现有资料做出来的，会与实际存在一定的出入。

龙山文化时期，农业经济结构产生了很大变化，最突出的一点就是稻作扩散到了包括鲁北和胶东半岛在内的整个海岱地区，从而成为当时农业经济的一个重要组成部分。在海岱地区内相当一部分地方，甚至还形成了以稻作为主的农业经济区，这就为稻作技术的进一步向外传播奠定了基础。

稻作在海岱地区内部的扩散，是通过自南而北的传播实现的。具体说来，这一扩散过程大致存在着东西两条路线。

1.东线

东线为沿海路线，也是稻作向北扩散的主要路线。这条路线的起点应该是已发现丰富的稻作遗存的淮河下游地区，其中包括江苏东北隅的连云港一带。稻作沿着海边和沂、沭河谷北上，经江苏赣榆、山东日照，进一步向北到达包括青岛和烟台在内的胶东半岛地区。鲁北中部的稻作（如桐林一带），也可能是由此路传播过来。而辽东半岛南部地区的稻作无疑也是这一路线的延伸，并最终导致了稻作农业向更为遥远的中国东北北部和俄罗斯远东地区的传播。位置略西的沂、沭河谷平原地区，即山东省临沂市辖区，虽然尚未发现稻作遗存，但从大汶口、龙山文化时期稻作遗存的发现和分布情况看，这一带应该有稻作遗存，其发现只是一个时间问题。

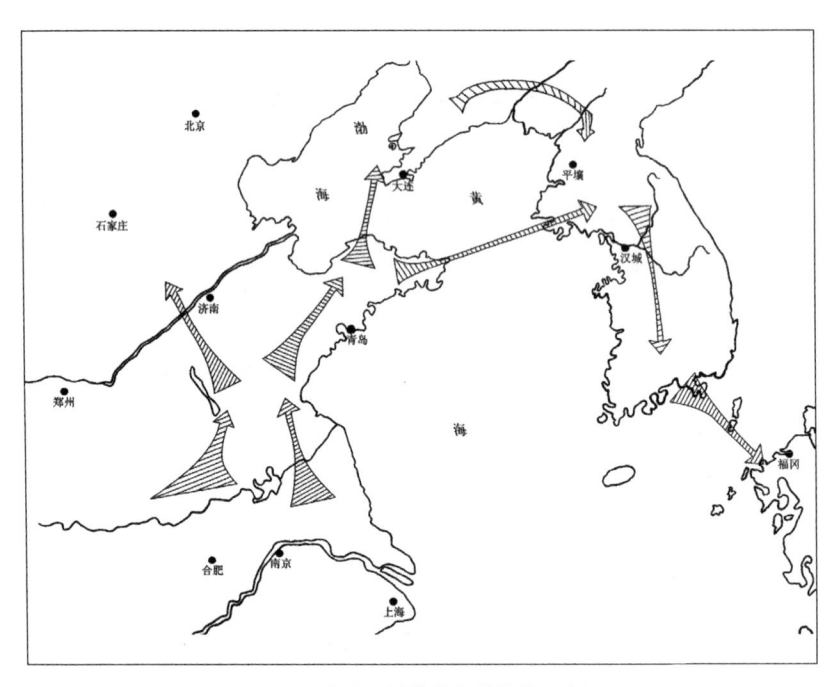

图三　稻作向北扩散和东传路线示意图

2.西线

西线为内陆路线。因为此线的沿途发现的稻作遗存不如东线多，稻作扩散的距离也不如东线远，所以应该是相对次要的一条路线。此线的起点应该是同样发现了丰富的稻作遗存的淮河中游地区，经皖北和苏北西部，沿泗河流域北进，滕州庄里西、茌平教场铺的发现，可能就是这一条路线扩散的产物。从稻作遗存的数量看，偏南部地区较多，越是向北稻作遗存的数量越少，整个龙山文化时期向北可能没有超出海岱地区的范围。

（二）关于稻作的东传

稻作农业的东传是一个比较老的研究课题，它特指稻作向朝鲜半岛和日本列岛的传播。关于稻作农业东传的途径，学术界一直存在着不同的意见，一般认为有三条路线，即南路说（或称为华南说，经台湾、琉球群岛、冲绳群岛至日本九州）、中路说（或称为华中说，由长江下游地区直接东渡至日本九州和朝鲜半岛南部）和北路说（或称为华北说，经由辽东半岛至朝鲜半岛和日本九州）。

关于稻作的起源，过去曾认为是在中国西南至缅甸一带，南路说以此为基础。近年来关于稻作起源的考古发现和研究，逐渐把稻作起源于长江中下游地区确定下来。而南路说中途的琉球群岛、冲绳群岛很晚时期还处在渔捞经济阶段，没有产生稻作农业，所以华南路线可能存在问题，至少不是一条主要的传播路线。

余下的两说各有学者坚持。安志敏力主中路说[①]。严文明等则支持北路说，并根据近年来胶东半岛和辽东半岛关于稻作的新发现，

---

① 安志敏：《中国稻作文化的起源与东传》，《文物》1999年第2期，第63~70页。

主张由山东半岛经辽东半岛传至朝鲜半岛，再到日本列岛[①]。在稻作东传的北路说中，还有一种直接由山东半岛东传朝鲜半岛中部的观点。日本九州大学宫本一夫鉴于朝鲜半岛北部极少发现稻作遗存，而南部较多的实际情况，进一步论证了稻作由山东半岛直接东传至朝鲜半岛中南部的可能性[②]。

根据前述，最迟到龙山文化时期，海岱地区的南部和东部沿海一带，如苏北连云港地区、山东日照地区和青岛地区以及胶东半岛的部分地区，已经形成了相对稳定的稻作农业经济，其中某些地区甚至已经超过粟类作物成为当时农业的主体。掌握着稻作技术的居民因各种原因向外地迁徙的时候，把稻作技术一起带到新的居住地，进而在当地发展起稻作农业。

稻作技术外传的区域首先应该是与胶东半岛隔海相望的辽东半岛南部。两个半岛之间，自距今6000多年前的大汶口文化早期就开始了文化上的联系，胶东半岛的各种技术（如制陶、工具制作、粟类作物的栽培等）源源不断地通过海上交通传播和扩散到辽东半岛地区，这在辽东半岛南部甚至海岛的遗址都有明确反映。

辽东半岛南部的大连地区，目前发现的早期稻作遗存共有两处。一处是文家屯遗址，其发现已如前述。二是大嘴子遗址，在该遗址第三期遗存中发现了炭化稻粒，经鉴定为粳稻[③]。大嘴子第三

---

① 严文明：《东北亚农业的发生与传播》，《农业发生与文明起源》，科学出版社，2000年，第35~43页。
② [日]宫本一夫：《朝鲜半岛新石器时代の农耕と绳文农耕》，《古代文化》55~7，第1~16页。
③ 大连市文物考古研究所：《大嘴子——青铜时代遗址1987年发掘报告》，大连出版社，2000年，第279~284页。

期属于辽东半岛地区双砣子三期文化，其时代晚于岳石文化，大体相当于晚商时期。该遗址出土的炭化粮食的碳-14测定年代，高精度校正值为公元前1157—前923年，F14和92F1、92F4出土木炭测定的碳-14数据，高精度校正值分别为公元前1431—前1264年、公元前1691—前1459年和公元前1373—前1051年[①]。除了一个偏早，其余均在晚商的积年之内。辽东半岛南部发现的这两处稻作遗存，早的太早，晚的又过晚（平均比胶东半岛的龙山文化要晚1000年），并且数量也甚少。考虑龙山文化和岳石文化时期胶东、辽东两个半岛之间密切的文化联系，所以，我们认为在辽东半岛南部地区发现比大嘴子时代更早的稻作遗存的可能性是很大的。

朝鲜半岛稻作遗存的考古发现，是探讨这一地区稻作农业来源的基础。随着发现的增多，除了主张朝鲜半岛稻作源自中国大陆的传统意见之外，近年来又出现了本地起源的新观点。1997和2001年，在韩国中南部的忠清北道清原郡小鲁里发现了古生稻和似稻遗存，其中古生稻的时代为距今10000年以前，并且可以区分为粳稻和籼稻两种[②]。由于年代久远，并且缺乏一系列的中间环节，所以此说受到不少学者的质疑。在新石器时代，朝鲜半岛发现稻作遗存的遗址已有十余处。分析这些遗址，存在两个显著特点：一是分布地域主要集中于朝鲜半岛的中部和南部，北部甚少；二是年代相对较晚，绝大多数在距今4500年以内（表二）。

---

① 中国社会科学院考古研究所：《中国考古学中碳十四年代数据集（1965—1991）》，文物出版社，1992年，第70页；大连市文物考古研究所：《大嘴子——青铜时代遗址1987年发掘报告》，大连出版社，2000年，第269页。
② ［韩］李隆助、禹锺允：《韩国清原小鲁里旧石器时代遗址泥炭层出土的稻米》，《华夏文明的形成与发展》，大象出版社，2003年，第57~66页。

表二　朝鲜半岛发现的稻作遗存统计表

遗址	所在位置	发现内容	年代
佳岘里	京畿道金浦市	稻米	BP4010±25
城底里	京畿道高阳市	稻壳	BP4070±80
大化里	京畿道高阳市	稻壳	BP4330±80
注叶里	京畿道高阳市	稻壳	
早洞里	忠清北道忠州市	稻米	
大川里	忠清北道沃川郡沃川邑	稻壳、稻米	（BP4590±70—BP4240±110）BC3502—BC2658，中朝鲜V期
注叶里	京畿道高阳市	陶胎内水稻植硅体	BP4220—4700
早洞里	忠清北道忠州市	陶胎内水稻植硅体	中朝鲜V期
农所里	庆尚南道金海市	陶胎内水稻植硅体	南海岸新石器影岛期
牛岛贝冢	京畿道江华郡	稻壳印痕	?
佳兴里	全罗南道罗州	水稻花粉	BP3500
礼安里	庆尚南道金海市	水稻花粉	BP3000

说明：本表据《韩国清原小鲁里旧石器时代遗址泥炭层出土的稻米》表四制成。

关于稻作农业东传的北路说，近年来已经不再有人坚持由渤海湾西、北侧经辽宁中部传入朝鲜半岛的看法。胶东半岛是稻作东传的通道的观点，得到越来越多的学者的支持。鉴于朝鲜半岛的稻作遗存主要发现于中南部地区，并且年代也与胶东半岛出现的时间相当或略晚，所以，稻作农业由胶东半岛直接渡海东传至朝鲜半岛中部的可能性大大增加。

（原载《文史哲》2005年第6期；因期刊性质原因，只保留了一种表格，插图和其他表均未予登载，现按原文刊出）

太昊和少昊传说的考古学研究

太昊和少昊是中国古史传说时期两个十分重要的人物，代表着上古时代两个显赫的部族或部族集团。根据文献记载，他们居住在东方，属于夷人集团系统。

关于太昊和少昊的时代、地望、社会发展阶段及相互关系等，曾有不少学者进行过探讨。本文拟在前人研究的基础上，从梳理关于太昊和少昊的文献记载入手，结合传说地望内的考古发现和考古学文化的变迁，进而对太昊和少昊的相关问题进行探索。

一、关于太昊和少昊的传说

先秦两汉文献中，有不少关于太昊和少昊的记载，下面分而述之。

（一）太昊

先秦时期关于太昊的记载，主要有以下几条：

> 大皞氏以龙纪，故为龙师而龙名。（《左传·昭公

十七年》）

陈，大皞之虚也。（《左传·昭公十七年》）

任、宿、须句、颛臾，风姓也，实司大皞与有济之祀，以服事诸夏。邾人灭须句。须句子来奔，因成风也。成风为之言于公曰："崇明祀，保小寡，周礼也；蛮夷猾夏，周祸也。若封须句，是崇皞、济而修祀、纾祸也。"（《左传·僖公二十一年》）

自太皞以下，至于尧、舜、禹，未有一姓而再有天下者。（《逸周书·太子晋解》）

有木，青叶紫茎，玄华黄实，名曰建木，百仞无枝，有九欘，下有九枸，其实如麻，其叶如芒，大皞爰过，黄帝所为。（《山海经·海内经》）

西南有巴国。大皞生咸鸟，咸鸟生乘釐，乘釐生后照，后照是始为巴人。（《山海经·海内经》）

何世而无嵬，何世而无琐，自太皞、燧人莫不有也。（《荀子·正论篇》）

历大皓以右转兮，前飞廉以启路。（《楚辞·远游》）

孟春之月，日在营室，昏参中，旦尾中，其日甲乙，其帝太皞，其神句芒。（《逸周书·月令篇》）

汉代成书的《淮南子》，在《天文训》中说："东方，木也，其帝太皞，其佐句芒，执规而治春，其神为岁星。"与《逸周书·月令篇》《吕氏春秋·孟春纪》《礼记·月令篇》等基本相同。

综合以上文献所记内容，我们可以对太昊做出以下总结：

（1）太昊不是某一个具体人物的名称，应是具有密切关系的若干部族的联合体，可称之为太昊系部族。其时代早于颛顼、尧、舜等，而与黄帝、炎帝、共工、少昊等并列，属于传说时代的偏早时期。

（2）太昊被后世尊为东方之帝，表明其事迹和活动区域与东方相关。

（3）太昊系部族所在的地望，主要有三个区域：

一是豫东。"太昊之虚"在陈，陈在豫东淮阳一带，广义上可以认为在河南省的东部地区。

二是鲁西南。任、宿、须句三个小国是太昊的后裔。任之所在，杜注："任城县也"，即今之山东省济宁市，无异议；须句，杜注："在东平须昌县西北"，即今之山东省东平县东南（或西北）；宿的问题比较复杂，需要做简单的分析。

《春秋·隐公元年》："九月，及宋人盟于宿。"杜注："宿，小国，东平无盐县也。"按一般的看法，宿在今之山东省东平县东南，与须句的位置相近。另《春秋·庄公十年》记载："三月，宋人迁宿。"《元和郡县图志》"泗州宿迁县"条下云："春秋时宋人迁宿之地。"[1]从地理位置和当时的政治形势分析，以上两个宿，显然不是一地，杨伯峻先生也认为"此宿恐非隐元年经之宿"[2]。以宋国（商丘一带）与宿迁的相对位置及宋国的势力度之，宋人所迁之宿，以在靠近宋国的鲁西南豫东皖北一带较为合理。而鲁宋所盟之宿，很可能是鲁国西北边界上的一个邑。如以上所议可

---

[1] （唐）李吉甫：《元和郡县图志》，中华书局，1983年，第231页。
[2] 杨伯峻：《春秋左传注》，中华书局，1981年，第181页。

从，那么，作为太昊之后裔的宿国就应在鲁西南或豫东皖北地区。

此外还有商周时期的郜国。郜在甲骨卜辞和金文中多作"告"，告与郜同。郜与皓音近义通，皆可通皞、昊，如《楚辞·远游》太昊即为"大皓"。郜国，按《左传·僖公二十四年》所载："……郜……文之昭也"，为文王之子的初封之地，其国商代已有，周初分封因之，徐中舒先生认为："皞即商代郜国，属于商之田服。"①《春秋·隐公十年》："六月壬戌，公败宋师于菅。辛未，取郜。"杜注："菅，宋邑。……济阴城武县东南有郜城。"《春秋·桓公二年》："夏四月，取郜大鼎于宋。"由上述几条记载可知，郜地近宋，初为宋所灭，国之重器归于宋，春秋早期为鲁所取，其地在今之鲁西南的成武和单县之间，旧注多以为在成武县东南的郜鼎集一带。近年，菏泽地区博物馆在郜鼎集西北的城湖发现两周时期古城遗址，应为郜国都城所在②。

三是蒙山以东地区。颛臾是和任、宿、须句并列的四个太昊后裔小国之一。杜注："颛臾，在泰山南武阳县东北。"《论语·季氏》："夫颛臾，昔者先王以为东蒙主，且在邦域之中矣。"其地在山东省费县和平邑县之间。

此外，夏之"风夷"和商之"风方"，亦为太昊之后裔。按丁山先生的考证，"风夷故地，当求诸汉六安国之安风县"，在今之安徽省的江淮之间一带③。这里与太昊之虚的豫东邻近，或许是太昊的后裔迁居之地。简而言之，太昊的传说及其后裔小国分布的地

---

① 徐中舒：《先秦史论稿》，巴蜀书社，1992年，第19页。
② ［日］郅田夫：《郜国都城探略——试论成武县城湖故城国属》，《东夷古国史研究（第二辑）》，三秦出版社，1990年。
③ 丁山：《甲骨文所见氏族及其制度·风方》，中华书局，1988年，第149页。

域，主要在豫东、鲁西南和皖北及其周围地区，此外，在蒙山一带也有踪迹。

（二）少昊

先秦时期关于少昊的记载略多，主要有以下几条：

> 秋，郯子来朝，公与之宴。昭子问焉，曰："少皞氏鸟名官，何故也？"郯子曰："吾祖也，我知之。
>
> "昔者黄帝氏以云纪，故为云师而云名；炎帝氏以火纪，故为火师而火名；共工氏以水纪，故为水师而水名；太昊氏以龙纪，故为龙师而龙名。我高祖少皞挚之立也，凤鸟适至，故纪于鸟，为鸟师而鸟名：
>
> "凤鸟氏，历正也；玄鸟氏，司分者也；伯赵氏，司至者也；青鸟氏，司启者也；丹鸟氏，司闭者也。
>
> "祝鸠氏，司徒也；鴡鸠氏，司马也；鳲鸠氏，司空也；爽鸠氏，司寇也；鹘鸠氏，司事也。五鸠，鸠民者也。
>
> "五雉为五工正，利器用、正度量，夷民者也。九扈为九农正，扈民无淫者也。
>
> "自颛顼以来，不能纪远，乃纪于近。为民师而命以民事，则不能故也。"
>
> 仲尼闻之，见于郯子而学之。既而告人曰："吾闻之，'天子失官，学在四夷'，犹信。"（《左传·昭公十七年》）
>
> 少皞氏有不才子，毁信废忠，崇饰恶言，靖谮庸回，服谗蒐慝，以诬盛德，天下之民谓之穷奇。（《左传·文

公十八年》)

少皞氏有四叔：曰重，曰该，曰修，曰熙；实能金、木及水。使重为句芒，该为蓐收，修及熙为玄冥，世不失职，遂济穷桑，此其三祀也。(《左传·昭公二十九年》)

分鲁公以大路、大旂，夏后氏之璜，封父之繁弱，殷民六族，条氏、徐氏、萧氏、索氏、长勺氏、尾勺氏，使帅其宗氏，辑其分族，将其类丑……因商奄之民，命以伯禽，而封于少皞之虚。(《左传·定公四年》)

及少皞之衰也，九黎乱德，民神杂糅，不可方物。……颛顼受之，乃命南正重司天以属神，命火正黎司地以属民，使复旧常，无相侵渎，是谓绝地天通。(《国语·楚语下》)

昔天之初，□(诞)作二后。乃设建典，命赤帝分正二卿，命蚩尤于宇少昊，以临四方。司□上天未成之庆。蚩尤乃逐帝，争于涿鹿之河，九隅无遗。赤帝大慑，乃说于黄帝，执蚩尤，杀之于中冀，以甲兵释怒。……乃命少昊清司马鸟师，以正五帝之官，故名曰质。天用大成，至于今不乱。(《逸周书·尝麦解》)

长留之山，其神白帝少昊居之。其兽皆文尾，其鸟皆文首，是多文玉石。(《山海经·西山经》)

东海之外大壑，少昊之国。少昊孺帝颛顼于此，弃其琴瑟。(《山海经·大荒东经》)

有襄山，又有重阴之山，有人食兽，曰季釐。帝俊生季釐，故曰季釐之国。有缗渊。少昊生倍伐，倍伐降处缗

渊。有水四方，名曰俊坛。(《山海经·大荒南经》)

有人一目，当面中生，一曰威姓，少昊之子，食黍。(《山海经·大荒北经》)

少昊生般，般是始为弓矢。(《山海经·海内经》)

少昊金天氏，邑于穷桑，日五色，互照穷桑。(《太平御览》卷三引《尸子》)

少昊邑于穷桑以登帝位，都曲阜，故或谓之穷桑帝。(《帝王世纪》)

孟秋之月，日在翼，昏斗中，旦毕中。其日庚辛，其帝少皞，其神蓐收。(《逸周书·月令篇》)

此外，《吕氏春秋·孟秋纪》《礼记·月令篇》等也有类似的记载。总结上述关于少昊的记载，可得出以下认识：

（1）少昊不是一个明确可指的具体人物，而应是若干部族的联合体，本文称之为少昊系部族。由"及少昊之衰也……颛顼受之"（《国语·楚语》）和"少昊以前，天下之号象其德，百官之号象其徵。颛顼以来，天下之号因其地，百官之号因其事"[1]，可知，少昊的时代早于颛顼，更早于尧、舜、禹，而与黄帝、炎帝相若，蚩尤属少昊时期。

（2）关于少昊系部族的分布区域，主要有二：

一是以曲阜为中心的鲁国南地区。《左传·昭公元年》："周有徐、奄。"杜注："二国皆嬴姓。"《说文》："嬴，少昊氏

---

[1] （唐）贾公彦：《周礼正义序》，《十三经注疏》，中华书局，1980年，第663页。

之姓。"徐、奄是商代和周初的东夷土著民族的国家,皆少昊氏之后裔。周初成王分封,鲁公"因商奄之民"而"封于少皞之虚",杜注:"少皞虚,曲阜也,在鲁城内。"鲁初封于商奄之地,亦即少昊氏的中心区域。关于徐的地望,《春秋·僖公三年》:"徐人取舒。"杜注:"徐国在下邳僮县东南。"今人多据此认为徐国在洪泽湖北侧一带,这大约是遭受西周征伐之后的徐国地望。《尚书·费誓》序云:"鲁侯伯禽宅曲阜,徐、夷并兴,东郊不开。"由此可知徐国最初在曲阜之东不远,徐旭生先生认为"徐国在周初当在今山东西南部曲阜县附近,以后才迁到南方数百里外"[1]。泗水县文物管理所的赵宗秀同志经过调查,认为商末周初的徐国就在泗水县东南的汉舒村古城一带[2]。因此,以徐、奄为主的东夷旧国之地,即今之鲁中南的汶河和泗河流域一带,是少昊系部族的主要分布区域之一。

位于山东省莒县的另一少昊后裔的嬴姓大国——莒国,是西周偏晚时期才由外地迁到这里来的。而商代的莒国,或依据传出于费县的一组商代有铭青铜器,认为其地就在山东费县一带[3],紧邻泗河流域。至于鲁东南的郯城一带,由于郯子自称为少昊之后,故其地也有可能属于少昊系部族,但由于时代久远,郯国又是小国,我们不能断定,郯子的祖先是自少昊时期就世代居于此地,拟或是后来从其他地区迁入的,只是还保留着自己祖先的传说。

齐地中心区域也是少昊系部族重要的分布区。《左传·昭公

---

[1] 徐旭生:《中国古史的传说时代》,文物出版社,1985年,第167页。
[2] 赵宗秀:《试论商末周初徐国之所在》,《东南文化》1995年第1期。
[3] 孙敬明:《莒史缀考》,《东夷古国史研究(第二辑)》,三秦出版社,1990年。

二十年》记载了晏子对齐地历史沿革的追述："昔爽鸠氏始居此地，季荝因之，有逢伯陵因之，蒲姑氏因之，而后太公因之。"爽鸠氏，杜注："少皞氏之司寇也。"齐初的封地，东不过潍坊，西不到济南，大约在这一范围之内。由此可知，鲁北中部地区，也属于少昊系部族的分布区域之一。

此外，《史记·封禅书》云："秦襄公既侯，居西垂，自以为主少皞之神，作西畤，祠白帝。"为什么秦襄公被周王列为诸侯后，马上想到要祠白帝少昊呢！这还要从秦人的来源寻找原因。《史记·秦本纪》："太史公曰：秦之先为嬴姓。"嬴姓来自秦人先祖大费，即辅佐虞舜的柏翳，其"子孙或在中国，或在夷狄"。至周孝王时，"邑之秦，使复续嬴氏祀，号曰秦嬴"。《国语·郑语》也说："嬴，伯翳之后也。"韦注："伯翳，虞舜官，少皞之后伯益也。"由此知秦人之姓"嬴氏"系来自其祖先柏翳。柏翳，亦写作伯翳、伯益，是虞舜时期东方夷人的重要代表人物，为少昊之后，这样，秦人也自然就是少昊的后裔了。正因为如此，秦襄公立下攻戎救周之功，被始列为诸侯，在这秦人发展的历史上出现重大转折之际，立即隆重地祭祀其祖先白帝少昊，这一举措可能具有告慰先祖并继续企求得到先祖保佑的多重意义。那么，既然秦人系出自东方的少昊氏，为什么会委身于西方戎狄之间呢？他们又是如何由东方辗转迁徙到西北地区的呢？文献没有留下明确的记载。所以近人对此颇有异辞。对此，傅斯年先生在60多年前曾指出："秦赵以西方之国，而用东方之姓者，盖商代西向拓土，嬴姓东夷在商人旗帜下入于西戎。"①在此基础上，有学者对夷人西迁的时间、路线、原因等问题进行了系统而深入的探讨②，其论据是有说服力的。另外，相应的考古发现也提供了这一方面的线索。如陕北神木县石峁遗址发现的玉器中，时代较早的（属于龙山时代）双孔钺、牙璋、牙璧等③，在当地找不到来源，而和山东地区海岱龙山文化的同类器相同。据此可以推测，在龙山文化时期，有一部分东方居民辗转迁徙到了西方地区，他们只是带去了自己比较贵重的玉礼器。随着时间的推移，虽然物质文化已与当地完全融合，但关于自己祖先的传说仍保留在记忆之中，始终没有泯灭。至于少昊氏在周汉时期的一些典籍中，被尊为西方之神，主秋和日入，当另有原因，容另作讨论。

（三）太昊和少昊的关系

关于太昊和少昊的关系，近人多有论及，归结起来，主要有三种基本意见：

第一种观点认为太昊的时代较早，少昊的时代较迟。如傅斯年先生认为："太皞、少皞皆部族名号……至于太少二字，金文中本即大小。大小可以地域大小及人数众寡论，如大月氏小月氏，然

---

① 傅斯年：《夷夏东西说》，《庆祝蔡元培先生六十五岁论文集》（下），1935年，第1121页。
② 段连勤：《关于夷族的西迁和秦嬴的起源地、族属问题》，《先秦史论文集》，《人文杂志》1982年增刊；陈平：《从"丁公陶文"谈古东夷族的西迁》，《中国史研究》1998年第1期。
③ 戴应新：《陕西神木县石峁龙山文化遗址调查》，《考古》1977年第3期；戴应新：《神木石峁龙山文化玉器》，《考古与文物》1988年第5、6合期；戴应新：《神木石峁龙山文化玉器探索》，《故宫文物月刊》1993年第126、128、130期。

亦可以先后论，如太康少康。今观太皞少皞，既同处一地，当是先后有别。且太皞之后今可得而考见者，只风姓三四小国，而少皞之后今可考见者，竟有嬴、己、偃、允四箸姓。当是少皞之族代太皞之族而居陈鲁一带"[1]，"东土的系统"，"当是大皞、少皞、殷"[2]。唐兰先生也认为："太昊和少昊，都是国家的名称。太和少等于大和小，是相对的。这两个称为昊的国家，可能有先后之分，在少昊强盛的时期，太昊已经衰落了。"[3]"太昊大概在少昊前，所以关于少昊的文献比较多。……少昊之国在黄河与淮河之间，又继承太昊炎帝之后，所以发达得比较早。"[4]夏鼐先生也曾认为太昊和少昊"似为有承继关系的前后两个氏族"[5]。王树明先生则进一步认为："大汶口文化、山东龙山文化，就是这两个不同发展阶段在物质文化上的反映。"[6]

第二种观点认为太昊和少昊是同时并存的。如刘敦愿先生认为："大皞少皞两族都是风姓，也就都以凤鸟为其氏族图腾，氏族图腾相同，也就说明有着共同的起源，大皞、少皞是相对的称谓，

---

[1] 傅斯年：《夷夏东西说》，《庆祝蔡元培先生六十五岁论文集》（下），1935年，第1120、1121页。
[2] 傅斯年：《新获卜辞写本后记跋》，《安阳发掘报告》第二期，1930年，第364页。
[3] 唐兰：《中国奴隶制社会的上限远在五六千年前》，《大汶口文化讨论文集》，齐鲁书社，1979年，第127、128页。
[4] 唐兰：《从大汶口文化的陶器文字看我国最早文化的年代》，《大汶口文化讨论文集》，齐鲁书社，1979年，第81~83页。
[5] 刘敦愿：《古史传说与典型龙山文化·后记》，《美术考古与古代文明》，台湾允晨文化实业股份有限公司，1994年，第398页。
[6] 王树明：《谈陵阳河与大朱村出土的陶尊"文字"》，《山东史前文化论文集》，齐鲁书社，1986年，第265页。

所谓大（太）与少，也就是大与小，长与幼，两者是兄弟部落的意思非常明显。现代原始社会史的研究认为，氏族的起源，最初总是表现为'二元组织'的（或名之为'两合组织'的），原始部落最初由两个原始氏族组成，在以后的发展中，由两个胞族组成。……风姓大皞少皞两族的关系也是这种'二元组织'关系的表现。"[1]

第三种观点认为少昊较早，太昊在陈地之虚是昊族向豫东迁徙发展形成的。如徐中舒先生认为："少皞氏故地在鲁，太皞氏在陈，这是皞族迁徙于不同地区而得名的。古史中称一些民族原住地多称为'少'，少即'小'，是指该族早期人口稀少势力弱小时期。'太'即'大'，乃该族后来迁徙新地人口众多，势力强大时的称号。"[2]

管见太昊和少昊两大部族不是前后相继的传承，而主要是一种时代相重叠的并列关系。有以下四证。

（1）古代文献记载往往将太昊和少昊并列。如《左传》中所载黄帝氏以云纪，炎帝氏以火纪，共工氏以水纪，太昊氏以龙纪，少昊氏以鸟纪；《礼记》和《吕氏春秋》中春天之帝太昊，夏天之帝炎帝，秋天之帝少昊，冬天之帝颛顼；《淮南子》中尊太昊为东方之帝，炎帝为南方之帝，黄帝为中央之帝，少昊为西方之帝，颛顼为北方之帝。当然，《礼记》《吕氏春秋》和《淮南子》等所配备的春夏秋冬或东南中西北的帝名，显然是人为地整齐化了，是当时（或略早）人编纂出来的，并不完全可信，如其中的颛顼就明显较

---

[1] 刘敦愿：《古史传说与典型龙山文化》，《山东大学学报（哲学社会科学版）》1963年第2期。
[2] 徐中舒：《先秦史论稿》，巴蜀书社，1992年，第19页。但徐中舒先生在阅读《中国史稿》的批语中又说："太者，大也，远也。太昊应在少昊之前。"

晚，但还是将他们并列。

（2）太昊为风姓，少昊为嬴姓，两者姓氏有所区别。太昊之后一直存续，如：唐尧之时，有不服领导（"为民害"）的"大风"，"尧乃使羿……缴大风于青邱之泽"（《淮南子·本经训》）；在夏代，有后相二年征伐的"风夷"和后泄二十一年所命六夷之中的"风夷"；到商代，有见于甲骨卜辞"……卜其皿（盟）风方……"（《殷契粹编》，1182）的风方；此外，《楚辞·远游》在大皞（太昊）之后还提到"风伯"，亦为太昊之后；而任、宿、须句、颛臾等周代小国，直至灭亡都保持着风姓。少昊的后裔如徐、奄、秦等，一直到周秦时期还保持着嬴姓，历二三千年而不变。他们的区别是显而易见的，所以太昊和少昊不是时代有先后的同一族系的部族。至于他们都崇拜鸟，或以鸟为图腾，说明两者关系比较密切，或许他们是由同一祖先繁衍分化出来的。

（3）由前述分析可知，太昊的分布区域以豫东、鲁西南和皖北为主，个别在沂蒙地区，而少昊的分布区域主要在鲁中南地区的汶河和泗河流域，部分在鲁北中部地区。两者很少有重叠分布现象，或者说，两者的主要分布区处于相邻的不同区域。这是他们非为前后关系而为同时并存关系的坚强证据之一。

（4）在所有的文献中，没有太昊早于少昊或太昊发展为少昊的记载。当然，由于远古文献保存下来的极少，如果仅此一条，并不能作为谁早谁晚或者同时的证据。但可以作为上述三条的补充或者反证。

因此，我认为姓氏不同且分布区域有别的太昊和少昊主要是一种同时并存关系，是可以成立的。在基本理清了太昊和少昊的关系及其各自的主要分布区域之后，就可以从各地发现的考古学遗存中来分辨"太昊文化"和"少昊文化"了。

二、关于太昊的考古遗存分析

从太昊氏风姓诸后裔的分布，我们将太昊系部族的主要活动区域限定在豫东、鲁西南和皖北一带。这一地区的考古学文化，就目前所知，自早至晚依次有小山中下层一类遗存、石山子一类遗存、大汶口文化中晚期遗存、龙山文化王油坊类型和岳石文化。综观这一考古学文化序列，它前后分属于两个文化系统，即以大汶口文化的出现为界，此前的小山口、石山子等为同一谱系的文化，而大汶口、龙山、岳石文化则为另一谱系的文化。这两个文化系统基本上是一种替代关系，即在大汶口文化中期阶段，东方居民渐次西迁，最终融合和取代了当地的土著文化，成为东方海岱系文化一个新的分布区。

根据考古学文化的横向比较和碳-14测年，前一系统大约在距今5300年之前，其上限可达距今8000年前后。由于年代久远，并且在自身的发展过程中又被外来的文化所同化和取代，所以其族属问题没有线索可寻，很可能已经在历史的记忆中泯灭。后一系统则因为年代较近，且文献中保留着许多传说，可以大致按时代进行分析对应。

这一地区的岳石文化基本上属于夏代时期，它是夏代东夷部族所创造的文化，从族系的渊源关系上讲，应是太昊之后裔所遗留下来的物质文化。根据文献记载，我们还认为这一地区的部分岳石文化遗存，是殷之先公时期的商人所创造的，故又可称为"先商文化"①。

　　对于地处豫东、皖北、鲁西南地区的龙山文化王油坊类型的文化性质，学术界的看法不一。由于受先入为主的认识所影响，不少人仍坚持其属于"中原龙山文化"系统。对此，我们曾做过专门的辨正，认为其属于东方的海岱龙山文化系统②，近年来，越来越多的人加入这一行列之中。关于王油坊类型的族属，或认为是先商文化③，或认为"可能就是传说中的有虞氏文化"④，对此暂不置评。其相对年代是明确的，即大约相当于尧舜时期，时代显然晚于太昊。

　　再往前推就是大汶口文化。按照我们对大汶口文化的统一分期度之，豫东、皖北和鲁西南地区的大汶口文化，主要属于晚期阶段，少数可以早到中期阶段后段，如亳县傅庄的大汶口文化墓葬⑤。从时间和空间两个方面分析，豫东、皖北和鲁西南地区的大汶口文化和传说时期的太昊氏文化相当。故我个人认为，豫东、皖北和鲁西南地区的大汶口文化，其负载体就是文献中记载的太昊系部族⑥。

　　如上所述，这一地区本来并不属于大汶口文化的地盘，只是由于携带着自身文化的大汶口人的大量涌入，才使其成为大汶口文化一个新的分布区。那么，我们要问，这些大汶口人来自何地？又是

---

① 栾丰实：《试论岳石文化与郑州地区早期商文化的关系——兼论商族起源问题》，《华夏考古》1994年第4期。
② 栾丰实：《龙山文化王油坊类型初论》，《考古》1992年第10期。
③ 20世纪七八十年代，有不少学者持这一观点，恕不一一列举。
④ 李伯谦：《论造律台类型》，《文物》1983年第4期。
⑤ 杨立新：《安徽淮河流域的原始文化》，《纪念城子崖遗址发掘六十周年国际学术讨论会文集》，齐鲁书社，1993年。
⑥ 由于鲁西南地区经过发掘的大汶口文化遗址甚少，故以下所归纳的这一地区大汶口文化的特征，资料主要取自皖北和豫东地区。

什么原因导致了他们迁徙到这里来的呢？这就需要从这一地区大汶口文化的特征谈起。

豫东、皖北和鲁西南地区的大汶口文化，具有显著的自身特色，择其要者如下：

（1）遗址大多位于高出地面的岗、丘和堌堆之上。

（2）房屋建筑以连间排房最具特色。

（3）墓葬中有一定数量的瓮棺葬。

（4）偏早阶段（如亳县傅庄）有一定数量的多人同性合葬墓，流行拔牙习俗，其特殊之处是上下牙齿都拔。

（5）陶器中有一部分少见于山东地区大汶口文化的器形，如瓦足盆形鼎、双曲腹浅盘豆、粗高颈罐、高颈鼓肩壶（罐）、瘦长背壶等。

（6）存在图像文字，并且都刻于大口尊的外表，一器一字，有的还涂朱。

上述特色，第（1）条是该地区地势低洼、易受水患的特殊地理环境使然；第（2）、（3）、（5）条，与其他地区的大汶口文化不同，或是受到西部或南部地区的影响，或是还在一定程度上保留着该地区早期文化的流风余韵；第（4）、（6）条是追寻这一地区大汶口人来源的重要线索。

皖北豫东与东部其他的大汶口文化分布区，距离较近的是鲁中南的汶泗流域，而这一带也是大汶口文化遗存分布得最为密集的地区。鲁中南地区已发现的多处大汶口文化中期墓葬中，迄今尚未见到多人同性合葬墓；而流行的拔牙习俗，则基本上都是拔除一对上侧门齿；到目前为止还没有在陶器上发现刻画图像文字。

与上面的情况不同，在距离皖北豫东稍远的鲁东地区倒是可以见到这些现象。如大汶口文化中晚期阶段，诸城呈子[①]、潍坊前埠下[②]和栖霞杨家圈[③]等遗址都曾发现过多人同性合葬墓；胶州三里河[④]和莱阳于家店[⑤]有拔除上下颌牙齿的习俗；在莒县陵阳河[⑥]、大朱村[⑦]、杭头[⑧]、诸城前寨[⑨]、日照尧王城[⑩]等遗址出土的陶器上，发现有多例刻画图像文字，有的还涂朱，与皖北地区发现的完全相同。因此，我认为皖北豫东地区的大汶口文化与鲁东地区的大汶口文化，较之鲁中南地区更为接近一些。两者之间必有更为密切的关系。这就为寻找皖北豫东地区大汶口文化的来源提供了极为重要的线索。

需要进一步分析的是陶大口尊上的图像文字。其中两地均见的由"日""火""山"组成的图像，对于了解它们的关系具

[①] 昌潍地区文物管理组、诸城县博物馆：《山东诸城呈子遗址发掘报告》，《考古学报》1980年第3期。
[②] 山东省文物考古研究所：《配合潍莱高速公路考古发掘获重要成果》，《中国文物报》1998年3月8日第1版。
[③] 山东省文物考古研究所、北京大学考古实习队：《山东栖霞杨家圈遗址发掘简报》，《史前研究》1984年第3期。
[④] 中国社会科学院考古研究所：《胶县三里河》，文物出版社，1988年。
[⑤] 严文明：《胶东原始文化初论》，《山东史前文化论文集》，齐鲁书社，1986年。
[⑥] 山东省文物考古研究所、山东省博物馆、莒县文管所：《山东莒县陵阳河大汶口文化墓葬发掘简报》，《史前研究》1987年第3期；王树明：《谈陵阳河与大朱村出土的陶尊"文字"》，《山东史前文化论文集》，齐鲁书社，1986年。
[⑦] 山东省文物考古研究所：《莒县大朱家村大汶口文化墓葬》，《考古学报》1991年第2期。
[⑧] 山东省文物考古研究所等：《山东莒县杭头遗址》，《考古》1988年第12期。
[⑨] 杜在忠：《论潍、淄流域的原始文化》，《山东史前文化论文集》，齐鲁书社，1986年。
[⑩] 中国社会科学院考古研究所：《尧王城遗址第二次发掘有重要发现》，《中国文物报》1994年1月23日第1版。

有十分重要的价值和意义。这种图像是由三个部分上下排列组合成一个完整图形的，上部为一圆圈，下部为五个向上的锐角，其分别表示太阳和山，对此，大家无异辞。问题是中间的月牙状图形，或释作"火"，或释作"月"，或释作"鸟"。因为这种图像的上侧中部均有一个向上凸起的尖，所以与新月有明显区别。陵阳河遗址出土的一件简化此类图像（省去了下面的山形），太阳下方的图形显然不是月亮，像火之形。故以释为火较为合理。由"日""火""山"或简化为"日""火"所组成的图像，在具体的释读上有多种不同意见，或作旦①，或作炅②，或作炅山③，或作烒④，或作昊。这一图像的直观含义并不复杂，它就是太阳高高悬于空中之摹画。田昌五先生将其与古史中的"昊"联系起来，认为该图像"是一个氏族部落标志，完整地作日月山，山上有明月，月上有太阳；简单地作日月而省去山，其意应是太皞和少皞之皞字，有如后来的族徽"⑤。这是一种极有见地的解释，其说可从。那么，分居于皖北豫东和鲁东两个地区持有这种族徽的昊族居民只能属于太昊系部族。

因为我们已经确知皖北豫东地区的大汶口文化来自东方，并且它们和鲁东地区的大汶口文化又有这么多更为接近的因素，那么，是否可以认定前者就是从后者分迁出去的呢？我认为还不能下这种

---

① 于省吾：《关于古文字研究的若干问题》，《文物》1973年第2期。
② 唐兰：《关于江西吴城文化遗址与文字的初步探索》，《文物》1975年第7期。
③ 李学勤：《考古发现与中国文字起源》，《中国文化研究集刊》第2辑，1985年；李学勤：《论新出大汶口文化陶器符号》，《文物》1987年第12期。
④ 王树明：《谈陵阳河与大朱村出土的陶尊"文字"》，《山东史前文化论文集》，齐鲁书社，1986年。
⑤ 田昌五：《古代社会断代新论》，人民出版社，1982年，第53、54页。

结论。

我们注意到，从皖北到鲁东有一个相对较大的间隔地带，即江苏省的淮北地区（以下简称苏北），这三个地区在地理上同属于淮河流域，且均位于淮河的北侧支流发育区：皖北豫东地区位于颍、涡、浍、沱河流域；苏北地区处在泗、沂、沭河流域下游；鲁东地区的南部则居于沂、沭河流域中上游。下面我们按早、中、晚三个阶段①来考察大汶口文化在这三个小区域的分布情况。

早期阶段：苏北地区有较多发现，如邳县刘林、大墩子，沭阳万北，灌云大伊山，新沂小林顶等；鲁东地区的南部据说有所发现，但为数不多，并且迄今未见正式发表的资料；皖北豫东地区这一时期主要属于石山子、双墩一类遗存的偏晚时期，与大汶口文化分属于不同的文化谱系。

中期阶段：苏北地区仍然有较多的发现，如徐州高皇庙、邳县大墩子上层、新沂花厅、沭阳万北等；鲁东地区南部的发现仍然不多，属于这一时期的遗址，迄今为止还没有一处经过正式发掘；皖北豫东地区在这一时期的晚段开始有零星发现，如亳县付庄和周口市区烟草公司仓库等②。前者发现的大汶口文化遗存中有较多的本地因素，后者中的非大汶口文化因素则更为显著。此外，在郑州大河村仰韶文化遗址中，也发现有个别的大汶口文化墓葬③，其存在表明大汶

---

① 大汶口文化延续的时间长达一千五六百年之久，目前学术界一般将其划分为早、中、晚三个大的阶段，参见栾丰实：《海岱地区考古研究》，山东大学出版社，1997年，第69~113页。
② 周口市文化局文物科：《周口市大汶口文化墓葬清理简报》，《中原文物》1986年第1期。
③ 郑州市博物馆：《郑州大河村遗址发掘报告》，《考古学报》1979年第3期。

口人已经来到郑州一带,但并没有改变这里原有文化的文化性质。

晚期阶段:苏北地区的大汶口文化遗址甚少,比较明确的,只有苏北边缘地区发现的少数几处,如洪泽湖西北的泗洪县赵庄和连云港市郊区的二涧村等,中期阶段的一些遗址,一进入晚期就基本消失了;鲁东地区南部的大汶口文化遗址则迅速增多,如陵阳河、杭头、大朱村、东海峪等,还有许多没有做过发掘的遗址大都属于这一阶段;皖北豫东地区的大汶口文化遗址也呈现迅速增多的趋势,如宿县芦城孜、小山口、古台寺,萧县花甲寺,蒙城尉迟寺,永城黑堌堆,鹿邑栾台,淮阳平粮台,郸城段寨,商水章华台等,均属于这一阶段。

分析大汶口文化三个阶段的遗址在苏北、皖北豫东和鲁东南部三个地区分布的变化趋势,我认为,皖北豫东地区的大汶口文化遗存最有可能是从苏北地区迁徙而来的。同时,鲁东沂、沭河上游一带的大汶口文化晚期阶段遗存,其中一部分也有可能来自苏北地区。

基于上述,将文化内涵方面的共同特征和遗址分布规律方面的变动趋向结合起来分析,可以认定,皖北豫东地区的大汶口文化遗存,是在大汶口文化中期晚段开始渐次从苏北地区迁徙而来的。

以上我们论定了皖北豫东地区的大汶口文化系来自苏北地区,那么,又是什么原因导致了这种迁徙呢?以往基本上没有人涉及这一问题。我曾经推测可能是由于大汶口文化人口增多、势力膨胀而进行的向外扩张[①],现在看来并非完全如此。应该做进一步的探讨。

地处大汶口文化分布区南部的苏北一带,与长江下游地区的太湖文化区相邻,两大文化区系之间一直存在着文化上的交往和联

---

① 栾丰实:《海岱地区考古研究》,山东大学出版社,1997年。

系。对于两者的交往，我们曾做过比较详细的分析[①]，双方关系的趋势是：大汶口文化早期阶段到中期前段，两个地区之间的联系比较平稳，由各自文化中对方文化因素的内容和数量可知，双方互有影响；大汶口文化中期中后段，良渚文化在南方迅速崛起，其分布区的北界已扩展至淮河故道一线，这已为在淮河故道南岸发现多处良渚文化遗址所证实。与此同时，在大汶口文化的分布区内普遍感受到了来自良渚文化的影响。这种影响明显地呈波状分布，即苏北地区极为强烈，鲁南地区比较明显，鲁北和胶东半岛地区较弱。另外，以文化交流为主的交往方式也发生了很大变化，从花厅遗址显示的情况看，双方之间至少是在苏北地区采用了战争的形式[②]。即良渚文化在完全占领了本不属于其分布区的苏中地区之后，继续北上，在苏北地区和大汶口文化的居民展开了一定时期的争夺，结果是两败俱伤。此后，即大汶口文化晚期前段开始，苏北地区基本上没有发现大汶口文化的遗址，应与大汶口文化中期后段这一地区发生过大规模的部落战争有直接关系。与此相联系，皖北豫东开始出现大汶口文化遗存，沂、沭河上游地区的大汶口文化遗址也明显增多，在这种历史背景和区域格局之下，他们的来源地只能是苏北地区。

当然，也可能有另外一种原因，即水患。淮河下游地区地势低洼，排水比较困难，洪水可以给生活在这一地区的人们造成极大不便。但促使人们远离故土迁徙他方，绝不是一般意义上的洪水。

[①] 栾丰实：《良渚文化的北渐》，《中原文物》1996年第3期；栾丰实：《大汶口文化与崧泽、良渚文化的关系》，《海岱地区考古研究》，山东大学出版社，1997年。
[②] 严文明：《碰撞与征服——花厅墓地埋葬情况的思考》，《文物天地》1990年第6期。

我想只有一种可能，即黄河改道至淮河下游一带入海。因为当时还不可能大规模地依靠人力来治理河道，黄河改道会造成大面积的水灾，使人们原本平稳的生存空间遭到人力无法挽回的破坏，从而导致大量的人口外徙。诚然，在没有得到第四纪地貌学方面的可靠证据之前，这一设想还只能说是一种假说，但其可能性是存在的。

综上所述，太昊系部族最初活动于鲁东和苏北地区，后来迫于良渚文化的压力或水患，才举族西迁到了皖北、豫东和鲁西南地区，其时约当大汶口文化中期后段和晚期阶段。由于这一地区地处平原、东方和南方几大区域的中间地带，地理位置十分重要，与各大区系的文化交流和接触较为频繁，故保留下来的传说也相对较多。而仍然留在东方地区的太昊系部族其他支系，尽管也创造了较高的文化，但因为偏居海隅，在历史发展的长河中逐渐被人们淡忘了。不过，太昊后裔之一的颛臾仍居于沂沭河谷的西部，并为东蒙主，或许还与其远祖太昊氏有关。此外，后世一直遵太昊为东方之帝，很可能与太昊氏最初居于东方相关。至于说太昊后裔较少，少昊后裔较多，则可以从太昊西迁之后，相当一部分与中原地区的华夏族融合[①]，而少昊系部族偏居于东方，得以相对独立地繁衍发展中得到合理的解释。

---

① 大汶口文化向西迁徙，侵占了皖北豫东鲁西南一带，成为太昊系部族新的领地，而还有相当数量的大汶口文化居民继续西进，来到郑州、禹县、平顶山一线，有的甚至到达洛阳盆地和豫南鄂北一带，他们在较长时期内还顽强地保留着自身的文化传统，但是随着时间的推移，最终被当地的华夏文化所同化，成为后来夏文化的重要来源之一。参见杜金鹏：《试论大汶口文化颍水类型》，《考古》1992年第2期。

三、关于少昊的考古遗存分析

少昊系部族分布的地望，主要在泰山以南的汶、泗流域，鲁北的济、淄流域也是其重要分布区之一。这一地区内已发现的考古学文化，自早至晚依次为后李文化、北辛文化、大汶口文化、龙山文化、岳石文化、商代文化、周代文化。在这一长串考古学文化中，从北辛文化到岳石文化已被学术界公认为属于同一谱系，其创造者是时代有先后的同一族系的人们。我们仍然自后向前按时代逐一进行分析比较。

属于周代的考古遗存发现较多，以曲阜为中心的汶泗流域地区属于鲁文化系，以临淄为中心的鲁北中部地区属于齐文化系。它们周围同时还各自存在着一些或臣服于鲁、齐，或相对独立的小国家。如果没有出土特殊的确凿证据（如铜器铭文等），仅凭它们所遗留下来的物质文化遗存，几乎没有办法将其一一区分开来。

商代遗存也比较丰富，从已有的发现看，起于二里冈上层时期，止于殷代末期。如与文献记载的史实相联系，汶泗流域的商代文化遗存主要应属于商奄和徐夷，鲁北地区则主要属于蒲姑（薄姑），奄、徐、蒲姑，均为商代时期的嬴姓大国，属于东夷土著，系少昊氏之后。汶泗流域的商代遗存与殷墟商文化最为接近，变化也同步，典型的夷人土著遗存在这里基本不见。因此，我认为这一地区和商王朝有着非同一般的关系，这从其名为"商奄"、鲁城内有"亳社"，以及周灭商后，商奄趁政局未稳，率先在东方带头闹事可以得到旁证。与汶泗流域相比，鲁北地区的商代遗存与殷墟商文化的差别较大，具有鲜明的自身特色。其中最显著的特征就是在商代遗存中，还保留着极为浓厚的夷人的土著文化因素。当然，在整个商代时期，鲁北和汶泗流域还同时存在着许多小国，它们或夹杂在这些大国之间，或散布于周边，形势与周代相差不大。

岳石文化在两个地区均有发现。笼统地讲，它们的族属应与《后汉书》提到的"九夷"中一部分相对应[①]，至于具体属于哪一分支的"夷"，则无法确定。在汶泗流域，滕州一带夏商时有薛，《左传·定公元年》："薛之皇祖奚仲居薛，以为夏车正，奚仲迁于邳。仲虺居薛，以为汤左相。"泗水一带夏商时有卞，《吕氏春秋·离俗》云："汤将伐桀，因卞随而谋。"卞国春秋属鲁，《春秋·僖公十七年》："会齐侯于卞。"杜注："卞，今鲁国卞县。"今泗水县泉林镇有古城，是卞国故城。因此，薛和卞都是夏代和商初汶泗流域有一定影响的国家。《左传·昭公二十年》晏婴所述齐地沿革，鲁北地区在蒲姑之前为逄伯陵，杜注："逄伯陵，殷诸侯，姜姓。"其时代排在晚商时期的蒲姑氏之前，《续修济阳县志·沿革篇》云："殷，青兖之域汤隶有逄伯陵"，按此推算，其时代至晚相当于岳石文化晚期。《山东通志》认为"逄陵城在今山东淄川废治西南四十里"。《中国历史地图集》（第一册）将其标于今青州之西。近年在济南之北的济阳县刘台子西周贵族墓地中屡见有"夆"铭铜器，如M6出土7件有铭文的铜器，其中6件为"夆"器，"夆"即逄、逢，此墓为一代"夆"公无疑[②]。因此学术界认为刘台子是西周时期的逄国墓地，如是，则西周时期逄国的地望可能在鲁北中部偏西一带。由此也可知，晏子所讲述的齐地，是

[①] 《后汉书·东夷传》云："夷有九种，曰畎夷、于夷、方夷、黄夷、白夷、赤夷、玄夷、风夷、阳夷。故孔子欲居九夷也。"
[②] 山东省文物考古研究所：《山东济阳刘台子西周六号墓清理报告》，《文物》1996年第12期。

指以临淄为中心的鲁北中部地区。而被取代者，很可能是离开此地而迁居他方。

龙山文化遗址在泰山南北地区发现较多。刘敦愿先生曾将其考定为两昊部族的文化遗存。把整个中国上古史与已发现的考古学文化对应，龙山文化大约相当于尧舜时期和夏初。如做纵向比较，尧舜晚于少昊已如前述。另外，按晏子讲述的齐地沿革，鲁北地区"逢伯陵"之前是"季荝"，杜注："季荝，虞、夏诸侯，代爽鸠氏者。"那么，"季荝"所处的虞夏时期就大致相当于龙山时代。夏初的重要国家有穷，其君后羿，亦作"夷羿"，属东夷部族。与有穷关系密切的寒、斟灌、浇、戈等，都在鲁北地区，且《水经·河水注》载："大河故渎……西流迳平原鬲县故城西。《地理志》曰：鬲津，王莽名之曰河平亭，故有穷后羿国也。"所以有穷大约就在鲁北的中西部。夏初的后羿是灭国之君，其国可上溯到帝喾时期，尧时之羿亦甚为显赫。《淮南子·本经训》记载较详："逮至尧之时，十日并出，焦禾稼，杀草木，而民无所食。猰貐、凿齿、九婴、大风、封豨、修蛇，皆为民害。尧乃使羿诛凿齿于畴华之野，杀九婴于凶水之上，缴大风于青丘之泽，上射十日而下杀猰貐，断修蛇于洞庭，擒封豨于桑林，万民皆喜，置尧以为天子。于是天下广狭、险易、远近，始有道里。"从两者均善射来看，应属于同一族系的先后不同时期。尧的时代约当龙山文化早期。羿所射杀的大风、凿齿亦为东方夷族。青丘或认为在广饶县内[①]。《山海经》和《淮南子》所记载的"凿齿民"或"有人曰凿齿"，应为有

---

① 顾祖禹：《读史方舆纪要·青州府》乐安县条。

拔牙习俗的东方居民，而非"齿长三尺"（或云五六尺）的怪物①，其地望只能从流行拔牙的鲁中南和胶东半岛西南部求之。由此看来，尧时羿的地望也在鲁北中部地区。此外，为恢复夏王朝立过大功的有鬲氏，通常认为在鲁西北的平原县东南，从近年来在鲁北西部地区的龙山文化晚期遗址中发现大量的素面陶鬲看，有鬲氏的取名或与大量使用陶鬲相关。

汶泗流域，则应是皋陶、伯益的居地。皋陶的记载见于多种古籍。《论语·颜渊篇》曰："舜有天下，选于众，举皋陶。"《史记·夏本纪》云："皋陶作士以理民。……帝禹立而举皋陶荐之，且授政焉，而皋陶卒。"关于皋陶的事迹，《尚书·尧典》《礼记》《论语》《墨子》《淮南子》《史记》等多种文献有载，应实有其人，或者也代表一个部族。《帝王世纪》说："皋陶生于曲阜。曲阜，偃地，故帝因之而以赐姓曰偃。尧禅舜，命之作士。舜禅禹，禹即帝位，以咎陶最贤，荐之于天，将有禅之意。未及禅，会皋陶卒。"（《史记·夏本纪》正义引）偃与嬴乃一声之转，多数学者认为"皋"即"嗥"，再加上居地都在曲阜一带。所以，皋陶和少昊应属于同一族系，只是时代一早一晚而已。

关于伯益的记载更多，见于《尚书》《竹书纪年》《国语》《墨子》《孟子》《战国策》《吕氏春秋》《淮南子》《史记》等。伯益，亦作"伯翳""柏翳""柏益""后益""益"等。其事迹主要有掌山林、驯鸟兽、作井、占岁等。其时代晚于皋陶而与

---

① 参见严文明：《大汶口文化居民的拔牙风俗和族属问题》，《大汶口文化讨论文集》，齐鲁书社，1979年。海岱地区从北辛文化到龙山文化时期，居民都有拔牙的现象。如细观之，海岱地区之内的各个小区有较大差别。从总体上讲，以汶泗流域最为流行，潍坊以东次之，鲁北地区较少。

禹、启同时。如《史记·夏本纪》云："帝禹立而举皋陶荐之，且授政焉，而皋陶卒。……而后举益，任之政。"不少文献说伯益为皋陶之子，我们固然不必拘泥于这种狭义的父子说，但无论从哪一个方面看，两者出自同一族系应无问题。皋陶卒，禹仍在皋陶的同系东方部族中寻求合作者，继皋陶而起的伯益应是东方部族的首领。那么，伯益所属部族的地望又在何地呢？《今本竹书纪年》曰："帝启二年，费侯伯益出就国。"《史记·秦本纪》云："大费拜受，佐舜调驯鸟兽，鸟兽多驯服，是为柏翳。"看来伯益、大费、费侯为一人，其来自费地。《尚书·费誓》序："鲁侯伯禽宅曲阜，徐夷并兴，东郊不开。作《费誓》。"周初的费地在曲阜之东，或认为即今费县西南七十里的费城。如是，则伯益所居之费①与皋陶所居之曲阜相距甚近，均在少昊系部族活动的范围之内。由此看来，龙山文化时期的汶泗流域，主要是少昊后裔皋陶、伯益等部族的生存空间。

早于龙山文化的大汶口文化时期，鲁北中部地区应是晏子所述的爽鸠氏的居地。或者说，鲁北地区中部的大汶口文化是由少昊系部族之支系爽鸠氏创造的。另外，一般认为古史传说中的另一著名东夷部族——蚩尤，其居地就在鲁西北一带。据《逸周书·尝麦解》的记载，蚩尤属于少昊时期。因此，鲁北地区西部的大汶口文

---

① 《孟子·万章上》："禹荐益于天，七年禹崩……益避禹之子于箕山之阴。"（《史记·夏本纪》为："益让帝禹之子启，而辟居箕山之阳。"）有学者认为山东省益都有箕山，伯益所居之地就在益都一带。参见王永波：《"己"识族团考——兼论其、幵、己三氏族源归属》，《东夷古国史研究（第二辑）》，三秦出版社，1990年；王永波、张光明：《益都得名与伯益古族新证》，《管子学刊》1992年第1期。

化则应是由蚩尤部族创造的。史载，蚩尤曾和炎黄联军大战于涿鹿之野，结果是蚩尤战败，从此一蹶不振。从目前的考古发现看，鲁西北地区的龙山文化遗址绝大多数为晚期，属于龙山文化早期和大汶口文化晚期后段的遗址甚少，产生这一现象的原因，或许可以用蚩尤战败而导致人口锐减来加以解释。诚如是，则可以从另一角度证明蚩尤存在于大汶口文化晚期，进而表明少昊氏的年代下限也当在大汶口文化和龙山文化之际。

汶泗流域是大汶口文化重要的中心分布区，也是目前发现大汶口文化遗址最多的地区，这里的大汶口文化自早至晚连绵不断，清楚地展现了大汶口文化发展变化的完整过程。与其他地区相比，这一地区的大汶口文化发展水平较高，并且具有鲜明特色，择其要者如：

（1）聚落遗址的面积大小相差明显，在数量上呈金字塔状分布。大者几十万甚至近百万平方米（如大汶口遗址），小者数万甚至不足一万平方米。同时，还发现大汶口文化晚期阶段的城址[1]。

（2）墓葬发现较多，同性多人合葬墓消失得较早，而成年男女双人一次合葬墓先于其他地区出现，数量也多。到中晚期阶段，墓葬之间在墓室的大小、葬具的有无、随葬品数量的多少和质量的优劣等方面的差距迅速扩大，从而表明阶级已经产生。

（3）盛行拔牙、头骨枕部人工变形和死者手握獐牙的习俗，其所占比例远远高于其他地区的大汶口文化，将石、陶质小球置于口子而导致齿弓严重变形的现象，仅见于这一地区。

（4）大汶口文化的一些特殊器物，如骨牙雕筒、龟甲器和獐牙

---

[1] 山东省文物考古研究所鲁中南考古队等：《山东滕州市西康留遗址调查、发掘简报》，《考古》1995年第3期；张学海：《浅说中国早期城的发现》，《长江中游史前文化暨第二届亚洲文明学术讨论会论文集》，岳麓书社，1996年。

勾形器等，主要见于这一地区，其他地区数量很少或根本不见。

（5）彩陶艺术较为发达，彩陶在全部陶器中所占的比例远远高于其他地区的大汶口文化。

此外，在其以东的沂沭河流域和西南方的皖北地区频频发现的陶器刻画图像，这一地区至今没有发现。考虑汶泗流域地区经过发掘的大汶口文化遗址数量最多，出土物最为丰富，并且时代有早、中、晚期，遗址等级有高、中、低级，所以不应是由于发掘的遗址分布偏颇所造成的，当另有原因。

如与古史传说的族属相联系，从时间和空间两个方面分析，这一地区的大汶口文化只能和少昊系部族相对应，即少昊系部族创造了汶泗流域地区的大汶口文化。如与鲁豫皖地区太昊系部族大汶口文化遗存相比较，保存下来的少昊氏传说，在时间上大约与大汶口文化中、晚期阶段遗存最为接近。当然，汶泗流域大汶口文化早期阶段遗存和更早的北辛文化遗存，毫无疑问与少昊系部族属于同一谱系。只是由于年代过于久远，保留下来的传说更少，我们已无法再具体的一一指对。

四、结语

以上，我们对古史传说中关于太昊和少昊的记载进行了梳理，并将其与目前掌握的考古材料进行了比较，简而言之，有以下结论。

（一）太昊和少昊是传说时期东方夷人的较早阶段，他们之间既有密切联系又有明显区别，从文献记载的共有崇鸟习俗（以鸟为图腾）和物质文化遗存的接近程度看，他们应是同源的。但相互之间又不是直接的前传后承的关系。综合文献记载和考古发现，可以认为太昊和少昊两大系部族时代相若（至少在相当长时期内两者共存过），分布邻近，文化相似，属于海岱系（或称东方系统）文化的两大分支。

（二）豫东、皖北和鲁西南地区的大汶口文化，可以和古史传说记载的太昊系部族相联系。由这一地区大汶口文化遗存的年代可知，文献中关于太昊的传说不会早于距今5000年太远。豫东、皖北和鲁西南地区的大汶口文化是由东方迁徙来的，从其与汶泗流域大汶口文化的关系较远，而与沂沭河流域大汶口文化的关系较近分析，他们很可能是来自苏北和鲁东南地区南部。至于其向西迁徙的原因，则有人为原因（战争）和自然原因（洪水）两种可能性。

（三）经过年代学方面的分析比较，我认为少昊系部族所处的时代与大汶口文化（至少是其晚期）相当，他们所创造的物质文化应从大汶口文化中去寻找。如果说的更明确一点，泰山南北地区的大汶口文化中晚期遗存应是少昊系部族所创造的文化。从传说和考古发现两个方面看，少昊系部族的主要活动区（或者说中心分布区），大约是在自泰安到徐州一线的汶泗流域地区。

（原载《中国史研究》2000年第2期）